중·고교 선생님을 위한

화법 수업
34차시

중·고교 선생님을 위한

화법 수업 34차시

제1판 제1쇄 발행 2020년 3월 13일

지은이   배광호·최시원
펴낸이   이광호
주간   이근혜
편집   박지현
펴낸곳   ㈜문학과지성사
등록번호 제1993-000098호
주소   04034 서울 마포구 잔다리로7길 18(서교동 377-20)
전화   02)338-7224
팩스   02)323-4180(편집) 02)338-7221(영업)
전자우편 moonji@moonji.com
홈페이지 www.moonji.com

ⓒ 배광호·최시원, 2020. Printed in Seoul, Korea.

ISBN 978-89-320-3616-8 03370

이 도서의 국립중앙도서관 출판예정도서목록(CIP)은 서지정보유통지원시스템 홈페이지(http://seoji.nl.go.kr)와
국가자료공동목록시스템(http://www.nl.go.kr/kolisnet)에서 이용하실 수 있습니다.(CIP제어번호: CIP2020009452)

중·고교 선생님을 위한

화법 수업
34차시

배광호·최시원 지음

문학과지성사

마음씨를 돌보고 말씨를 바꿔가는 수업

이 책은 국어 화법 수업을 학생 활동으로 진행하려는 선생님들을 위해 제 경험과 지식을 정리해 쓴 책입니다. 화법 수업에 관심을 가진 선생님들 중에는 제가 5년 전에 겪은 막막함과 목마름을 느끼는 분이 많을 것 같습니다. 그때 저는 교과서에 편성된 '공감과 소통' 단원 수업을 맡았습니다. 교과서를 살펴보니 기본적 이론과 지침, 단편적인 활동으로만 구성되어 있어서, 학생들이 화법의 원리를 이해하고 일상생활에서 실천하기에는 아쉬운 점이 많았습니다. 꽤 긴 기간, 단계적이고 체계적인 원리를 이해하고 적용할 수 있는 프로그램이 필요했습니다.

이 무렵, 예전에 '비폭력 대화' 워크숍을 받은 기억이 떠올랐습니다. 철학과 이론의 깊이가 있고 실제로 적용해볼 수 있는 연습 과정이 잘 짜여 있어서 화법 수업 프로그램으로 적합했습니다. 그런데 비폭력 대화 워크숍은 성인을 대상으로, 교실이 아닌 열린 공간에서, 활동 시간이나 형식이 유연하게 진행됐기 때문에 교실 수업이라는 제한된 시공간에 적용하기 어려웠습니다. 워크숍 내용을 바탕으로 하되 우리나라 중·고등학교의 실정에 맞도록 활동을 바꾸거나 새롭게 만들어야 했습니다. 활동지도 필요했습니다. 활동을 위해서도, 과정 평가를 위해서도 차시마다 준비해야 했습니다. 먼저 한 학기 전체 학습단원의 얼개를 짠 뒤, 각 차시의 활동과 활동지는 '비폭력 대화' 관련 도서와 워크북, 워크숍 교재 및 활동 경험을 닥닥 끌어내고 짜 맞춰서 매시간 마감에 쫓기듯 만들어갔습니다. 한 한기가 지나니 틀이 잡혔고 그것을 매년 다듬어나가고 있습니다. 현재까지 차곡차곡 쌓인 결과를 이 책에 실었습니다. 이 책이 마중물이나 촉매 역할을 해서 앞으로 화법 수업을 하는 선생님들이 깁고 고쳐나가기를 기대합니다.

화법 수업을 하려고 할 때 가장 난감했던 것은, 동기 유발이 어렵다는 점이었습니다. 학생과 교사 모두 '화법 수업은 필요하다, 꼭 해야 한다'라는 생각 자체가 별로 없습니다. 그래서인지 교과서나 문제집을 제외하면 화법 수업에 대한 책도 없습니다. 아마 이 책이 한국에서 처음으로 출판된 화법 수업 책일 것입니다.

특히 고등학교 교과 수업은 대입 수능 국어 영역 대비에 맞춰져 있고, 수능에 화법 과목이 나오긴 해도 읽고 푸는 문제로 출제되기 때문에 화법 과목인 줄도 모르고 공부하는 학생도 많습니다. 이런 상황에서 말하기 수업을 하겠다고 하면 오히려 쓸모없고 쓸데없는 수업을 하는 것처럼 여겨지기 일쑤입니다.

그러나 학교 수업의 목표가 반드시 대학 입시를 대비하는 것만은 아닙니다. 자기 삶의 주인이 되어 당당하게 주위 사람들과 건강한 관계를 맺고 행복하게 살아가는 힘을 기르는 것도 학교 수업에서 꼭 해야 할 중요한 목표입니다. 이런 목표를 달성할 수 있는 가장 직접적인 수업이 화법 과목입니다. 다른 사람과 마음이 통하고 가까워지는 것도, 마음에 상처가 생기고 관계가 틀어지는 것도 거의 말에서 비롯됩니다. 말하는 법을 배워야 하고 말을 잘해야 합니다. 결국 화법은 마음씨를 돌보고 말씨를 바꿔가는 수업입니다. 화법 수업은 운동과 비슷합니다. 운동을 하루 이틀 하지 않는다고 바로 병이 나거나 체력이 떨어지는 것은 아니고, 반대로 하루 이틀 했다고 바로 근육이 솟아나고 근력이 생기는 것도 아닙니다. 그렇지만 어느 정도 시간이 지난 뒤에는 체형이나 체력에서 표가 나고 건강 상태는 물론 삶의 질이 달라지기 마련입니다. 화법 수업도 그렇습니다. 조금씩 그러나 확실히 삶을 바꿔갈 것입니다.

이 책은 크게 '화법 수업의 바탕'과 '화법 수업의 현장'으로 구성되어 있습니다. 화법 수업의 바탕에서는 일상생활에서 중요한 화법 수업이 입시에 밀려 외면받고 있는 안타까운 학교 현실을 살펴보는 한편, 그럼에도 화법 수업을 해야 하는 까닭과 화법 수업을 통해 자유롭고 행복해질 수 있는 원리를 정리했습니다. 또한 말하기의 특징을 현장성, 역동성, 창조성으로 간추린 뒤 화법 수업이 잘 이뤄질 수 있는 조건을 모아봤습니다.

화법 수업의 현장은 '개인적 화법'과 '공식적 화법'의 두 분야로 정리했습니다. 개인적 화법은 앞에서 말했듯 마셜 로젠버그 박사의 비폭력 대화를 한국의 중·고등학교 실정에 맞게 바꾸어 적용한 수업이며 '공감 대화법'으로 이름 붙였습니다. 공감 대화법의 내용은 비폭력 대화의 이론에 대한 논의는 줄이고 활동 수업을 진행하는 데 꼭 필요한 것만 다루었습니다. 비폭력 대화에 대한 이론이나 방법을 더욱 깊이 이해하고 싶은 분은 관련 도서를 읽어보기 바랍니다. 공식적 화법은 실제 사용한 수업 자료를 바탕으로 연설, 세미나 발표, 면접의 세 분야로 정리했습니다(공식적 화법의 주요 분야인 토론은 제가 쓴 『중·고교 선생님을 위한 토론 수업 34차시』에서 다루었습니다).

이 책은 34차시 수업을 할 수 있는 내용으로 이루어져 있지만, '화법과 작문'이라는 독립 교과가 아닌 이상 길게 끌고 가기 어려운 경우가 많습니다. 그럴 때에는 한두 차시의 수업을 독립적으로 진행할 수도 있습니다. 이 책에서 소개한 '마음 듣기'나 '내 가슴을 뛰게 한 말들' '내 마음을 아프게 한 말들' 등은 자신의 듣기나 말하기 습관을 돌아보게 하면서 다른 활동으로 이어갈 수 있고, '거절 표현하기'나 '감사 표현하기' 활동은 다른 사람들과의 관계와 자신의 마음가짐을 돌아보는 데 효과적입니다. 특히 '감사 표현하기'는 긴 호흡의 프로젝트나 프로그램 활동의 맨 마지막 수업으로 적당합니다. 만약 4~8차시를 할 수 있다면 개인적 화법의 경우 '관찰과 평가' '느낌과 생각' '부탁과 강요' '공감 대화법 말하기/듣기 모델'을 기본으로 하되 사정에 맞게 줄이거나 늘릴 수 있을 것이고, 공식적 화법이라면 '연설' '세미나 발표' '면접' 중 하나를 골라 해볼 수 있습니다. 개인적 화법을 한두 차시 진행한 다음, 공식적 화법을 해도 좋습니다.

책은 독자와 만나서 비로소 책이 됩니다. 이 책을 살려주신 독자 여러분께 감사합니다. 매 차시의 수업 현장과 자료는 시지고등학교와 매천고등학교의 학생들이 아니었다면 나올 수 없었습니다. 학생들이 자랑스럽습니다. 비폭력 대화의 철학과 방법을 알려주신 '한국NVC센터'의 이경아 강사님, 교육청 및 학교 연수를 해주신 김미경, 노태경 강사님께 배운 내용이 수업과 이 책의 토대가 됐습니다. 감사합니다. 기획부터, 집필, 수정까지 함께해주시고 특히 지난 1년간 제 모든 수업을 섬세히 관찰해 참신한 글맛으로 그려낸 참관 후기로 이 책에 비로소 빛과 색을 넣어주신 공동 저자 최시원 선생님께 감사드립니다. 이 수업들을 만들어가는 동안 거의 매주 모여 함께 고민을 나누고 의견을 보태주신 '2Q10 모임'의 뭉클한 이름들, 김규남, 김유경, 김미향, 박영애, 우진아, 이금희, 이정숙, 이효선, 장신애 선생님께도 뜨거운 고마움을 전합니다. 복잡한 원고를 다듬어 깔끔한 책으로 만들어주신 문학과지성사 박지현 편집장의 고단했던 많은 날들에도 감사의 마음을 표합니다.

2020년 2월

배광호

내일의 하늘을 그리는 일

더운 여름, 수원 행궁동의 한 맥줏집에서 국어 교사 열 명이 모여 이야기를 나눕니다. 전국국어교사모임 독서교육분과 물꼬방 선생님들과 함께하는 여름 연수 마지막 밤이었어요. 처음 만난 사람들이었지만 '국어교육'이라는 연결 고리 하나만으로 마음이 이어짐을 느끼는 충만한 밤이 깊어가고 있었습니다. 그때, 제 바로 앞자리에 송승훈 선생님이 앉으시는 게 아니겠어요? 저는 선생님께 꼭 묻고 싶은 것이 있었습니다.

"선생님, 저는 내년에 학교를 옮겨야 하는데요, 학교를 옮길 때 무엇을 우선에 두면 좋을까요?"

송승훈 선생님은 조금도 고민하지 않고 대답했습니다.

"뜻을 함께할 수 있는 좋은 동료가 있는 곳으로 가십시오."

교직 인생 12년 동안 단 한 번도 들어본 적이 없는 말이었습니다. 정신이 아찔하고 팔에 소름이 돋더군요. 그날 이후, 사람들이 희망 학교를 물어볼 때면 자꾸만 선생님 말씀이 생각났습니다. 그런데, 대체 함께할 수 있는 동료는 어디에 있나요? 저는 그들을 어떻게 알아보나요? 선생님 전화번호를 알면 상세한 요령이라도 물어보고 싶은 심정이었어요. 내신서를 제출하는 교사들로 복작복작한 12월의 교무실에서도 저는 여전히 어디로 가야 할지 몰랐습니다.

그러던 어느 금요일 저녁, 동료 교사인 김미향 선생님의 전화가 옵니다. 그는 지난번 만남에서 투덜거리며 쏟아놓은 저의 고민을 기억하고 있었습니다.

"쌤, 학교 어디 쓸지 정했어? 혹시 매천고등학교는 어때? 그곳에 내가 존경하고 배울 점이 많은 선생님이 계시는데, 배광호 선생님이라고 알지? 그곳에 자기가 가면 많이 배울 수 있을 거야."

뽀글 머리에 작은 체구, 선한 표정과 수줍어하는 웃음, 부드럽고도 강단 있던 목소리. 1급 정교사 연수에서 뵈었던 선생님을 기억해냈습니다. 그때는 토론 수업을 주로 강의하셨지요. 이어지는 통화에서 선생님이 토론 말고도 '공감 대화법'(비폭력 대화)이라는 화법 수업을 하고 있으며, 정년퇴직까지 1년밖에 남지 않아서 수업을 배우고 관찰할 수 있는 기회는 이번이 마지막 해라는 사실을 전해 듣습니다. 통화를 하는 내내 가슴이 콩닥거렸습니다.

그렇게 2019년 3월 선생님을 만났습니다. 동 학년으로 수업을 함께 꾸려가고 싶어 1학년을 지원했지만 엉뚱하게도 3학년을 맡게 됐습니다. 학생 활동 중심의 수업을 제대로 배우고 싶어 선생님 곁에 왔는데 고3이라니요. 성취 기준을 중심으로 수업을 잘 꾸려보고 싶다는 3학년 선생님들과 면접 수업 등을 기획하며 나름대로 즐거웠지만 마음 한구석에는 허전함이 남아 있었습니다. 3월도 2주가 다 지나갈 무렵, 저는 용기 내어 선생님께 수업을 참관하고 싶다고 말했습니다. 물론, 선생님은 환하고 반갑게 맞아주었지요.

화법 수업을 배우고 싶어 참관을 요청했던 것은 아니었습니다. 수석 교사의 수업 장면이 궁금해 어떻게든 참관하고 싶었는데 마침 그가 하고 있던 수업이 화법 영역이었을 뿐이었지요. 1학기에는 '토론' 수업을, 2학기에는 '공감 대화법' 수업을 관찰했습니다. 선생님의 수업을 참관하며 수업 기법이나 사례를 배우는 것보다 더 중요한 것은 꾸준한 배움과 성찰로 교사로서의 교육철학을 단단히 세우는 것임을 깨달았습니다.

1년 남짓했던 시간은 빠르게 흘러 선생님은 퇴직을 맞았습니다. 2월 종업식 날, 짐을 정리하는 선생님의 모습을 보고 오열하는 아이들의 울음소리를 멀리서 들으며, '진짜 마지막'임을 비로소 실감하였습니다. 수석 교사실 한편에 옹기종기 모여 있는 아이들의 이름이 적힌 종이컵도, 학습지 곳곳에서 아이들을 안아주던 빨간색 코멘트들도, 아이들의 반가운 방문을 기다리며 매일 아침 정수기에서 물을 받던 선생님 모습도, 수업이 잘 안 풀릴 때마다 학습지를 안고서 수석 교사실 문을 두드려대던 나의 모습도, 이제 기억으로 남겨야 합니다.

그러나 아이들 모두가 자기 삶의 주인이 되기를, 차갑고 혹독한 세상에서도 행복하고 자유로운 꿈을 꾸기를 바라는 마음이 담긴 선생님의 수업은 글로 남아 우리 곁에 있습니다. 오랜 고민과 깊은 성찰이 담긴 그의 오늘을 보며 내일의 고운 하늘을 그려봅니다. 아이들의 거친 말과 아픈 마음들이 걱정스러운 선생님들께 이 책이 작은 도움이 되면 좋겠습니다.

여름밤, 그날의 자극과 두근거림을 기억합니다. 송승훈 선생님의 대답에 담긴 진심 어린 속뜻을 마침내 이해하게 됐습니다. 동료의 고민을 내 일처럼 여기고 함께 길을 찾아준 김미향 선생님의 뜨거운 마음이 고맙습니다. 배광호 선생님의 따스한 환대 속에서 저는 배우고 자라고 달라졌습니다. '잘 배울 수 있는' 동료를 찾는 것, '함께할 수 있는' 동료와 같이 걷는 것이 얼마나 중요한지 알게 됐습니다. 그리고 받은 사랑을 잘 나누는 사람으로 '우리의 동료'가 되어 계속 가슴 뛰고 싶습니다.

2020년 2월
최시원

차례

2부 화법 수업의 현장

1부

화법 수업의 바탕

1장

화법 수업을 옹호함

1) 화법 수업은 왜 유령이 됐나

지난여름, 졸업한 지 3년 된 제자가 놀러 왔습니다. 발표하기와 글쓰기에 흥미와 능력이 뛰어난 학생입니다. 발표 수업을 할 때면 프레젠테이션 자료의 내용과 형식을 창의적으로 만들어서 마치 TED에서 강연하듯 신이 나서 발표하던 학생입니다. 영화제 수업 때는 기획을 맡아 학생 작품 수상작을 온라인 현장 투표로 선정하는 등 남다른 기획력도 보여주었습니다. 사회현상에 관심이 많고 관점도 예리합니다. 한국사 국정교과서 반대 주장을 자기 홈페이지에 올렸더니 교육청이 차단했다면서 울분과 분노를 터뜨리던 학생입니다. 배우고 있던 역사 교과서의 문제점을 분석하는 글을 쓰기도 했습니다.

이 학생은 성적에 상관없이 소신대로 철학과에 진학했습니다. 학부생임에도 조교를 하며 지도 교수 논문 작업에 참여해 국내 학술지에 공동 저자로 등재됐다고 합니다. 앞으로의 계획은, 이번이 4학년 2학기인데 휴학을 하고 책도 쓰려고 한답니다. 책을 쓴다는 말에 귀가 번쩍 뜨여 크게 칭찬해준 뒤 나도 '화법 수업' 책을 쓰고 있다고 했습니다. 어떤 내용이냐고 묻기에 대강 말해줬더니 잠깐 감동하는 듯하다 이내 얼굴이 어두워지며 아쉬움 가득한 말투로 말했습니다.

"우리 때도 그런 과목이 있었으면 좋았을 텐데, 쩝!"

"헐, 너희 때도 다 있었어!"

"예?"

둘 다 놀랐습니다. 이런 일을 겪으신 분이 꽤 많을 것입니다. 분명히 교과서를 사고 시간표에도 있었고 수능 국어 시험에도 있었을 텐데 학생들은 과목 이름도 기억하지 못합니다.

유령 수업. 이것이 화법 수업의 현실입니다. 잘 아시겠지만 '국어'와 '화법과 작문' 과목에 화법 단원이 있습니다. 그러나 거의 수업을 하지 않거나 하더라도 읽으면서 합니다. 말하지 않고 말하기를 배우는 우리의 화법 수업은 공을 차지 않고 축구를 배우는 것과 똑같습니다. "여기 교탁 위에 있는 축구공을 팀원들이 패스해서 상대의 골대에 넣으면 되는 거야. 상대방이 거칠게 막으면 그 힘을 역으로 이용해서 몰고 가면 돼. 시험에 나오면 잘 맞힐 수 있겠지? 그럼 축구 수업, 끝!" 하는 거나 마찬가지입니다.

제대로 수업을 하려 해도 막막합니다. 국어 과목의 화법 단원을 보면, '순서 교대, 협력, 공손성의 원리와 세부 격률' 등의 이론이―이론이라기보다는 지침이라고 볼 수 있는―단편적으로 제시되어 있습니다. 학생들에게 설명하고 나서도 더 자세히 실습해볼 마땅한 프로그램이 없습니다. 실제 상황을 설정해서 역할극 등의 활동을 해보지만 학생들이 개별적으로 겪고 있는 상황과 맞지 않아 별 도움이 안 됩니다. 모범적인 말을 따라 해보는 정도죠. 말하기의 어떤 요소를 다루는지 명확하지 않고 체계적인 원리나 연습

단계도 없습니다. 거기에다가 진도 나가기에 바쁘고 수능은 급한데 느긋하게 그런 걸 하고 있을 시간 여유도 없습니다. 그러니 한 것도 아니고 안 한 것도 아닌 상태로 지나가게 됩니다.

수능과 정기 고사의 평가 방식도 화법 수업을 유령으로 만듭니다. 국어 시험은 거의 '다음 글을 읽고 물음에 답하'는 유형입니다. 말하기나 글쓰기는 표현 영역인데 이것마저도 이해 영역인 읽기 활동으로 평가합니다. 그림 그리기 능력을 감상으로 평가하는 것과 같습니다. 엉뚱한 방법으로 평가해도 학생들은 점수를 따야 하니 어쩔 수 없이 출제 경향을 따라 문제집으로 대비하게 됩니다. 실제 연습할 필요를 느끼지 못합니다. 그러니 화법 과목이나 단원이 있었는지도 모르고 졸업하게 됩니다. 현실이 이렇다면, 화법 수업을 아예 없애면 어떨까요?

2) 화법 수업, 안 해도 될까?

저는 몇 년 전에 시력 교정 수술을 받았습니다. 수술하기 전에, 무섭기도 하고 눈을 섣불리 건드려도 될까 해 망설였습니다. 수술하지 않아도 안경을 끼면 별 지장이 없는데 굳이 할 필요가 있냐는 의견도 많았습니다. 그래도 '조금이라도 나아진다면 해볼 필요가 있다. 병원을 믿자'라는 생각으로 감행했습니다. 수술이 끝나고 눈을 뜨자 바로 신세계가 열렸습니다. '이렇게 좋은 걸 왜 망설였을까' 하는 생각으로 요즘엔 주위에 강력히 추천하고 다닙니다.

화법 수업도 그렇습니다. 화법 안 배워도 말만 잘합니다. 사는 데 별 지장도 없는 것 같습니다. 그러나 자세히 들여다보면 그리 잘 돌아가지 않습니다. 가까운 사이일수록 말로 받은 상처가 크고 사회생활에서도 인간관계에 대한 스트레스가 일로 인한 스트레스보다 큽니다. 남 탓을 하며 그 사람을 피하려 하지만 마음대로 되지는 않죠. 자신의 말을 바꿔볼까 하는 생각이 언뜻언뜻 일어나기도 하지만 뭘 어떻게 해야 할지 막연하고, 여기저기서 팁을 찾아보지만 자기 스타일은 아닌 것 같아 덮어버립니다. '사는 게 원래 그렇다' 하고 화법 공부 안 하고도 살 수 있지만 화법 공부를 하고 난 뒤에는 '이거 꼭 필요한 공부구나' 하고 생각이 달라집니다.

실제로 화법 수업을 해보면 학생들이 '별생각 없이 늘 쓰던 말을 다른 관점으로 바꿔 말하니 기분이 이렇게 달라지는구나!' 하면서 놀랍니다. 화법을 배우기 전에는 그런 걸 생각지도 못했다고 합니다. 화법을 공부하는 한 학기가 마음이 따뜻해지고 힐링이 되는 행복한 시간이었다는 학생이 많습니다. 그러면서 우리 엄마, 아빠 또는 오빠나 형이 이 수업을 들었으면 좋겠다는 학생도 꽤 많습니다.

혈기 순환이 잘 안 되면 건강이 나빠지듯이 말하기가 잘 안 되면 삶의 질이 떨어집니다. 늘 숨을 쉬며 생명을 이어가듯 사람들과 말을 주고받으며 삶이 이어지기 때문입니다. 말하기로 생기는 문제는 말하기를 배워서 풀 수밖에 없습니다. 편지를 쓰거나 선물을 주어서 해결할 수도 있지만 그건 임시방편일 뿐입니다. 말할 때마다 같은 문제가 되풀이됩니다. 말이 바뀌어야 하는데 그러려면 말이 일어나는 원리를 이해해야 합니다. 프로그램을 짜는 원리를 잘 알면 응용프로그램을 새롭게 만들어낼 수 있듯이 화법 수업으로 말의 원리를 알고 연습하면 말의 내용을 바꿀 수 있으므로 결과도 달라지게 할 수 있습니다.

3) 화법의 원리와 화법 수업

학생들이 화법 수업에서 알고 실천해야 할 화법의 원리는 '말이 마음에서 나온다'라는 점입니다. 말은 고요히 있던 마음이 환경과 심리적 상호작용을 거쳐 입과 몸으로 나온 것입니다. 입에서는 말의 내용뿐만 아니라 동시에 세기, 높낮이, 빠르기 등으로 마음이 표현됩니다. 몸에서는 표정, 몸짓, 복장 등으로 표현됩니다. 여러 가지 표현 방법이 있는 것 같아도 모두 마음에서 나옵니다. 마음은 우리 안의 마그마라고 볼 수 있습니다. 마그마는 조건에 따라 화산활동으로 분출되기도 하고 식어서 여러 모양과 성분의 바위가 되기도 하기 때문에 바위만 봐도 생성 과정과 조건 등을 알아낼 수 있다고 합니다. 이처럼 말이나 표정, 행동을 듣고 보며 마음의 모습을 찾아낼 수 있습니다.

예를 들면 '집안일을 돕는다'라는 아름다운 말이 있습니다. 그런데 이 말의 바탕에 어떤 마음이 있을까요? '집안일은 내 일이 아니다'라는 생각이죠. 학생이 "나는 공부를 돕고 있어"라고 말했다면 당연히 자기 공부가 아닌 것처럼요. 이제 "집안일 할게"라고 말하면 어떤가요? 마음의 차이가 느껴지나요? "게임은 잘하네"와 "게임도 잘하네"라는 말, 조사 하나 다를 뿐인데 느낌이 다르지 않나요? 사람과 세상을 보는 마음이 다르면 말도 달라지고 느낌도 달라집니다. 무심히 던지는 말을 보고도 개인이나 사회의 생각들을 알 수 있는 거죠.

말이 마음에서 나오므로 말을 바꾸려면 마음을 바꿔야 합니다. 그러려면 마음을 살펴야 합니다. 얕은 곳에서 바로 나오는 말도 있지만 여러 층을 거쳐 나오는 것도 있습니다. 얕은 곳에서 나온 말은 어떤 마음에서 그런 말을 했는지 쉽게 찾을 수 있지만 깊은 곳에서 나오는 것은 혼자서 찾기 힘듭니다. 이때는 상대방이 마음 구석구석을 손전등으로 비추듯 묻고 답하면서 숨어 있는 생각을 찾아줄 수 있습니다. 그걸 찾으면 마음이 가벼워지고 그걸 바꾸면 마음이 바뀝니다. 그러면 똑같은 상황이라도 새롭게 보이고 말과 분위기도 달라집니다.

친구에게 "너는 머리 안 써서 좋겠다. 네가 좋아하는 그림만 하면 되잖아"라는 말을 듣고 마음이 상한 뒤 그 친구를 대하기가 불편한 학생이 있었습니다. 자신을 무시했다는 잘못을 분명히 지적해서 친구에게 사과를 받고 싶어 했습니다. 그런데 화법 수업 시간 활동에서 다른 친구들과 이야기하다가 자기 마음속에 열등감이 숨어 있다는 것을 알게 됐습니다. 원인이 자기 마음속에 있었음을 아는 순간 마음이 밝아졌으며 그 친구의 어려움도 이해하게 됐습니다. 그 뒤 친구를 편안하게 대할 수 있게 됐습니다.

말로써 마음을 보고 마음을 바꿈으로써 말을 바꾸는 화법의 원리를 단계적으로 공부하고 연습하는 과정이 화법 수업입니다. 화법 수업에서 공부한 것을 일상생활에서 실천해나가면 화법 수업의 목적은 저절로 이뤄집니다.

4) 화법 수업은 왜 하나

화법 수업의 목적은 당연히 '말 잘하기'입니다. 말을 잘한다는 것은 어떤 것일까요? 말 잘하는 사람은 어떤 사람일까요? 상황의 목적에 맞는 말을 하면 말을 잘하는 것입니다. 예를 들어 상대에게 공감하는 것이 목적이라면, 한 마디 한 마디가 공감하는 데 적합하고 이바지했다면 말을 잘한 것이고 그렇지 않았다면 아무리 심오하고 아름다운 말을 했어도 말을 못한 것입니다. 부탁해야 하는 상황이라면, 부탁을 잘 들어줄 수 있도록 하면서도 관계를 해치지 않는 말을 하면 말을 잘한 것이겠죠.

말하기의 목적은 무엇일까요? 개인적 화법과 공식적 화법으로 나눠 살펴볼 수 있는데, 개인적인 경우에는 상대방과 소통하고 공감하기 위해 말합니다. 서로 좋은 사이가 되기를 바라죠. 공식적인 경우에는 정보 전달이나 검증, 설득을 위해 말합니다. 그래서 상대방과 소통하고 문제가 해결되기를 바라죠. 좋은 인간관계나 문제 해결이라는 결과도 좋지만 이런 목적을 달성하려고 노력하는 사이에 내면의 힘이 생긴다는 점이 중요합니다. 관계나 문제를 다룰 수 있는 내면의 힘이 생기면 어떤 상황에서도 마음의 평온을 금방 회복할 수 있습니다. 현실 상황에 대한 자신의 주도권, 자율성이 커지면 삶의 주인이 될 수 있고 그것은 행복과 자유라고 하는, 삶의 궁극적인 목적에 이를 수 있게 합니다.

5) 화법 수업으로 행복과 자유에 이르는 까닭

화법 수업에서 자기 내면을 성찰하고 변화시키는 활동을 계속하기 때문입니다. 화법 수업의 원리에서도 나왔듯이 말을 잘하고 말을 좋게 바꿔가려면 마음을 바꿔야 하고, 그러려면 자신의 마음을 봐야 합니다. 모든 것은 마음이 만드니까요. 상대방이나 세상이 마음에 안 들어서 공격적인 말투로 짜증을 낸다면 관계가 좋아질 수 없고 마음의 평안도 깨집니다.

상대방이나 세상 때문에 짜증이 날 때, 마음을 가만히 지켜볼 수 있으면 좋겠습니다. 상대방이나 세상이 불쾌한 자극이 되는 것은 맞지만 그것을 어떻게 받아들일 것인가는 다른 차원의 문제입니다. 대상을 보는 시각을 바꾸고, 판단을 내려놓고, 있는 그대로 보려고 노력하면 대상은 달라 보입니다. 그렇다고 대상과 타협하고 내 생각은 포기하라는 것은 아닙니다. 대상을 다른 각도에서도 볼 수 있는 여유와 포용력이 생기면 좋겠다는 말입니다. 그러면 관계를 좋게 만들고 문제도 원활하게 해결할 수 있습니다. 주위의 자극대로 즉각 반응하는 것이 아니라 외부의 자극을 받아 일어나는 자신의 내면 풍경을 거리를 두고 살펴보는 것입니다. 조건이나 환경에 끌려다니는 것이 아니라 자신의 마음을 다스리면서 대응하는 것입니다. 그러면 마음의 평온은 금방 회복되고 조건이나 환경에서 자유로워집니다.

모든 일은 '일부러' 해야 하는 단계와 '저절로' 되는 단계가 있습니다. '일부러' 해야 하는 단계만 우리가 어떻게 해볼 수 있습니다. '저절로' 되는 단계는 글자 그대로 저절로 되는 것이기 때문에 우리가 어쩔 수가 없습니다. 공부를 예로 들자면, 공부하는 것은 일부러 해야 하는 것이고 성적이 올라가는 것은 저절로 되는 것입니다. 일부러 해야 하는 것만 제대로 하면 저절로 되는 것은 신경 쓰지 않아도 됩니다. 한 만큼 되는 것이니까요. '진인사 대천명盡人事待天命'이란 말처럼요. 화법도 마찬가지입니다. 자기 내면을 살피고 상황의 분위기와 목적에 맞게 말하는 것은 '일부러' 해야 하는 단계입니다. 그러면 행복과 자유는 '저절로' 이뤄집니다.

6) 화법과 화술의 차이

화법과 화술은 약간 다릅니다. '화법이 좋다'와 '화술이 좋다'는 느낌이 다른 것처럼요. 말과 마음의 관계를 중시하는가의 여부에 따라 화법과 화술의 차이가 생깁니다. 화법은 앞에서 봤듯이 마음을 성찰해 목적을 이루려 합니다. 이에 비해 화술은 마음에 대한 관심보다는 문제 상황에 대처하는 요령이나 스킬을 알려줍니다.

학생 중에는 배우, 아나운서, 승무원 등이 되기 위해 학원에 다니는 아이들이 있는데 화술로 발성법, 표정법, 손동작, 옷차림새까지 가르친다고 합니다. 준언어, 비언어적 요소까지 고려하는 것은 필요하나 이런 것들이 마음과 연결되지 않으면 부자연스럽거나 가식적으로 보입니다. 마음은 화가 났는데 웃는 표정, 상냥한 말투로 말할 수는 없습니다. 힘든 마음을 알아주지는 않고 이런 것만 가르치고 강요할 때 감정노동이 됩니다. 서비스업에 종사하는 분들이 호소하는 어려움입니다. 마음이 진정으로 기쁘면 따로 표정을 관리하고 말투를 꾸밀 필요도 없겠죠. 저절로 표정은 밝아지고 목소리는 부드러워질 테니까요.

화법과 화술이 서로 대립하는 것은 아닙니다. 화법이 개인적 대화에 적합하다면 화술은 공식적 연설이나 발표에 유용할 것입니다. 상황에 맞게 적용하되 어떤 상황이든 마음을 근본으로 말하기가 이뤄지므로 화술보다 화법이 바탕이 되어야 합니다.

수업에서도 화법과 화술의 차이를 인식할 필요가 있습니다. 일각에서는 가식적인 스킬이나 공식만을 가르치는 것 같다고 화법 수업을 부정적으로 보기도 합니다. 그것은 화술에 치우친 화법 수업을 안타까워하는 뜻이겠죠. 이제 화법 수업의 정체성을 찾아야 합니다.

7) 자신과의 대화(내면 소통)가 중요하다

화법이라고 하면 흔히 면대면 대화를 떠올립니다. 그러나 말이 나오기 전까지 자기 내면에서 일어나는 대화 과정도 화법에서 다뤄야 할 중요한 부분입니다. 이것을 '내면 소통'이라고 부르겠습니다. 내면 소통이 되어야 다른 사람과도 소통할 수 있습니다. 자신의 마음이 불편한데 다른 사람과 정겹고 속 깊은 이야기를 하기는 어렵습니다. 대화하는 둘 중 한 사람이라도 내면 소통이 잘되어 마음이 편안해야 합니다.

학생들은 '공부하라'는 말 때문에 상처를 많이 입습니다. 저 잘되라고 하는 말이고 틀린 말도 아닌데 왜 그럴까요? 말에 담긴 마음이 먼저 전해지기 때문입니다. 자신의 미래를 진정으로 걱정해 주는 마음이라기보다 공부 안 하는 모습에 짜증 나는 마음, 아니면 다른 데서 기분 나빴던 일에 대한 화풀이로 그런다는 것이 직감적으로 전해지기 때문입니다.

남의 마음을 아프게 하며 말하는 사람은 실은 자신의 마음이 힘든 사람입니다. 상처 입어 아픈 마음의 비명이 곧 남을 향한 공격으로 튀어나옵니다. 말하는 사람이나 듣는 사람이나 모두 마음이 불편합니다. 둘 다 자기 내면과의 대화, 내면 소통을 해야 합니다. 자신의 마음을 명확히 파악하고 조절해야 합니다. 그러면 평온함을 되찾을 수 있습니다.

우선 상대의 말과 행동에 대해 어떤 감정이 일어나는지 지켜봅니다. 이것만으로도 감정은 많이 누그러집니다. 객관화되기 때문입니다. 다음엔 왜 그런 감정이 일어나는지 생각해봅니다. 거기에는 충족되지 못한 바람과 욕구, 무너져버린 기대가 있습니다. 그걸 이루고 자신과 상대, 모두에게 도움이 되려면 어떻게 해야 할지 차근차근 묻고 답을 찾아야 합니다. 이 과정이 내면 소통입니다. 화법의 모든 활동에 이런 내면 소통의 원리가 깔려 있습니다. 화법의 모든 활동으로 내면 소통의 힘이 길러질 것입니다.

2장

말하기의 특징

문명사에서의 말과 글

말과 글은 인간의 느낌과 생각을 나타내는 매체로서 '언어'라는 한 낱말로 말하는 것처럼 따로 떼어 생각하기 어려울 정도지만 문명사적으로나 언어생활 면에서 서로 다른 전개 양상과 특징을 보여줍니다.

말은 적어도 수십만 년 전 현생인류의 진화와 함께 태어났습니다. 아니, 말이 현생인류를 만들었다고 볼 수 있습니다. 유발 하라리에 따르면 "호모사피엔스가 세상을 정복한 것은 다른 무엇보다도 우리에게만 있는 고유한 언어 덕분이었다"[1]라고 합니다. 언어의 힘은 불가에 모여 앉아 들소를 어떻게 사냥할까에 대한 정보교환이나 의사소통을 하는 정도에 그치지 않고 수백, 수천만 명이 허구적 상상을 공유할 수 있게 했습니다. 그 힘으로 피라미드와 제국을 건설하게 됐다는 것입니다. 이 힘은 이 시대에도 그리고 앞으로도 호모사피엔스의 뇌와 사회를 지배할 것입니다.

말에 비하면 글자는 어린애나 마찬가지입니다. 멀리 잡아도 "기원전 3500~3000년 수메르에서 간단한 계산을 하기 위해 그림문자가 생겨났다. 중국에서는 그림문자가 나타나 표의, 표음문자로 발달되어갔다"[2]고 합니다. 지금부터 5,000~5,500년 전의 일입니다. 문자다운 문자는 훨씬 뒤에 등장하지만 언어문화의 중심이 되지는 못했습니다. 진정한 알파벳의 요건을 모두 만족시킨 고대 그리스어 문자 체계는 기원전 750년에 나타나지만 "교육받은 교양 있는 그리스 시민은 남녀 신들과 영웅들이 등장하는 생생한 신화와 영웅담을 비롯해 엄청난 양의 서사시를 암기했다"라고 할 정도로 구어 문화가 고도로 발달했기 때문에 그리스문자 알파벳은 푸대접을 받을 수밖에 없었다고 합니다.[3]

그러나 문어 문화, 기록 문화로 나아가는 시대적 대세를 막을 수는 없었습니다. 가축의 수든, 빌린 돈이나 세금이든, 소중한 지적 유산에 대한 것이든, 적어두려는 절실한 필요성 자체가 문자 사용의 확산과 정착을 이끌어갔습니다. 인류는 문어 문화로써 인지 혁명이라고 할 정도의 혁신적 사고를 촉진했습니다. "그리스어 알파벳이 보급된 시기에 문학, 예술, 철학, 연극, 과학이 가장 심오하고 왕성하게 개화됐다"[4]라는 점을 보아도 알 수 있습니다.

이 과정에서 소크라테스는 문어가 구어보다 열등하다고 판단하고 '문자 언어의 불가변성, 기억의 파괴, 언어에 대한 통제력의 상실' 등으로 사회에 심각한 위험을 끼친다고 믿었습니다.

'문자 언어의 불가변성'이란 '죽은 담론'을 뜻합니다. 소크라테스는 사람은 모두 지혜를 가지고 있지만 스승이 산파가 되어 문답과 토론을 해주어야만 그것을 깨우칠 수 있다고 생각했습니다. 그래서 사람들 사이를 돌아다니며 끝없이 질문을 던졌습니다. 이것을 소크라테스식 문답법 혹은 산파술이라고 하죠. 문어로는 이런 것을 할 수 없으니 지혜를 깨달을 수 없다고 본 것입니다.

'기억의 파괴'는 적어두면 안다고 생각하고 기억하지 않으려는 현상을 걱정한 것입니다. 요즘 우리가 디지털 기기를 사용하면서 겪고 있는 현상이기도 합니다.

'언어에 대한 통제력 상실'이란 문자로 기록된 문장이 내용과 상관없이 여기저기 떠돌아다니며 부당하게 남용되고 왜곡되는 데 대한 두려움을 표한 것이었습니다.[5] 성찰과 비판 없이 책 몇 권 읽고 자기식대로 다 안다고 착각하는 것과 비슷합니다.

동양에서도 글과 말의 본질적인 차이를 인식하고 글에 대한 우려를 보입니다. 공자가 가죽끈이 세 번 끊어지도록 읽으면서 주석을 단『주역』의「계사전상」을 보면 "글은 말을 다 드러내지 못하고 말은 뜻을 다 드러내지 못한다[서부진언書不盡言 언부진의言不盡意]"라고 했습니다. 여기서 더 나아가 흔히 쓰는 '이심전심以心傳心' '언어도단言語道斷' '불립문자不立文字'의 원래 뜻이나 '염화미소拈花微笑'의 고사에서도 알 수 있듯이 지혜는 글이나 말로 전해질 수 없다고까지 생각합니다.『장자』에 있는 "고기를 잡으면 통발을 잊고 토끼를 잡으면 덫을 잊고 뜻을 얻으면 말을 잊는다[득어망전得魚忘筌 득토망제得兎忘蹄 득의망언得意忘言]"라는 말에서도 볼 수 있듯이 뜻, 지혜를 얻기 위한 방편으로써 말을 사용하는 것일 뿐, 말 자체에 매이지 않아야 한다고 하고 이런 경지에 이른 사람을 망언지인忘言之人이라고 했습니다.[6]

그렇다면 말하기 수업은 쓸데없는 것처럼 보이는 아이러니에 빠지게 됩니다. 그러나 옛사람들의 뜻도 말과 글을 아예 부정하려는 것보다 그것에 한계가 있음을 알고 그것을 넘어서는 지혜를 깨달아야 함을 역설적으로 말한 것이 아닐까 합니다. 말과 글이 없었다면 그런 통찰도 전해질 수 없었을 것입니다. 말과 글 너머에 지혜가 있음을 마음에 새기고, 글과 달리 말하기에만 있는 특징을 현장성, 역동성, 창조성의 관점에서 정리해보겠습니다.

1. 말하기에는 현장성이 있다

말은 글과 달리 현장성이 있습니다. 말하기는 말하는 이와 듣는 이가 시공간을 함께해 대면해야 생겨납니다. 대화가 됐든, 연설, 발표, 면접, 토의, 토론이 됐든 말은 한 장소에 모여서 하게 되어 있습니다. 말을 하려면 반드시 시간과 장소를 먼저 생각하는 것도 이 때문입니다.

요즘 세계적인 IT 기업들은 사옥을 지을 때도 공간이나 동선을 "직원들이 좀더 자주 만나고 대화할 수 있도록 설계"[7]한다고 합니다. 이는 말하기가 갖는 강점을 살리기 위해 말하기의 기본 조건인 현장성을 갖추려는 노력이라고 볼 수 있습니다.

1) 사람에 따라 달라지는 말하기

얼굴을 보면서 하는 말은 누가 듣는가에 따라 내용과 표현 방법, 분위기가 달라집니다. 만나서 대화를 나누는 사람이 학생인지 친구인지 동료 선생님인지 아니면 가족인지에 따라 소재뿐만 아니라 낱말의 선택이 달라집니다. 사람에 따라 기분이나 마음가짐도 달라집니다. 그래서 어떤 사람과는 말이 술술 나오면서 생각하지도 않은 속 이야기까지 털어놓게 되는가 하면, 어떤 사람과는 하려던 말도 생각이 안 나고 속이 터져서 감정만 상하게 되기도 합니다.

평균적인 가상의 독자를 가정하고 일방적으로 써 내려가는 글과는 확실히 다릅니다.

『논어』「위령공」편 8장에는 "함께 이야기할 만한 사람인데 말하지 않으면 사람을 잃고 그렇지 못한 사람에게 말을 하면 말을 잃는다. 지혜로운 사람은 사람도 잃지 않고 말도 잃지 않는다[子曰 可與言而 不與之言 失人 不可與言而 與之言 失言 知者 不失人亦 不失言]"라는 공자의 말씀이 있습니다. 사람에 따라 말을 가려 하라는 말입니다. 그러지 않으면 사람과 좋은 관계를 맺을 기회를 놓치거나 말의 뜻이 올바르게 전달되지 않아 쓸데없는 노력만 하게 된다는 뜻입니다.

그렇다면 함께 말할 수 있는 사람인지 아닌지는 어떻게 판단할 수 있을까요? 역설적이게도 그 판단을 하지 말아야 합니다. 말도 나누기 전에 이야기할 만한 사람인지 아닌지 가리는 것은 자신의 선입견과 편견을 기준으로 할 수밖에 없습니다. 치우친 판단으로 말하기 여부를 결정한다면 사람도 말도 모두 잃을 것입니다.

수업 시간에 매일 졸거나 자는 학생과도 찬찬히 이야기를 나눠보면 나름대로 이유가 있고 인생에 대한 구체적인 계획도 있다는 것을 알고 놀라는 경우가 많을 것입니다. 미리 판단하지 않고 상대방의 말을 관심 있게 있는 그대로 모두 들어주며 상대방의 반응을 잘 살펴야 합니다. 말뿐만 아니라 표정이나 손짓, 몸짓 등의 행동까지 살피다 보면 어떤 말을 어느 정도 수준까지 해야 하는지 알 수 있습니다. 이렇게 할 때 사람도, 말도 잃지 않을 수 있습니다. 아무리 좋은 말이라도 상대에게 맞추지 못하면 그 말은 헛수고가 되고 맙니다.

2) 타이밍이 중요

다음으로 시간적 요소가 말하기에 영향을 미칩니다. 시간은 말하는 때나 속도 등으로 나눠 생각해볼 수 있습니다. 누구나 아침 등굣길이나 출근길에는 싫은 소리를 하지 않으려고 합니다. 아침의 기분이 그날 온종일 영향을 미칠 수 있기 때문이죠. 때의 범위를 넓혀서 계절이나 날씨, 시사적인 사건 또는 그날 일어난 일 등도 말하기와 연관 지으면 더욱 풍요로운 내용으로 소통할 수 있습니다. 그것들에 따라 말하는 내용과 분위기가 영향을 받습니다. 말하려는 내용이 때에 맞는지 생각해봐야 합니다. 그때의 상황을 말하기에 효과적으로 연결해 말할 수도 있습니다.

말이 전개되는 속도도 말하기에 영향을 줄 뿐만 아니라 소통의 수준을 드러냅니다. 마음이 잘 맞는 대화는 빠르게 진행됩니다. 내용도 풍부해집니다. 시간이 언제 지나갔는지 모를 정도로 몰입하게 됩니다. 대화의 속도가 느리고 내용이 빈약하고 시간이 가기만 기다리는 말하기와는 확실한 차이가 나죠. 전개 속도는 반응 속도와 연관됩니다. 반응 속도가 빠르면 전개 속도도 빨라집니다. 무엇을 부탁했을 때, 답변이 나오기까지 걸리는 시간에 따라 상대의 마음이 다르게 감지됐던 적이 있으실 겁니다. 이때의 반응 속도는 긴 시간이 아닙니다. 밀리 초나 나노 초의 차이에 따라 그 사람의 감정 표현이 미묘하게 달라집니다.

말하기에는 적절한 순간 혹은 상황이 있습니다. 흔히 하는 말로 '타이밍'이라고 할 수 있습니다. 티브이 코미디 프로그램의 웃음은 대부분은 타이밍을 잘 맞추거나 일부러 어그러뜨려서 유발되는 경우가 많습니다. 부모님이나 선생님이 학생들에게 하는 말이 잔소리가 되는 것도 내용이 잘못돼서 그런 것은 아닙니다. 타이밍이 문제입니다. 학생들의 심정이나 사정을 충분히 들어보고 난 뒤에 말을 하면 좋은데 먼저 해버리기 때문입니다. 그렇다면 말하기 가장 좋은 타이밍은 언제일까요? 공식처럼 정할 수는 없지만, 상대의 말을 잘 듣는 것이 먼저입니다. 상대방의 말과 행동을 관찰해 공감하고 이해해야 타이밍을 찾을 수 있습니다. 상대방이 듣기를 바라는 때가 가장 좋은 타이밍입니다.

3) 카페를 찾는 이유

우리는 말할 때 말하는 공간에도 신경을 씁니다. 사랑하는 사람과 이야기를 나누려고 할 때, 인테리어가 멋있고 분위기 있는 카페를 찾습니다. 상담하는 공간을 편안하고 아늑한 분위기가 되도록 꾸민다거나 단체로 발표나 워크숍을 할 때는 한꺼번에 공유할 수 있는 넓은 공간을 찾습니다. 공간이 말하기의 중요한 요소이기 때문입니다.

공간이란 물리적인 장소만을 말하는 것이 아니라 주위의 환경이나 분위기, 의미를 아우르는 말입니다. 주변의 건물이나 풍경, 실내장식이나 들려오는 소리, 음악 등은 물론 특정 공간에서 있었던 역사적 사건 혹은 개인적 사연이 여기에 속합니다. 흰 벽 위에 얹힌 파란 지붕 너머로 파도 소리가 들리는 여행지에서 나누는 이야기와 미세먼지 속으로 자동차 소리가 들리는 도심지 거리에서 나눌 수 있는 이야기의 내용은 다르기 마련입니다. 우리가 일부러 문학 기행이나 유적 답사를 하는 것도 공간이 주는 의미가 우리의 생각과 말을 더욱 새롭고 생생하게 살려내기 때문입니다.

책상, 의자, 컴퓨터, 책, 복사기 등이 어지럽게 놓여 있는 비좁은 교무실에서 학생과 선생님이 상담하는 장면을 보곤 합니다. 안타까운 일입니다. 대화의 내용이 들릴지도 모른다는 불안한 환경과 많은 사람의 눈에 노출된 공간에서는 어떤 내용이 됐든 편안하게 속내를 털어놓는 말하기가 이뤄질 수 없습니다. 차분하고 포근한, 카페 같은 공간이 학교에도 필요합니다.

지금까지 말하기의 현장성을 정리해봤습니다. 말하기는 사람과 시간, 공간이 함께 있어야만 하며 그 영향을 늘 받습니다. 이것이 말의 현장성입니다. 흔히 말하기의 특징으로 '시공간적 제한'을 꼽습니다. 말은 금방 사라져버린다든가 멀리까지 전달할 수 없다는 등의 한계가 있다는 거죠. 그러나 관점을 바꾸면 말하기에는 '지금—여기'에만 현존하는 현장성이 있다는 긍정적 개념으로 정리할 수 있습니다.

2. 말하기에는 역동성이 있다

기자회견을 하는데 질문을 받지 않거나 질문 내용을 미리 정해놓고 주고받는 황당한 상황을 본 적이 있습니다. 반대로 질문을 하라고 하는데 아무도 질문하지 않아 난처했던 적도 있었습니다. 뭔가 날카롭고 팽팽한 논쟁이 오갈 것을 기대했는데 아쉬움이 컸습니다. '이럴 것 같으면 굳이 모여서 말로 할 이유가 있나? 회견문이나 보도 자료를 나눠주면 되는 거 아냐?' 하는 불평이 터져 나올 수밖에 없었습니다. 왜 그럴까요? 말하는 이, 듣는 이가 같은 시공간에 모여서 의사소통을 했으므로 말하기의 현장성은 있었으나 역동성이 없었기 때문입니다. 역동성이 일어나지 않는 말하기는 글과 마찬가지입니다.

학교 수업에서도 이런 예를 볼 수 있습니다. 학생 발표 수업에서 반 친구들 앞에 나가 준비한 자료와 내용을 발표하게 하는데 발표 후에 질의응답이나 토론이 이어지지 않는다면 '발표 수업' 또는 '말하기 수업'이라 할 수 없습니다. '자료 만들어 보여주기'와 '읽기' 수업을 한 것입니다. 교사가 일방적으로 말로 설명하는 수업도 마찬가지입니다. 인터넷 강의를 보는 것과 별 차이가 없을 것입니다. 현장성은 있으나 역동성이 낮기 때문입니다.

역동성은 구성원이 말하기 과정에 적극적으로 참여해 긍정적 상호작용이 활발히 일어나는 특성을 말합니다. 말하기가 이뤄지기 위한 초기 조건의 특징을 현장성으로 정리했다면 말하기가 본격적으로 전개되는 단계의 특징은 역동성이라 볼 수 있습니다. 이를 위해서는 처음의 서먹한 분위기를 부드럽게 해 마음이 열리게 하는 단계가 필요합니다. 친한 사이일지라도 인사를 나누고 안부를 묻는다거나 처음 보는 자리에서 자기소개를 하는 순서를 갖는다거나 활동 수업의 첫 단계에 아이스 브레이킹 활동을 넣어야 하는 이유가 여기에 있습니다. 이것이 잘되면 모든 대화는 역동성을 띠게 됩니다.

역동성이 잘 일어나는 말하기에서는 듣는 이와 말하는 이의 역할이 활발하게 전환되면서 내용의 깊이와 폭도 강물이 흐르듯 유연하게 발전해갑니다. 물론 엉뚱한 길로 빠지는 경우도 있지만요. 한쪽은 말하기만 하고 다른 쪽은 듣기만 하면 역동성이 살아나지 않습니다.

말하기를 흔히 탁구에 비유해 설명합니다. 두 사람이나 네 사람 사이에서 공이 오가는 것이 말하기입니다. 아무리 한쪽에서 적극적으로 하려고 해도 다른 쪽에서 넘어온 공을 받아넘기지 않거나 엉뚱한 방향으로 보내면 공은 바닥에 떨어지고 경기가 끊어집니다. 공을 받아넘길 때도 단조롭게 하는 것이 아니라 적절한 기술을 걸어 보내고 그것을 멋지게 받아넘기면 경기하는 사람이나 보는 사람 모두가 즐거워집니다. 말하기의 역동성도 마찬가지입니다. 상대의 말을 정확히 잘 파악해 받아내고 한 마디 한 마디 신경 써서 넘겨 보내면 모두가 흐뭇한 대화가 됩니다. 이것은 어느 한쪽의 노력만으로는 이룰 수 없습니다.

1) 역동성이 잘 일어나려면

역동성이 일어나려면 어떤 의견이라도 거리낌 없이 솔직히 말할 기회와 분위기가 마련돼야 합니다. 말할 기회가 동등하게 보장돼야 합니다. 여러 사람이 모였지만 말하는 사람이 몇몇 사람으로, 심지어는 한 사람으로 쏠리는 경우가 있습니다. 이렇게 되면 같이 모여 있기는 하지만 흥미도 의미도 없는 썰렁한 억지 모임이 되고 말 것입니다. 다른 사람이 말할 기회도 배려하며 말해야 하는데 발언을 독점하는 사람 자신은 잘 모를 가능성이 크죠.

말한 내용에 대한 허용적, 수용적 분위기 형성도 중요합니다. 아이디어를 모으는 활동이나 회의에서 반대나 비판을 하지 못하게 하는 규칙을 정하는 경우가 많습니다. 하는 말마다 평가를 당하면 사람들은 말하기를 꺼릴 것이고, 그렇게 되면 역동성이 일어나지 않습니다. 인정하고 지지해주면 말하기의 역동성이 살아나고 더 많은 아이디어가 나오겠죠.

발언의 기회가 보장되고 허용적 분위기가 되면 말하기에 대한 관심을 높일 수 있습니다. 지적 호기심이 왕성해 모든 곳에 흥미가 있는 사람도 있지만 대체로 사람은 자신을 인정하고 자신의 이야기를 들어주는 곳에 관심을 갖게 됩니다.

구성원의 참여 의식도 역동성에 중요합니다. 사적인 대화인 경우에는 서로 원해서 일부러 시간을 내고 공간을 잡아서 이뤄지므로 역동성은 자연스레 일어납니다. 이때는 사람 수가 많아도 문제가 거의 없습니다. 단체로 모이는 공식 행사에서도 구성원이 자발적으로 참여하는 경우에는 역동성이 잘 일어나서 행사의 열기가 뜨겁게 이어집니다. 그렇지 않을 때는 사람이 많이 모일수록 역동성은 떨어집니다. 의무적으로 참석해야 하는 전체 회의나 조회 같은 것이 지루한 이유도 이 때문입니다.

말하기의 역동성에서는 질문도 중요합니다. 왜냐하면 관심과 호기심은 질문으로 나타나기 때문입니다. 관심이 없으면 질문도 없습니다. 질문은 상대의 마음 구석구석을 각도를 달리하며 비춰주는 손전등과 같습니다. 질문으로 말하는 사람이 미처 생각하지 못한 숨겨진 내면까지 비춰주며 생각을 깊이 파고들어갈 수 있게 합니다. 이해가 안 되면 바로 다시 물어서 상대방의 의도를 확인할 수도 있습니다. 그러면 말하기는 세밀해지고 생각은 치밀해집니다.

좋은 질문을 던져야만 좋은 답을 찾을 수 있습니다. 상대방에게 가장 좋은 질문을 찾아내려면 상대방의 말을 잘 들어야 합니다. 그래서 말하기와 듣기는 절대 떨어질 수 없는 한 쌍입니다. 그리고 연습도 필요합니다. 수업 시간에 질문 만들기나 질문하기 활동을 많이 넣는데, 학생들은 이 활동을 매우 힘들어합니다. 대상에 대한 관심과 세상에 대한 호기심을 가질 기회도 없었고 연습해본 적도 없었기 때문입니다. 우리는 답 찾기만 가르치기에 바빴습니다. 그사이 질문하는 법을 잊었습니다. 이제 질문을 가르쳐야 합니다. 학문이라는 한자를 보면 '배울 학學' 자에 '물을 문問' 자를 씁니다. 학은 받아들이는 것이고 문은 불러일으키는 것입니다. 요즘의 학교에서는, 심지어 대학에서까지도 학문을 찾아보기 어렵습니다. 묻지 않기 때문입니다. 물을 때 역동성이 살아나고 생각이 유연해지고 자유로워질 수 있습니다. 소크라테스가 구어 문화를 신뢰한 것도 이 때문일 것입니다.

2) 유명 사회자와 교사

유명 사회자는 말하기의 역동성이 일어나도록 실마리를 잘 풀어내는 사람이라고 볼 수 있습니다. 우리나라에서 이것을 잘하는 사람으로 방송인 유재석, 손석희 등을 꼽습니다. 손석희가 말을 잘하는 이유는 여러 가지이지만 그중 하나는 토론이나 인터뷰에서 사람들의 말을 잘 이끌어내기 때문입니다. 말하고 싶지 않은 약점까지도 말하지 않을 수 없게 만드는 손석희는 진행자로서의 생각을 이렇게 말했습니다. "인터뷰이가 말하고자 하는 바가 무엇인지 정확하게 물으려 하고, 그의 생각과 다른 견해에 대해서는 어떻게 생각하는지 강하게 묻고자 한다." "진행자는 균형을 잡고 가능하면 많은 의견을 다양하게 담아내야 한다고 본다."[8]

수업에서는 교사가 할 일이 많은데, 교사와 학생, 학생과 학생 사이에서 역동성을 잘 일으키는 역할도 해야 합니다. 교과서의 내용을 교사가 잘 요리해서 먹기 쉽게 넣어주는 것이 아니라, 학생들의 생각을 자극할 수 있는 질문을 던짐으로써 학생들이 자기 내면에 이미 가지고 있는 역량을 깨워내는 거죠. 그 역량을 길러서 자신감과 자존감을 갖게 된다면 학생들은 수업 내용은 물론 살아가는 일도 당당히 풀어나갈 것입니다.

역동성이 있을 때 대화의 내용이 풍성해집니다. 대화의 내용이 풍성하다는 것은 서로 같은 관점부터 정반대에 이르기까지 다양한 각도에서 자료나 의견 등이 제시된다는 뜻입니다. 이는 개인적 말하기에서든 공식적 말하기에서든 더 나은 결론에 이르는 지혜로운 길이 됩니다.

3. 말하기에는 창조성이 있다

앞에서 첨단 IT 기업들의 사옥 내부가 직원들이 자주 만나서 대화할 수 있도록 설계됐다는 내용을 소개했습니다. 이는 말하기가 일어날 수 있는 조건을 갖춰줌으로써 말하기의 역동성을 일으키길 의도한 것이지만 궁극적으로는 말하기가 갖는 창조성, 생산성을 의도한 것이기도 합니다. 모여서 함께 이야기하다 보면, 혼자서는 생각지도 못했던 것들이 다른 사람의 말을 들으면서 여러 의견이 결합되어 새로운 아이디어로 만들어지기 때문입니다. 혼자 글쓰기 할 때는 얻을 수 없는 말하기만의 특징이라고 할 수 있습니다. 이것이 말하기의 창조성입니다.

1) 인지적 측면

2014년 1월 방영된 EBS 다큐 「왜 우리는 대학에 가는가—5부 말문을 터라」를 보면 공부 실험이 나옵니다. '조용한 공부방'과 '말하는 공부방' 실험입니다. '조용한 공부방'에서는 칸막이가 있는 책상에서 혼자 열심히 공부하고 '말하는 공부방'에서는 서로 이야기하면서 공부합니다. 세 시간 뒤에 시험을 치고 결과를 비교해보니 말하는 공부방의 성적이 훨씬 좋았습니다. 말로 설명하면 메타 인지가 작동하고 생각과 지식이 머릿속에 정리되기 때문이라고 합니다.

세계 인구의 0.2퍼센트밖에 안 되는 유대인이 노벨상 수상자의 22퍼센트를 차지하는 까닭도 토론과 논쟁을 바탕으로 하는 그들의 전통적 학습법인 하브루타 학습법 때문이라고 합니다.[9] 하브루타가 아니더라도 수업에서 모둠 활동으로 서로 의견을 이야기하고 토의, 토론해 학습하도록 하는 것도 모두 말하기의 창조성을 활용한 것입니다.

요즘 여기저기서 독서 모임이 활발히 이뤄지고 있습니다. 이것도 말하기의 창조성을 보여주는 사례입니다. 독서는 혼자서도 충분히 할 수 있는데 따로 모임을 하는 이유는 무엇일까요? 같은 책을 두고도 감동받은 대목과 감동의 빛깔 그리고 텍스트를 이해하는 관점과 의미가 다양하게 나옵니다. 신기하고 흥미로운 장면이죠. 이것들이 한데 어우러지는 자리에서 책 내용은 더 깊이 이해되고 느낌은 더욱 다채로워집니다. 책을 하나의 건축이나 조각 작품이라고 비유한다면, 혼자서 둘러보는 것보다는 여럿이 서로 다른 각도에서 보고 각자 본 것을 모아보는 것이 대상을 더 자세하고 정확히 볼 수 있음은 당연한 일입니다. 이것이 혼자서 책을 읽을 때는 얻을 수 없는 독서 모임의 매력이며 말하기의 창조성입니다.

북 콘서트나 저자와의 대화 같은 행사도 마찬가지입니다. 저자는 책에 미처 담지 못했던 내용이나 에피소드를 말합니다. 독자는 이해하지 못한 부분이나 의견이 다른 부분 등을 묻고 저자의 답변을 듣습니다. 활자로 고정되어 있던 책 내용이 저자와 독자의 말하기로 더욱 생생하게 되살아나는 거죠.

그 밖에 다양한 아이디어를 이끌어내기 위한 회의나 워크숍 등이 모두 말하기를 중심으로 이뤄집니다. 말하기의 창조성 때문입니다. 심지어 창작의 고통을 고독하게 견뎌내는 작업인 글쓰기에서도 합평회를 합니다. 생각이 꽉 막혀서 꼼짝 못하고 있을 때 다른 사람들과 이야기하다 보면 다른 사람의 의견이나 평을 듣는 사이에 자기도 모르게 좋은 아이디어가 반짝 떠오르며 물꼬가 터지듯 글이 진행되기도 합니다.

2) 정서적 측면

지금까지 학습이나 모임, 회의의 사례로 창조성의 '인지적' 측면을 살펴봤습니다만, 실은 그와 동시에 '정서적' 창조성도 일어납니다. 사람의 마음에 인지와 정서가 서로 이어져 있으므로 개인적이든 공식적이든 얼굴을 맞대고 이야기하면 저절로 친해지기 마련입니다. 말하지 않고 친해지는 수는 없습니다. 친해지면 할 말도 많아집니다. 말하기가 즐거워지고 시간은 짧아집니다. 소통이 잘되는 말하기는 벅찬 희열을 줍니다. 먼 곳에서 찾아온 벗과 나누는 대화의 즐거움이 이러할 것입니다. 학교 일과로 피곤한 몸을 이끌고 수업 모임이나 독서 모임에 달려가서 함께 이야기하고 돌아오는 길에 밤하늘의 별을 보는 기쁨이 이러할 것입니다.

많은 동호회나 친목회는 정서적 창조성을 분명한 목적으로 내

세웁니다. 그런데 재미있는 것은 온라인 동호회 같은 모임에서도 오프라인 모임을 한다는 것입니다. 온라인은 언제 어디서라도 소통할 수 있는 플랫폼이긴 하지만 얼굴을 보며 이야기하는 사이에 생기는 마음의 따뜻함과 충만함은 인쇄 매체나 디지털 미디어로는 대체하기 어려울 것입니다.

소통의 즐거움은 신체적인 기운도 북돋웁니다. 우리는 시험을 감독할 때 지루하고 피곤합니다. 아무 일도 하지 않는데 왜 그럴까요? 아무 일도 하지 않기 때문입니다. 아무도 관심을 가져주지 않기 때문입니다. 학생들은 모두 시험지에 몰두하고 있을 뿐 들어와 있는 사람이 누구인지는 신경 쓰지 않습니다. 수업 중에도 학생들이 대답도 안 하고 여기저기 엎드려 있으면 말을 별로 안 해도 진이 쏙 빠집니다. 반면에 학생들이 눈을 반짝이며 큰 소리로 대답하고 웃어주면 말을 많이 해도 신납니다. 대화하는 사람 사이에는 영혼의 회로가 있습니다. 대화가 활발하고 신나게 오가면 회로가 이어져서 발전기가 돌아가듯 대화하는 사람의 몸에서도 기혈이 활발히 순환해 몸도 기뻐하고 기운도 넘치게 됩니다.

3) 공감과 연대감

친목 모임 수준의 친밀감이 개인적으로 심화되면 '공감'이 되고, 사회적으로 확산되면 '연대감'이 됩니다. 글로도 공감과 연대감을 이뤄낼 수 있으나 말로써 일어나는 진한 울림과는 다릅니다. 눈을 보며 그 사람의 감정을 알아주는 말하기는 눈을 통해 그의 영혼으로 들어가 상처 입고 울고 있는 영혼을 보듬어줍니다. 한 사람의 영혼을 다시 살려냅니다. 말하기가 만드는 공감의 힘입니다. 세상에 대한 걱정을 함께 나누고 짊어지는 말하기는 거대한 세력도 맞서고 이겨낼 수 있다는 용기와 희망을 줍니다. 세상을 평화의 공간, 함께 사는 공간으로 만들어갑니다. 말하기가 만드는 연대감의 힘입니다.

'말이 잘 통한다'는 말이 있습니다. 친밀감이 공감과 연대감으로 이어질 때 할 수 있는 말입니다. 이런 사람을 '지기지우知己之友, 지음지인知音之人'이라고 할 수 있습니다. 답답하고 괴로운 속마음을 스스럼없이 털어놓을 수 있는 소중한 인연입니다. 이런 사람이 한 명이라도 있어야 합니다. 그래야 영혼이 숨 쉴 수 있습니다. 자신의 소리에 담긴 마음을 알아주는 친구인 '종자기'가 세상을 떠나자 거문고 줄을 끊어버린 '백아'의 심정처럼, 내 말을 속 깊이 들어주고 말이 통하는 사람이 없으면 말하기도 싫어지는 법입니다. 말하기가 창조하는 궁극적인 힘은 말을 나누는 사람의 마음이 통해 일어나는 사랑입니다.

요즘 동네마다 카페가 많습니다. 카페는 말하기 공간입니다. 커피나 차를 음미하거나 공부를 하기도 하지만 주로 이야기하려고 모입니다. 친구나 연인과 수다를 떨기도 하고 업무상 협의를 하기도 하고 독서 모임이나 동호인 모임으로 정보교환과 주제 토론을 하는 등의 다양한 말하기가 이뤄집니다. 이야기하면서 문제가 해결되고 마음이 넉넉해지며 세상도 밝게 바꿔가는, 작은 이야기 공동체가 많아지는 것 같습니다. 말하기가 만들어내는 아름다운 문화입니다.

말하기의 이런 특성들은 장점이자 단점입니다. 사람들이 시공간을 정해서 모여야 하고 상대방에게 집중하고 관심을 가져야 한다는 점은 바쁘고 피곤한 현대인에게는 부담됩니다. 그래서 얼굴을 맞댈 필요도 없고, 자신을 드러내지 않아도 되고, 맘에 들지 않으면 꺼버려도 되고, 다른 일을 해도 되고, 욕해도 되고, 인간관계도 신경 쓸 필요 없는 뉴미디어가 더 매력적일 수 있습니다. 자신이 필요한 시간에 마음에 드는 콘텐츠를 편안한 공간에서 자기식대로 즐길 수 있는 뉴미디어는 개인은 물론 인류의 문명을 지금까지와는 다르게 만들어가고 있습니다. 그것이 어떤 모습이 될지, 바람직한 것이 될지, 어떻게 대응해야 할지, 기대와 우려가 동시에 밀려옵니다. 어떤 상황이 될지라도 면대면 말하기는 인간 사이에만 존재할 수 있는 사랑과 공감의 순간이 아닐까요? 그것이 가능한 AI가 등장하기 전까지는요.

주

1. 유발 하라리. 『사피엔스』. 조현욱 옮김. 김영사. 2015. 41쪽.

2. 조르주 장. 『문자의 역사』. 이종인 옮김. 시공사. 1996. 111쪽.

3. 메리언 울프. 『책 읽는 뇌』. 이희수 옮김. 살림. 2009. 72~74쪽 참조.

4. 같은 책. 85쪽.

5. 같은 책. 120~129쪽 참조.

6. 『장자莊子』. 「잡편雜篇」. 「외물편外物篇」.

7. 「입주 들어간 6조짜리 애플파크…사옥에서 혁신 뽑아내는 IT기업들」. 『한겨레신
   문』. 2017. 2. 23.

8. 부경복. 『손석희가 말하는 법』. 모멘텀. 2013. 181쪽.

9. 「유대인들의 노벨상 점령 비결」. 『사이언스타임즈』. 2019. 9. 16.

3장

화법 수업의 조건

화법 수업의 본질과 말하기의 특징을 바탕으로 실제 수업을 구상할 때 미리 생각해두어야 할 점을 정리해보겠습니다.

1) 마음을 살피고 바꿔가는 공부가 함께 이뤄져야 한다

이번 학기에는 화법 공부를 할 거라고 말하면 학생들은 뭘 공부해야 하는지 감을 잡지 못합니다. '예쁘고 예절 바르게 말하는 방법을 공부하는 건가' 하는 학생도 있고, 수능의 화법 과목 문제를 푸는 줄 아는 학생도 있습니다. 화법이 아닌 화술 혹은 풀어야 할 문제 정도가 화법 수업에 대한 학생들의 인식의 내용입니다.

이런 학생들에게 앞에서 정리했던 화법 수업의 중요성, 목적, 말하기의 특징 등을 이야기해줍니다. 다음으로 말이 어디서 나오는지 물어봅니다. 입에서 나오지 않고 마음에서 나온다는 것을 금방 압니다. 그렇다면 말을 잘하려면 어떻게 해야겠느냐고 물으면 어렵지 않게 마음을 잘 알아야 한다고 답합니다. 구체적으로 어떻게 자기 마음을 바꾸고 그것을 화법으로 실천할 것인지를 앞으로 공부하게 될 것이니까 기대해도 좋다고 말해줍니다. 이 정도로 화법의 원리나 중요성을 알기는 어렵지만 수업을 진행해나가면서 학생의 마음이 자라고 심리적 치유 효과가 일어나는 것을 꽤 봅니다.

실제로 수업 시간에 자신의 마음을 돌아볼 수 있도록 활동을 넣고 활동지마다 고정적으로 자신의 마음을 관찰해 기록할 수 있는 내면 관찰(메타 인지)란을 마련해놓습니다. 메타 인지력은 교육에서 이뤄야 할 중요한 역량입니다. 한 시간 동안 뭘 느끼고 배웠는지, 자신에게 일어난 변화는 무엇인지, 뭘 보완하고 어떻게 실천하는지를 스스로 관찰하고 평가해보는 활동으로, 공부한 내용이 자기 마음과 삶에 연결되고 내면화되는 시간입니다. 이것으로 수업을 성찰하고 질문을 던져보며 사고의 확장이 일어나길 기대합니다. 반복적으로 하는 이유는 무의적으로 할 수 있는 힘을 길러주고 싶어서입니다. 실제로 일상생활에서도 '내면 관찰'을 한다고 이야기하는 졸업생도 있습니다.

교사에게도 이점이 있습니다. 학생들이 수업 목표에 얼마나 이르렀는지 학생들의 수업 전, 중, 후의 느낌, 생각, 인지 변화를 자세히 살필 수 있으며 이것은 다음 수업을 구상하고 계획하는 데 큰 도움이 됩니다. 많은 학생들이 어떻게 활동하는지를 수업 중에는 자세히 파악할 수 없습니다. 모둠별로 나누고 있는 이야기의 내용이나 각자의 느낌을 알기는 더욱 어렵습니다. 한계는 있지만 이런 활동지를 읽어보면 학생 각자가 가지고 있는 아픔과 고민을 만나고 짧게나마 이야기를 건넬 수 있습니다. 교사와 학생 사이에 개별 채널이 생기는 거죠.

다음은 매시간의 활동지에 고정적으로 들어가는 '메타 인지'란입니다.[1]

내면 관찰 (메타 인지)	사실적 사고	추론적 사고	비판적, 창의적 사고
	느낌(정서) /행동 관찰	생각(인지) 파악 =정서의 원인	변화 대책(필요시)
학습활동 중 파악한 자신의 기분 (느낌), 행동과 이유를 구체적으로	이번 수업을 하던 나의 느낌, 기분을 돌이켜 관찰해보니 〔 ❶ 〕던(한) 것 같다. 이번 수업을 하던 나의 행동, 자세를 돌이켜 관찰해보니 〔 ❷ 〕던(한) 것 같다.	그 이유는 〔 ❸ 〕 때문인 것 같다.	이렇게 하면 될 것 같다. ❹
알게 된 것	❺		
자신에 대해 알게 된 것 (변화된 것)	❻		
질문이나 더 알고 싶은 것	❼		
학습활동 소감 (실천 계획, 의견, 건의 등)	❽		

❶, ❷는 수업 시간 동안 자신의 감정(느낌, 정서)과 태도(행동, 자세)가 어땠는지 다시 생각해보고 쓰는 난입니다. 자기감정과 태도를 다른 사람을 관찰하는 것처럼 객관화해서 보는 활동입니다. 수업 전체를 대상으로 살필 수도 있고 수업 가운데 특정한 순간을 대상으로 해도 될 것입니다.

❸에서는 왜 그런 감정과 태도가 나왔는지 이유를 따져보게 합니다. 이 부분은 감정과 태도가 인지에서 나오는 이치를 바탕으로 한 것입니다. 자신의 감정이나 태도가 어디에서 나왔는지를 역추적하는 사고 활동입니다. 일어난 일들에 대해 자신이 어떤 생각을 깔고 받아들이는지 성찰해서 씁니다. 자아 성찰이라고도 할 수 있습니다.

❹는 비판적, 창의적 사고를 해보도록 하는 난입니다. 이곳은 자신의 감정이나 태도를 바꾸고 싶을 때 선택적으로 쓰게 합니다. 자신의 관점을 바꾸고 기대를 조절함으로써 마음을 다스리면 좋겠습니다. 물론 사회에 대한 관심과 문제의식을 버리라는 뜻은 아닙니다.

❺에는 알게 된 것을 씁니다. 여기에서는 주로 인지적 측면이 나오리라고 기대합니다. 한 시간 동안 배운 것의 간단한 노트 필기에 해당하며 형성 평가의 기능도 있다고 봅니다. 여기의 내용이 가

끔 판서한 것과 똑같은 경우가 있는데, 그렇게 하면 감점을 하겠다고 엄포를 놓기도 합니다. 자기 언어로 표현하는 것이 중요합니다. 패러프레이즈paraphrase라고 하죠. 자기 말로 표현하고 설명할 수 있어야만 진짜 알았다고 할 수 있기 때문입니다. 그 시간에 배운 '항목, 제목'만 쓰는 경우도 많은데, 예를 들면 '마음 듣기의 필요성을 확실히 알았다'라고만 쓰면 쓰나 마나입니다. 핵심 내용이 없습니다. 알게 된 내용을 써야 합니다. 정서적인 것이나 태도를 쓰는 경우도 많은데 인지적인 것을 쓰도록 안내하면 좋습니다.

❻에는 자신에 대해 알게 되거나 변화된 점을 쓰게 하는데, 이 부분을 어려워하는 학생이 많습니다. 자신에 대해 알아보는 것 자체가 거의 안 해보는 활동이니까요. 그렇지만 우리가 세상의 모든 것을 다 안다고 해도 정작 나에 대해서 모른다면 그것이 무슨 소용이 있을까요? 모든 지식의 완성은 결국 나를 아는 것이 아닐까요? 나를 안다는 것은 나에게 무한한 변화의 가능성이 있다는 것, 그래서 나를 끝없이 새롭게 만들어갈 수 있음을 아는 것이라고 봅니다. 공부하면서 그리고 살아가면서 그걸 알아내고 체험했으면 좋겠습니다.

❼의 내용 쓰기를 학생들은 제일 난감해합니다. '수업이 완벽해서 질문이 없어요'라고 쓰는 학생도 있고 '아무리 생각해봐도 질문할 게 없어요'라고 곤혹스러워하는 학생도 많습니다. 그러나 질

문거리를 찾아내는 것도 사고를 확장하는 좋은 연습이므로 꼭 하도록 권유, 강요(?)합니다.

❽에는 마지막으로 소감을 쓰도록 합니다. 공부한 내용을 실천할 계획이나 수업에 대해 하고 싶은 말 등을 자유롭게 쓰게 합니다.

쓰는 양식을 직관적으로 만들었기 때문에 학생들이 큰 어려움 없이 잘 적습니다. 칸을 넓게 만드는 것이 좋습니다. 칸이 넓으면 채워야 할 부담감으로 학생들의 가슴이 답답해질 수 있으나 다른 한편으로는 생각이 넓어지게 하는 것 같습니다. 활동지에 넣어야 할 것이 많아서 어쩔 수 없이 좁아지는 때가 많긴 하지만요.

어떤 활동을 하든지 수업 흐름을 잘 예측해 정리 단계의 5분을 꼭 확보할 필요가 있습니다. 한 시간의 수업이 자기 내면으로 스며드는 시간이기 때문입니다.

2) 독립적이고 안전한 환경을 만들어야 한다

말하는 시공간은 말하기에 큰 영향을 끼칩니다. 수업은 시공간을 마음대로 정할 수 없으므로 최적의 조건을 만들기는 어렵겠지만 주어진 환경 안에서 최대한 신경을 써야 합니다.

독립적이고 안전한 환경이 가장 중요합니다. 화법 활동 수업에서는 자신의 사연을 털어놓아야 하는 경우가 많은데, 이때 다른 사람에게 공개되지 않도록 해야 합니다. 이를 위해 모둠별로 책상 사이가 많이 떨어지게 배치하고 모둠 사이에 시선이 마주치지 않도록 합니다.

이야기한 내용에 대한 비밀 보장이 돼야 합니다. 화법 수업에서 나눈 이야기는 비밀을 지켜야 하고 다른 데 가서는 말하지 말아야 한다고 공개적으로 모두 약속하게 합니다. 민감하고 부담되는 이야기는 굳이 할 필요 없다고 말해줍니다. 만약 이야기하기 부담되거나 말하고 싶은 기분이 아니면 '통과' 찬스를 쓰는 제도도 마련해두면 좋습니다. 물론 자기 개방의 용기를 내보게 격려하는 것도 필요합니다만, 강요가 되지 않는 선에서 알맞게 조절해야 할 것입니다.

활동지에 적어서 내는 내용도 교사만 알고 있겠다고 약속합니다. 밝히고 싶지 않은 내용은 쓰지 않아도 되게 합니다. 어떤 학생은 검사한 활동지를 나눠줄 때도 반 친구들이 보지 않도록 개인적으로 돌려달라고 요구하기도 합니다.

교사는 어려움을 겪고 있거나 도움을 요청하는 경우를 제외하고는 모둠 사이에 들어가지 않는 것이 좋습니다. 교사가 왔다 갔다 하면 신경이 쓰이고 위축되어 마음껏 말할 수 없게 됩니다.

충고나 평가, 비판하는 말은 하지 않도록 하는 것도 중요합니다. 그런 상황에서는 편안하게 말하기 어렵습니다. 교사는 물론이지만 학생들끼리도 그렇게 하지 않도록 일러두어야 합니다. 어떤 말에도 귀 기울여주고 감정을 알아주며 인정하고 받아들여주는 환경에서만 안전함을 느낄 수 있습니다.

3) 자신의 실제 상황을 소재로 해야 한다

교과서의 활동 과제를 보면 어떤 상황을 가상으로 설정해 연습해보게 하는 것이 많은데, 이것은 자신과 관련이 없는 추상적인 상황이므로 참여하고 싶은 마음을 일으키기가 어렵습니다. 실생활에 적용하기에도 적절하지 않습니다. 자신이 직접 겪었던 일을 소재로 실습하도록 해야 합니다.

자기 이야기를 꺼내기가 꺼려질 수도 있으나 앞에서 말한 안전한 환경을 만들어주고 격려하면 꽤 내밀한 이야기까지 나옵니다. 사람은 누구나 기회가 주어지면 자신의 말을 하고 싶어 하고 누군가에게는 털어놓고 싶은 사연이 있기 때문입니다. 실제 수업에서 학생들은 신이 나기도 하고 흥분하기도 하면서 자기 이야기를 열심히 풀어놓습니다. 울컥하거나 눈물을 보이기도 합니다.

응어리진 무언가를 토해내는 과정에서 학생들은 스스로를 성찰하고 상처받은 마음을 치유합니다. 마음의 정화와 변화가 일어나면 홀가분함을 느낍니다. 자신을 돌보고 나면 남도 돌보고 싶어집니다. 그와 함께 화법도 변합니다.

4) 실천으로 이어지게 해야 한다

우리가 운전할 때 손발, 시선 등을 의식하며 움직이고 있다면 운전이 미숙한 것입니다. 자신도 모르게 적절한 판단과 신체 반응으로 원활하게 목적지에 도달해야 운전을 잘한다고 할 수 있습니다. 모든 것이 그렇습니다. 화법도 배운 내용을 외우고 있는 것은 쓸모가 없습니다. 처음에는 의식적으로 연습해보지만 반복하면서 몸에 배고 직관과 무의식까지 들어가도록 해야 진정으로 안다고 할 수 있습니다.

화법 수업에서 공부하는 말하기는 일상생활에서 습관적으로 하는 말하기와 다릅니다. 일상 대화는 죄책감이나 수치심을 주어 상대를 움직이려는 뿌리 깊은 폭력성이 있습니다. 그러나 화법 수업에서는 상대방에 공감함으로써 상대를 이해하고 받아들이고 마음의 평안에 이르게 합니다. 상대방을 의도적으로 바꾸려 하지 않습니다. 의식적으로 노력하지 않으면 지금까지 해오던 습관의 힘이 강하기 때문에 실질적인 변화를 가져오기 어렵습니다.

저는 매시간 활동지에 공부한 내용을 집에 가서 실천해본 사례를 적는 난을 고정적으로 마련해 기록하면서 관심을 불러일으키려 하고 있습니다. 시간 여유가 있다면 실천 사례를 발표해보고 나눠도 좋습니다.

5) 17차시 이상 긴 호흡으로 가야 한다

아무리 몸에 좋은 음식이라도 바로 효과가 나지는 않습니다. 운동도 하루 하고 나서 바로 몸이 좋아지지 않습니다. 일정 기간이 쌓여야 효과가 나타나는 법입니다. 학생들의 학습 효과도 그렇습니다. 많이 알려진 에빙하우스의 망각곡선에서도 알 수 있듯이 한두 번 반복하는 것은 곧 망각 속으로 사라집니다. 특히 태도 변화까지 일어나려면 일정 기간 지속되어야 가능합니다.

화법은 말하는 법을 공부하는 과목인데 이론이나 요령을 몇 가지 아는 것으로는 실제 말하기가 바뀔 수 없습니다. 교과서는 4~8차시 정도로 짜여 있고 그것마저도 해야 할 것이 분명치 않아 그냥 넘어가도 표가 안 나고 해도 별 효과가 없으니 시간만 낭비인 거죠. 교사는 시험문제에 낼거리만 확보된 것이고 학생들은 풀어볼 문제만 쌓인 셈입니다. 작은 것 하나라도 지속적으로 관심을 갖고 실천해서 자신의 마음과 입에 붙어야 화법을 공부한 보람이 있습니다. 그러려면 시간이 들어가야 합니다.

화법만으로 17차시는 물론이고 34차시까지 활동 수업을 할 수 있다고 하면 깜짝 놀랍니다. 도대체 뭘 하느냐는 거죠. 뭘 하는지, 왜 해야 하는지는 뒤에 자세히 풀어놓았습니다. 화법 수업뿐만 아니라 모든 영역의 수업을 17차시 이상으로 짜는 것이 좋습니다. 시, 소설, 문법, 논설 비문학 쓰기, 책 읽고 쓰기, 토론 등의 대단원을 활동으로 구상해 17차시 이상 꾸준히 나선형으로 반복해나갈 때 학생들에게 내면을 보는 통찰력과 언어 사용 능력이 길러지고 진정한 배움이 일어날 수 있습니다.

그러기 위해 교육과정 재구성이 필요합니다. 교과서 내용을 활용해도 좋지만 교과서만으로 긴 호흡의 활동을 짜기는 어렵습니다. 교과서는 참고 자료로 하고 동 교과 협의회에서 이야기하면 좋은 수업 과정이 나올 것입니다.

6) 정성 평가, 과정 평가로 해야 한다

학교 수업에서 평가의 본질이 뒤바뀐 지 오래됐습니다. 더 좋은 교육과 수업을 위해 평가하는 것인데 평가하기 위해, 평가를 잘 받기 위해 수업합니다. 그러니 문제집 수업이 가장 효율적인 것이 되고 객관식 선다형이 가장 공정하다고 착각하게 됩니다.

이런 현상은 수업과 평가가 입시의 한 과정으로 엮여 있기 때문에 일어납니다. 엮여 있다기보다는 종속되어 있다고 볼 수 있습니다. '내신 성적'이란 말만 봐도 단적으로 알 수 있습니다. '내신'이란 말은 '비공개로 상부 기관에 보고하는 내용'이란 뜻입니다. '전보 내신'이란 말에서 볼 수 있듯 상당히 오래된 관료적 용어입니다. 학교교육 활동이 모두 내신을 위한 것이란 뜻입니다. 여기서 학교와 교육의 본질을 논할 수는 없지만 학교의 모든 교육 활동의 목적이 단지 이것이라면 가장 큰 피해는 학생들에게 돌아갑니다.

행복하고 당당하게 살기 위해 학교에 오는데, 모든 활동이 줄 세우기가 되어 앞자리의 몇몇 학생만 아이돌처럼 주목과 관심의 대상이 됩니다. 나머지 학생 대다수는 열등한 사람으로 낙인찍히고 앞자리 학생처럼 될 것을 강요당합니다. 만약 그렇게 되지 못하면 그 책임은 오로지 학생 개인이 게으르거나 불우해서 그렇다고 단정 짓습니다. 우리나라 학생의 대부분이 우울하고 무기력한 것은 학교의 평가 제도에도 원인이 있지 않을까요?

학교 수업의 평가가 선발을 목적으로 하는 입시의 줄 세우기 기능에 치우쳐서는 안 됩니다. 근거는 학생의 개별성에서 찾을 수 있습니다. 사람의 특성은 모두 다르기 때문에 비교될 수 없습니다. 누구라도 독자적인 고유성과 존귀성이 있는 법입니다. 이것은 누구와 비교해 더 낫기 때문에 부여되는 것이 아닙니다. 사람이라는 그 하나로 누구와 비교되거나 차별받을 수 없습니다.

학생들은 출발점이 모두 다릅니다. 태어나 보니 부유한 환경에서 부모님의 높은 교육열로 배경지식을 충분히 갖출 수 있는 금수저 학생이 있는가 하면, 정반대 환경에서 기본어휘나 학습경험, 태도 등을 익히지 못한 흙수저로 태어난 학생도 있습니다. 학생 개인의 책임이 아닌 상황에 대해 학생에게 책임을 묻는 것은 비합리적이며 가혹한 짓입니다. 출발점이 다르기 때문에 학습 과정도 다르고 속도도 다릅니다. 목표에 가뿐하게 우수한 성과로 도달해 놓고 있어도 높은 점수와 교사의 총애를 받는 학생이 있는가 하면, 자신의 열악함과 열등함이 드러날까 봐 전전긍긍하며 복잡한 심경으로 눈치껏 수업을 따라가느라 도달점에 훨씬 못 미치는 학생도 있습니다. 정신적 노력과 감정적 소모는 다른 친구보다 훨씬 큰데도 단지 결과가 뒤떨어진다는 이유로 낮은 점수와 무관심 내지는 무시의 대상이 됩니다.

진정한 평가라면 학생들의 이런 과정까지도 관찰해 평가해야 합니다. 도달점, 성취 결과가 아니라 어디에서 출발해 어떤 성장을 보여줬는지 평가해야 합니다. 어떻게 하면 학생 개인의 개별성을 살리거나 보완할 수 있는지 찾아내기 위해 평가해야 합니다. 모두 다른 처지와 특성을 가진 학생들의 학습 과정을 한 가지 기준으로 비교 우열을 가리는 한 줄 세우기를 한다면 개별성을 무시하는 것입니다.

학교 평가는 학생들의 개별적 학습 상태를 파악해 학생들을 어떻게 도와주고 교사는 무엇을 보완해야 하는지 알기 위해서 해야 합니다. 한마디로 피드백이라고 할 수 있습니다. 피드백을 위해 학생 간 변별이 아니라 한 학생의 역량 간 변별이 필요합니다. 정성 평가입니다. 예를 들어 '공감 대화법' 활동에서 똑같은 점수가 나왔더라도, A라는 학생은 '자신의 느낌과 생각은 잘 관찰해 말하는데 상대의 느낌을 파악하는 능력이 조금 떨어진다'거나 B는 '〈관찰—느낌—바람—부탁〉의 틀을 잘 활용하는데 내용의 구체성이 떨어진다'든가 하는 식으로 평가할 수 있고 그 내용을 학생에게 피드백해주어 학생의 화법이 성장하면 평가의 기능이 온전히 수행됩니다.

그리고 과정 평가가 필요합니다. 과정 평가는 따로 평가가 없는 평가입니다. 별도로 수행 과제를 내서 일정 기간 평가하는 것이 아니라 매시간의 수업 활동 내용을 관찰기록한 것 그대로가 평가입니다. 특별한 평가 없이 한 한기 수업만 하고 나면 과정 평가도 완결되어 있습니다. 그러려면 활동지를 잘 만드는 것이 중요합니다. 활동지에 학생들의 정서적, 인지적, 행동적 특성이 잘 드러나도록 구성을 하고 그것을 누적, 관찰하면 학생 개인의 특성과 능력을 평가할 수 있습니다.

특히 화법 수업은 점수로 평가하는 것이 무의합니다. 그래도 점수를 내야 하는 현실이니 그럴 때는 최소 도달 기준을 마련하고 그것만 충족하면 만점을 주는 방식이 좋습니다. 개인 변별은 생활기록부에 반영하면 됩니다. 비판과 평가에서 마음을 놓아주려는 화법 수업이 비판과 평가를 엄격하게 한다는 것은 모순입니다. 사람마다 얼굴과 생각이 모두 다르듯 학생들도 마찬가지입니다. 활동참여를 잘하는 기질과 능력이 있는 학생이 있는가 하면, 성장 환경이나 기질적 특성으로 인해 활동 참여와 발표를 힘겨워하는 학생도 있습니다. 그런 경우에 객관성, 공정성을 앞세워 동일한 잣대와 기준을 들이밀어 평가하는 것은 비교육적입니다.

주

1. 배광호. 『중·고교 선생님을 위한 토론 수업 34차시』. 뜨인돌. 2017. 79~81쪽에 실려 있는 내용 수정.

1부 화법 수업의 바탕

2부

화법 수업의 현장

일러두기

실제 수업에서 활동지는 보통 B4 용지 한 면에 2쪽으로 정리한 뒤 인쇄해 사용합니다.
이 책에서는 단행본의 특성과 독자의 가독성을 고려하여 3~5쪽으로 디자인했습니다.

1장

아이스 브레이킹 수업

아이스 브레이킹 수업 안내

화법 수업은 말하기 수업인데 서먹서먹한 분위기에서는 좀 곤란하겠죠? 그래서 분위기를 친밀하게 바꾸면서 말문도 트는 활동이 필요합니다. 아이스 브레이킹 활동은 아주 많이 소개되어 있더군요. 그 가운데는 야외에서 신체를 움직이는 활동이 많았습니다. 가벼운 스폿도 많았고요.

화법 수업의 아이스 브레이킹은 말하기, 의사소통이 주된 활동이므로 의견을 내고 서로 조율하는 활동이 좋을 것 같아 '달 생존 게임'을 했습니다. '바다 생존, 사막 생존' 등의 응용 버전도 있습니다. 틀은 같습니다. 학기 내에 한 번 이상은 모둠을 바꾸는 것이 좋은데 모둠을 바꿀 때마다 간단하게라도 아이스 브레이킹 활동을 하면 좋습니다.

모둠 짜기

화법 수업은 모둠 활동으로 진행되므로 모둠 구성이 필요합니다. 모둠 짜기는 활동 수업의 성패를 좌우합니다. 방법은 크게 세 가지입니다. 교사가 여러 기준을 고려해 짜거나 학생들이 원하는 대로 하거나 컴퓨터로 단번에 랜덤으로 짜는 방법입니다. 여기서 이 방법들에 대한 검토를 본격적으로 할 수는 없습니다. 어떤 방법이든 장단점이 있습니다. 저는 학생들의 뜻대로 하거나 랜덤으로 합니다. 학생들이 원하는 대로 하는 것이 좀더 낫긴 하지만 어디에도 선택받지 못하는 학생이 있을 경우 해당 학생에게 상처를 줄 수 있으므로 조 편성 프로그램을 준비해두었다가 상황이 좋지 않으면 랜덤으로 짜기도 합니다.

모둠 세우기(팀 빌딩)

모둠을 만든다고 모둠 활동이 잘 일어나는 것은 아닙니다. 모둠원끼리 서로 알고 친해지는 활동이 필요합니다. 그래서 자기소개도 하고 모둠 이름과 모둠 구호, 모둠 규칙을 만들게 합니다. 여기서 모둠 구호가 가장 유용하게 쓰입니다. 모둠 구호는 두 글자로 만들어야 외치기도 좋고 기억하기도 쉽습니다. 모둠별로 과제를 주어 앞에 나와 간단히 발표를 하게 해도 좋습니다. 저는 시간을 절약하기 위해 아이스 브레이킹 활동 중간에 모둠 세우기를 넣었습니다.

1. 달 생존 게임[1]

새로운 학생들이 앉아 있군요. 조용히 제 처분만을 기다리는 양순한 양 같지만 얼마 지나지 않아 본색이 드러날 것입니다. 첫 시간에 제 소개와 인연의 소중함, 한 해 동안 또는 한 학기 동안 수업할 계획표와 평가 방침까지 나눠주고 이번 시간에는 친구들과 서로 친해지는 '달 생존 게임'을 하겠다고 해놓았으니 뭘 하는지는 알고 있길 기대하지만 아무리 자세히 말해도 "이번 시간 뭐 해요?" 라고 묻는 아이들은 꼭 있습니다. 이렇게라도 물어주면 고맙죠.

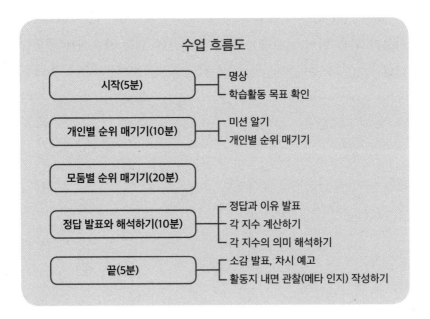

수업 흐름도

시작(5분)	┌ 명상 └ 학습활동 목표 확인
개인별 순위 매기기(10분)	┌ 미션 알기 └ 개인별 순위 매기기
모둠별 순위 매기기(20분)	
정답 발표와 해석하기(10분)	┌ 정답과 이유 발표 ├ 각 지수 계산하기 └ 각 지수의 의미 해석하기
끝(5분)	┌ 소감 발표, 차시 예고 └ 활동지 내면 관찰(메타 인지) 작성하기

학습활동 목표

1. 친구와 친해질 수 있다.
2. 다른 사람의 의견을 잘 듣고 존중하며 자신의 의견을 충분히 말할 수 있다.
3. 의사소통, 의사결정 능력을 알아볼 수 있다.

1) 미션 제시

이번 수업은 시간이 빠듯합니다. 그러므로 컴퓨터와 모니터 세팅만 끝나면 "이번 시간에는 뭐 한다고 했죠?"라고 묻고, 수업 활동명이 쓰인 첫 슬라이드를 띄우면서 바로 들어가야 합니다. 슬라이드 배경에 달 사진이나 우주선 발사대 사진이 있으면 좋습니다.

활동 목표를 간단히 소개한 후 "지금부터 여러분은 달로 가는 우주선에 앉아 있습니다. 네 명이 한 팀입니다(모둠원이 네 명인 경우). 드디어 발사 카운트다운이 시작됐습니다"라고 소개합니다. 수업에 몰입하고 현장감을 주기 위해 다음 슬라이드로 넘어가면 우주선에 점화가 되고 우주선이 발사되어 항해를 하다가 폭발 사고가 나는 간단한 동영상을 보여줍니다. 저는 영화 「아폴로 13호」의 예고편을 30초 정도 편집해서 만들었습니다.

폭발음과 함께 달 표면 사진이 나오고 현재 상황을 알려줍니다. "우주선의 경미한 폭발 사고로 달 위에 비상착륙했습니다. 모선까지는 300킬로미터 떨어져 있고 거기까지 가면 살 수 있습니다. 마침 물품이 열다섯 개 남아 있습니다. 살아서 모선까지 가기 위해 필요한 중요도에 따라 순위를 매기는 것이 미션입니다. 가장 중요한 것부터 1에서 15까지 매겨주세요."

달 생존 게임

* 상황: 달 위에 비상착륙, 300킬로 떨어진 모선까지 살아서 가야 한다. 남아 있는 물건은 15개뿐!
* 미션: 남은 물건의 중요도에 따라 순위 매기기. 가장 중요한 것부터 1에서 15까지.
* 개인 활동 시간: 5분.

물건

1	성냥 1통	9	달에서의 별자리 지도
2	농축 식품	10	(가스가 든) 구명 고무보트
3	나일론 밧줄(15미터)	11	물(20리터)
4	불투명 낙하산	12	자석
5	휴대용 태양전지식 히터	13	조난 구조 신호등
6	권총 2정	14	(주사침이 붙은) 구급상자
7	분유 1상자	15	통신용 FM 수신기
8	50킬로그램의 산소통		

2) 개인별 순위 매기기

여기까지 말하고 난 뒤에 활동지를 나눠줍니다. 미리 나눠주면 활동지를 보고 먼저 시작하거나 끼적이면서 교사의 설명에 집중하지 않는 학생이 많습니다. 기대감과 궁금증을 불러일으킨 뒤에 활동지를 나눠주면 바로 활동에 집중하게 됩니다. 활동지의 개인 순위 칸에 중요도에 따른 순위를 적도록 안내하고 5분을 주겠다고 알립니다.

활동 수업을 진행할 때는 시간 운용이 중요합니다. 시간이 남는 것은 좋으나 모자라면 엉망이 됩니다. 강의식 수업과는 달리 다음 시간으로 미룰 수 없기 때문입니다. 개인 활동을 하는 동안 교사는 돌아다니며 학생들의 진행 속도를 봅니다. 어떤 학생은 별생각 없이 쭉쭉 해나가고 어떤 학생은 한 가지에 매달려 고민에 빠져 있습니다. 생각이 없어도 안 되고 너무 부분적인 것에 빠져 있어도 안 된다고 전체적으로 한두 번 말해줍니다. 만약 거의 모든 학생이 5분 이내에 끝냈으면 앞당겨서 다음으로 넘어가도 되고 시간이 더 필요한 학생이 많으면 좀더 늘려도 되지만 2분 이상 늦추면 전체 진행에 차질이 생깁니다.

학생들이 개인 활동을 할 때 궁금해서 옆 친구에게 묻거나 상의하는 경우가 있는데, 모둠 활동 시간을 따로 주므로 그렇게 하지 않게 합니다. 교사에게도 묻는 경우가 있는데, 기본적인 사실 정보만 알려주고 자세한 것은 자신의 상식과 추론으로 해결하도록 합니다.

3) 모둠별 순위 매기기

개인 활동이 끝나면 다음 슬라이드의 모둠 활동 안내를 전체적으로 말해준 뒤 바로 시작하게 합니다.

> ### 달 생존 게임, 모둠 활동 규칙: 만장일치제
>
> 1. 개인 순위는 고치지 못한다.
> 2. 전원 합의, 만장일치제로 결정한다.
> 3. 모두의 의견을 듣고 나서 질문, 답변, 토론 후 결정한다.
> 4. 자신의 의견을 충분히 주장하고, 갈등을 피하기 위해 대충 동의하지 않도록 한다.
> 5. 지식, 논리를 최대한 이용하되 상대 감정도 존중한다.
> 6. 다수결, 평균치 계산 등의 편법은 안 된다.
> 7. 진행자를 정해서 모두에게 기회와 시간이 공평하게 주어지도록 한다.
> 8. 다 끝낸 모둠은 축하의 박수.

만장일치 원칙이 중요합니다. 다수결로 하면 큰 고민 없이 바로 표결로 들어가서 결정하게 됩니다. 그러면 의견 교환이나 토론이 일어나기 힘듭니다. 만장일치로 해야 모든 사람의 의견을 들어보고 이유도 물어보고 반론도 제기하면서 논리적 검토가 이뤄집니다. 다수결은 그리 좋은 결정 방식은 아닌 듯합니다. 자칫하면 다수의 횡포로 흐를 수 있으니까요.

모둠 활동 시간은 10분 이상 주어야 합니다. 만장일치가 되려

면 시간이 많이 필요합니다. 그러나 수업 시간 안에 끝내려면 조절을 할 수밖에 없죠. 다 끝낸 모둠은 손뼉을 치면 좋습니다. 각 모둠의 진척 상황도 알 수 있으면서 다른 모둠에게는 재촉의 압력을 줄 수 있습니다.

아무리 시간 조절을 잘해도 모둠별로 속도 차이가 나는 것은 어쩔 수 없습니다. 이때를 위해 모둠 세우기—모둠 이름과 구호 정하기—활동을 준비했습니다. 활동지 2쪽(93쪽 참조)에 이것을 적는 칸이 있습니다. 일찍 손뼉을 치는 모둠이 있으면 찾아가서 그것을 하라고 말해줍니다. 그러면 남은 시간을 지루하지 않게 보낼 수 있습니다. 모둠 구호는 그 뒤의 모둠 활동에서 쓰일 때가 많습니다.

4) 정답 발표와 해석하기

정답이 있다고 하면 다들 놀랍니다. 그냥 재미로 해보는 줄 알았다가 정답이 있다고 하니 평가가 뒤따른다는 것 때문에 약간 긴장되나 봅니다. 정답을 발표하기 전에 이어지는 활동을 한꺼번에 설명한 뒤 시간을 통으로 주는 것이 좋습니다.

다음은 발표된 정답을 적고 주어진 양식에 따라 계산하면 됩니다. 활동지만 봐도 할 수 있도록 활동지를 자세히 만들기는 했으나, 그래도 만든 사람과 하는 사람은 생각이 다를 수도 있으므로 프레젠테이션 자료로 만들어 간단히 설명하는 것이 좋습니다.

정답 발표 굵은 네모선 안에 써넣기

물건		개인 활동			모둠 활동	
		오차 (절댓값)	순위		순위	오차 (절댓값)
1	성냥 1통					
2	농축 식품					
3	나일론 밧줄(15미터)					
4	불투명 낙하산					
5	휴대용 태양전지식 히터					

나의 오차 합계(A)	A=		나의 오차 합계(B)	B=
전체 모둠원의 오차 합계(C)	C=	전체 모둠원 오차의 평균(D=C/n)		D=
우리 모둠의 최소 오차 모둠원	( )번 ( )	최소 오차값(E)		E-B=?
개인별 평균 오차와 모둠 오차의 차이(D-B=?)		모둠의 의사결정 능력		(상, 중, 하)

"지금부터 불러주는 정답을 활동지의 굵은 네모선 안에 써넣습니다. 정답과 개인 순위의 오차를 절댓값으로 씁니다. 너무 어려운 전문용어를 썼나요? 정답과의 차이를 양수, 음수 없이 숫자로만 씁니다. 모둠 오차도 같은 방법으로 합니다. 그런 다음 개인 오차값의 합계를 A에 쓰고 모둠 오차값의 합계를 B에 씁니다. 그다음엔 활동지 양식에 맞춰 계산을 합니다. 여기부터는 플러스마이너스 부호를 반드시 붙여야 합니다. 그럼 모둠별로 시작해주세요. 다 한 모둠은 손뼉을 치고 'E-B'값과 'D-B'값을 알려주세요. 폰을 이용해서 계산해도 됩니다."

이렇게 말하고 전체 모둠을 한 번 돌아본 뒤에 교사는 칠판에 모둠 활동 결과를 받아 적을 준비를 합니다.

모둠별 점수표

모둠	E-B	D-B	순위
1			
2			
3			
4			
5			
6			
7			

끝나는 대로 각 모둠의 수치를 받아 적습니다. 모둠 활동도 중요하지만 이것의 해석과 성찰이 더 중요합니다. 각 수치는 양수 방향으로 클수록 좋습니다. 여기서 'E-B'가 양수면 모둠의 오차 합계(B)가 최고 학생의 오차(E)보다도 더 준 것이니 모둠 최고 학생의 기여도(설득력)가 컸고 모둠원들의 경청 능력도 좋았다고 볼 수 있습니다. 소통이 잘 이뤄진 셈입니다. 이것이 만약 음수로 나왔다면 모둠 최고 학생이 모둠원들에게 설득력 있게 적극적으로 주장하지 못했거나 그 학생의 주장을 다른 모둠원들이 무시했다고 볼 수 있습니다. 다음의 'D-B'는 모둠 전체의 소통 능력, 의사결정 능력을 나타냅니다. 이것이 양수로 나왔다면 각 개인의 오차를 더한 것의 평균(D)보다 모둠으로 논의했을 때(B) 오차가 줄었으므로

함께 논의한 효과가 있었다고 볼 수 있습니다.

모둠의 집단 의사결정력 판정

* 'E-B'의 값이 클수록: 높은 의사결정력(상)
* 'E-B'는 음수지만 'D-B'가 양수라면: 괜찮은 의사결정력(중)
* 둘 다 음수면: 집단적 혼수상태(하)

이 수업을 여러 번 해보면 어떤 모둠이 점수가 잘 나올지 못 나올지 대강 예측이 됩니다. 목소리가 높지 않고 머리를 맞대고 몰입해서 논의하는 모둠이 당연히 오차가 많이 줄어듭니다. 그와 달리 한두 사람만 이야기한다거나 모둠원의 목소리가 크고 토론 없이 주장만 소리 높여 나온다거나 모둠원 사이에 이야기가 별로 이뤄지지 않는 모둠 등은 점수가 낮게 나옵니다. 모둠 활동을 하는 동안 각 모둠의 활동 모습과 분위기를 봐두었다가 결과와 비교해보면 재미있는 현상을 발견하게 됩니다.

다음에는 개인 오차 합계(A)와 모둠 오차 합계(B)의 차이, 'A-B'를 확인해보는 것도 좋습니다. 대부분은 양수가 나올 것입니다. 혼자 생각하는 것보다 함께 이야기하는 것이 더 좋은 결과를 얻을 수 있음을 실증해보는 거죠. 이것으로 '집단 지성'의 지혜를 일러줄 수 있습니다.

각 점수 구간을 손들게 해서 알려줍니다. 마치 AI 점쟁이가 운수를 알려주는 것처럼 재미있습니다. 맨 끝의 'NASA 인간우주센터'는 원자료에 있는 것을 그대로 보였으나 믿거나 말거나입니다.

개인 오차 합계(A)의 판정

* 0~25점: 극히 우수—우주 비행사가 될 소질이 있다.
* 26~32점: 우수한 편—우주 비행사는 못 되더라도 긴급사태에
  직면해 살아남을 수 있을 것이다.
* 33~45점: 평균적인 현대인.
* 46~70점: 달나라 여행이 가능해지더라도 안 가는 것이 좋다.
  생명이 위태롭다.
* 71~112점: 인간으로서 자격이 없다!

— NASA 인간우주센터 —

5) 지구 귀환 기자회견

"드디어 고난과 시련을 모두 이겨내고 무사히 지구에 귀환했습니다. 여러분, 수고 많았습니다. 환영합니다. 박수! 그러면 지금부터 달 탐사 우주인의 무사 귀환을 축하하는 기자회견을 갖도록 하겠습니다. 각 팀에서 최소 한 사람씩 일어나서 소감을 발표해주시기 바랍니다."

활동 소감을 공유하는 단계가 반드시 필요합니다. 이것은 어떤 활동이든 꼭 필요하다고 봅니다. 활동하면서 느낀 점을 함께 나눔으로써 발표한 학생은 알게 된 점을 강화할 수 있고 다른 학생에게는 생각의 폭을 넓힐 수 있는 기회가 됩니다. 그냥 돌아가며 각 모둠에서 한 사람씩 발표하게 할 수도 있지만 좀더 현장감을 느끼고 몰입할 수 있도록 기자회견 같은 적절한 형식을 갖추는 것도 좋습니다.

6) 메타 인지 활동

다음은 활동지 마지막 쪽(96쪽 참조) 내용을 교사의 안내 없이 혼자 해보게 합니다. 활동 과정에 자신의 타당성을 주장, 경청하는 능력이나 의사결정 방식 등을 돌이켜보고 정리해 자신을 객관화해서 관찰해보는 단계입니다. 자신을 의식적으로 생각해봄으로써 태도를 바꿔가리라고 기대하기 때문입니다. 이것이 '나다움'을 키우는 바탕이 될 것입니다.

내가 열심히 순위를 정했는데 그걸 바꾸려니 조금 아쉬웠지만 그래도 타당한 이유가 있었기 때문에 바꾸는 데 어려움을 덜 느낀 것 같다. 내가 옳다고 굳게 믿고 있었던 것이 전원 합의보다 많이 틀려서 내 생각이 무조건 정답이고 옳은 게 아니라는 점을 느낄 수 있었다.

나는 굉장히 신념이 깊은 사람이라서 거의 다 나의 결정이 옳다고 생각했는데 이번 활동을 통해서 나의 결정만이 오로지 옳은 결정은 아니라는 생각의 변화가 생긴 것 같다. (시지고 1-6 강수민)

다수결로 결정하면 자신의 의견을 펼치지 못하는 소수의 인원이 발생하지만 전원 합의로 결정하면 모두의 의견을 조합하고 결정할 수 있어 모두가 만족할 수 있는 결과를 얻을 수 있었다. 예전에는 다수결이 쉽고 편하다고 생각했는데 오늘 수업을 통해 인식이 바뀐 것 같다. (시지고 1-11 박진선)

달 생존 게임 활동지

학습활동명	달 생존 게임	
학습활동 목표		**목표 달성 정도 평가**
1. 달 생존 게임에 즐겁게 참여해 친구와 친해질 수 있다.		☆☆☆☆☆ %
2. 다른 사람의 의견을 잘 듣고 존중하며 자신의 의견을 충분히 말할 수 있다.		☆☆☆☆☆ %
3. 의사소통, 의사결정 능력을 알아볼 수 있다.		☆☆☆☆☆ %
* 다음 시간 수업 내용—마음 듣기(경청)		□확인했어요!
미션	300킬로미터의 달 표면 도보 이동에 필요도가 높은 순으로, 1~15까지 번호를 붙여주세요.	
모둠 활동 규칙 — 전원 합의 (만장일치)로 결정한다.	* 자신의 개인 순위 결정은 고치지 못한다. * 의견이 많을수록, 차이가 클수록 좋은 결론에 이를 가능성이 크다고 생각하고 모둠 전체가 최선의 결정을 내릴 수 있도록 모든 모둠원의 작은 의견이라도 충분히 경청하고 검토한다. * 다소 자신이 없다고 느껴지더라도 자신의 결정을 다른 사람이 받아들일 수 있도록 충분히 주장한다. 갈등을 피한다는 이유로 자신의 의견을 바꾸어 남에게 대충 동의하는 일은 피한다. * 알고 있는 지식, 논리를 최대한 동원하되 모둠원의 감정도 충분히 존중해 감정을 다치지 않도록 한다. * 자기의 판단을 고집하거나 남에게 이기기 위한 논쟁은 피한다. * 다수결, 평균치를 산출해본다든가 하는 식으로 안이하게 편법을 쓰지 않는다. * 참가자에게 골고루 시간과 기회를 배분해 특정인의 독무대가 되지 않게 한다.	

모둠조		모둠 이름		모둠 구호 (두 글자)	
모둠원					

	물건	개인 활동			모둠 활동	
		오차 (절댓값)	순위		순위	오차 (절댓값)
1	성냥 1통					
2	농축 식품					
3	나일론 밧줄(15미터)					
4	불투명 낙하산					
5	휴대용 태양전지식 히터					
6	권총 2정					
7	분유 1상자					
8	50킬로그램의 산소통					
9	달에서의 별자리 지도					
10	(가스가 든) 구명 고무보트					
11	물(20리터)					
12	자석					
13	조난 구조 신호등					
14	(주사침이 붙은) 구급상자					
15	통신용 FM 수신기					

나의 오차 합계(A)	A=		나의 오차 합계(B)	B=	
전체 모둠원의 오차 합계(C)	C=	전체 모둠원 오차의 평균(D=C/n)		D=	
우리 모둠의 최소 오차 모둠원	( )번 ( )	최소 오차값(E)		E-B=?	
개인별 평균 오차와 모둠 오차의 차이(D-B=?)		모둠의 의사결정 능력		(상, 중, 하)	

1. 이 활동 중 나는

(1) 나의 의견을……

    1   2   3   4   5

(전혀 주장하지 못했다)　　　보통　　　(충분히 주장했다)

● 그 이유는?

(2) 나의 감정을……

    1   2   3   4   5

(전혀 나타내지 못했다)　　　보통　　　(자유롭게 표현했다)

● 그 이유는?

(3) 모둠원들은 서로의 의견을……

    1   2   3   4   5

(전혀 듣지 않았다)　　　보통　　　(충분히 잘 들었다)

● 그 이유는?

2. 자기의 의견(개인 의사결정)을 바꾸는 데 어떤 어려움을 느꼈나요?

    1   2   3   4   5

(전혀 어렵지 않았다)　　　보통　　　(매우 어려웠다)

● 그 이유는?

3. 전원 합의가 충분히 되었다고 생각하나요?　　　　□예 / □아니요

● 그 근거는?

4. 전원 합의에 의한 결정을 해보고(다수결에 비교해서) 어떤 점을 느꼈나요?

5. 집단 의사결정을 하는 데 모둠원으로서 어떤 태도가 필요하다고 생각하나요?

6. 이 활동을 하면서 모둠의 다른 친구들의 생각·태도·행동에 대하여 특별히 느낀 점은 어떤 것인가요? (인상이 강하게 남는 친구에 대해서 쓰세요. 여러 명을 써 도 됩니다.)

● 누구의　　　　　어떤 점

내면 관찰 (메타 인지)	사실적 사고	추론적 사고	비판적, 창의적 사고
	느낌(정서) /행동 관찰	생각(인지) 파악 = 정서의 원인	변화 대책(필요시)
학습활동 중 파악한 자신의 기분 (느낌), 행동과 이유를 구체적으로	이번 수업을 하던 나의 느낌, 기분을 돌이켜 관찰해보니〔 〕던(한) 것 같다. 이번 수업을 하던 나의 행동, 자세를 돌이켜 관찰해보니〔 〕던(한) 것 같다.	그 이유는〔 〕 때문인 것 같다.	이렇게 하면 될 것 같다.
알게 된 것			
자신에 대해 알게 된 것 (변화된 것)			
질문이나 더 알고 싶은 것			
학습활동 소감 (실천 계획, 의견, 건의 등)			

✏️ 달 생존 게임 정답

	물건	순위	이유
1	성냥 1통	15	달에는 성냥을 태우는 데 필요한 산소가 없다. 따라서 쓸모가 없다.
2	농축 식품	4	에너지 공급에 효과적인 수단이다.
3	나일론 밧줄(15미터)	6	비탈길 승강, 부상자 운반에 필요하다.
4	불투명 낙하산	8	태양광선을 가리는 데 필요하다.
5	휴대용 태양전지식 히터	13	어두운 면이 아니면 필요가 없다.
6	권총 2정	11	자동 추진력으로 쓸 수 있다.
7	분유 1상자	12	농축 식품과 겹치는 것으로 짐이 된다.
8	50킬로그램의 산소통	1	생명 유지에 꼭 필요하다.
9	달에서의 별자리 지도	3	달 여행의 필수품이다.
10	(가스가 든) 구명 고무보트	9	군용 구명 LIFE RAFT의 가스 봄베이는 추진력으로 이용할 수 있다.
11	물(20리터)	2	태양 반대 면에서는 대량의 증발로 수분 공급이 절대로 필요하다.
12	자석	14	달의 자장은 분극되어 있지 않아 쓸모가 없다.
13	조난 구조 신호등	10	모선과의 조난신호에 이용한다.
14	(주사침이 붙은) 구급상자	7	우주복에는 특수한 구멍이 있어 비타민제 등의 보급이 가능하다.
15	통신용 FM 수신기	5	FM의 교신 거리는 짧으나 모선과의 통신에 이용할 수 있다.

2. 바다/사막 생존 게임 활동지와 정답

이 밖에도 해상이나 사막에서의 상황으로 같은 활동을 할 수 있습니다. 진행하는 방법은 같고 내용만 바꾸면 됩니다. 정답과 활동지만 소개하겠습니다(활동지의 마지막 쪽은 모두 같습니다).

📋 바다 생존 게임 활동지²

학습활동명	바다 생존 게임	
학습활동 목표		**목표 달성 정도 평가**
1. 바다 생존 게임에 즐겁게 참여해 친구와 친해질 수 있다.		☆☆☆☆☆ %
2. 다른 사람의 의견을 잘 듣고 존중하며 자신의 의견을 충분히 말할 수 있다.		☆☆☆☆☆ %
3. 의사소통, 의사결정 능력을 알아볼 수 있다.		☆☆☆☆☆ %
* 다음 시간 수업 내용—마음 듣기(경청)		□확인했어요!
미션	남태평양상에서 화재로 요트 소실. 구명보트로 옮겨 탐. 현재 위치는 가장 가까운 육지에서 남서 방향으로 약 1,600킬로미터 정도 떨어진 것으로 추정. 주머니에는 지폐 몇 장과 성냥 한 갑, 구명보트엔 다음의 열다섯 가지 물건뿐. 생존하는 데 필요한 중요성에 따라 1에서 15까지 등급 매기기.	
모둠 활동 규칙 — 전원 합의 (만장일치)로 결정한다.	* 자신의 개인 순위 결정은 고치지 못한다. * 의견이 많을수록, 차이가 클수록 좋은 결론에 이를 가능성이 크다고 생각하고 모둠 전체가 최선의 결정을 내릴 수 있도록 모든 모둠원의 작은 의견이라도 충분히 경청하고 검토한다. * 다소 자신이 없다고 느껴지더라도 자신의 결정을 다른 사람이 받아들일 수 있도록 충분히 주장한다. 갈등을 피한다는 이유로 자신의 의견을 바꾸어 남에게 대충 동의하는 일은 피한다. * 알고 있는 지식, 논리를 최대한 동원하되 모둠원의 감정도 충분히 존중해 감정을 다치지 않도록 한다. * 자기의 판단을 고집하거나 남에게 이기기 위한 논쟁은 피한다. * 다수결, 평균치를 산출해본다든가 하는 식으로 안이하게 편법을 쓰지 않는다. * 참가자에게 골고루 시간과 기회를 배분해 특정인의 독무대가 되지 않게 한다.	

모둠조		모둠 이름		모둠 구호 (두 글자)				
모둠원								

	물건	개인 활동			모둠 활동	
		오차 (절댓값)	순위		순위	오차 (절댓값)
1	해상용 천체 각도 측정기					
2	화장용 거울					
3	물 1통(20리터)					
4	모기장					
5	군대 전투식량 1상자					
6	태평양 지도					
7	방석(물에 뜬다)					
8	윤활유와 휘발유의 혼합유(4리터)					
9	소형 라디오					
10	상어 쫓는 약					
11	불투명 플라스틱(6.6미터)					
12	80도짜리 술 1병					
13	나일론 줄(4.5미터)					
14	초콜릿바 2상자					
15	낚시 도구 상자					

나의 오차 합계(A)	A=		나의 오차 합계(B)	B=
전체 모둠원의 오차 합계(C)	C=	전체 모둠원 오차의 평균(D=C/n)		D=
우리 모둠의 최소 오차 모둠원	( )번 ( )	최소 오차값(E)	E-B=?	
개인별 평균 오차와 모둠 오차의 차이(D-B=?)		모둠의 의사결정 능력	(상, 중, 하)	

🖊️ 바다 생존 게임 정답

번호	물건	정답	이유
1	해상용 천체 각도 측정기	15	측정용 책상과 크로노미터(정밀한 경도 측정용 시계)가 없이 이 기계는 상대적으로 무용지물이다.
2	화장용 거울	1	항공기 및 선박에 구조 요청 시 신호용으로 절대적으로 필요하다.
3	물 1통(20리터)	3	발한 등으로 부족한 수분을 보충하는 데 필요하다.
4	모기장	14	태평양 바다 위에는 모기가 없다.
5	군대 전투식량 1상자	4	기본적인 음식 섭취용으로 필요하다.
6	태평양 지도	13	기타 필요한 항해 장비가 없는 한 사용 가치가 없다. 당신이 현재 어느 지점에 조난당했는지 아는 것이 관건이 아니라 구조대가 어디에 있을 것인지가 더 관심사다.
7	방석(물에 뜬다)	9	만약 생존자가 구명보트에서 떨어져 물에 빠진다거나 할 때 이 방석이 구명대 기능을 할 수 있다.
8	윤활유와 휘발유가 혼합된 기름(4리터)	2	신호용으로 절대적으로 필요하다. 이 기름은 물 위에 뜨며 생존자들이 갖고 있는 지폐와 성냥으로 불을 붙일 수 있다.
9	소형 라디오	12	라디오 중계소가 없으므로 사용 가치가 매우 적다. 또한 불행하게도 당신이 좋아하는 AM 라디오 방송국이 방송권 외(1,600킬로미터 거리)에 있다.

10	상어 쫓는 약	10	이유가 명백하다.
11	불투명한 플라스틱(6.6미터)	5	빗물을 받을 때 혹은 기상 변화(햇빛 및 폭풍우)로부터 피해를 막을 수 있는 가리개 등으로 사용한다.
12	80도짜리 술 1병	11	80퍼센트의 주정이 포함되어 있다. 상처를 입은 경우 소독제 혹은 방부제 등으로 활용하는 것 이외에는 별로 필요 가치가 없다. 만약 마시는 경우 탈수 현상 및 갈증을 일으키고 물을 더 많이 마시게 한다.
13	나일론 줄(4.5미터)	8	짐들이 떨어져 나가는 것 등을 방지하기 위해 함께 묶어두는 데 사용한다.
14	초콜릿바 2상자	6	음식물 대용으로 사용한다.
15	낚시 도구 상자	7	초콜릿보다 우선순위가 낮다. 왜냐하면 손안에 있는 한 마리 새가 숲속에 있는 두 마리 새보다 낫기 때문이다. 또 한편으로 고기를 낚는다는 보장도 없다.

📋 사막 생존 게임 활동지[3]

학습활동명	사막 생존 게임	
학습활동 목표		**목표 달성 정도 평가**
1. 사막 생존 게임에 즐겁게 참여해 친구와 친해질 수 있다.		☆☆☆☆☆ %
2. 다른 사람의 의견을 잘 듣고 존중하며 자신의 의견을 충분히 말할 수 있다.		☆☆☆☆☆ %
3. 의사소통, 의사결정 능력을 알아볼 수 있다.		☆☆☆☆☆ %
* 다음 시간 수업 내용―마음 듣기(경청)		□확인했어요!
미션	8월 어느 날 아침 10시. 비행기가 한 탄광촌 남남서쪽 약 110킬로미터 지점의 사막지대에 불시착. 비행기의 위치를 아무에게도 알리지 못함. 기상예보는 최고 온도가 60℃ 정도, 선인장 외에는 식물이라곤 없는 불모지대. 모두 얇은 반소매 셔츠와 바지를 입고 있으며, 양말과 구두를 신고 있고, 손수건을 가지고 있음. 불시착 비행기 안에는 다음의 열다섯 가지 물건뿐. 생존하는 데 필요한 중요성에 따라 1에서 15까지 등급 매기기.	
모둠 활동 규칙 ― 전원 합의 (만장일치)로 결정한다.	* 자신의 개인 순위 결정은 고치지 못한다. * 의견이 많을수록, 차이가 클수록 좋은 결론에 이를 가능성이 크다고 생각하고 모둠 전체가 최선의 결정을 내릴 수 있도록 모든 모둠원의 작은 의견이라도 충분히 경청하고 검토한다. * 다소 자신이 없다고 느껴지더라도 자신의 결정을 다른 사람이 받아들일 수 있도록 충분히 주장한다. 갈등을 피한다는 이유로 자신의 의견을 바꾸어 남에게 대충 동의하는 일은 피한다. * 알고 있는 지식, 논리를 최대한 동원하되 모둠원의 감정도 충분히 존중해 감정을 다치지 않도록 한다. * 자기의 판단을 고집하거나 남에게 이기기 위한 논쟁은 피한다. * 다수결, 평균치를 산출해본다든가 하는 식으로 안이하게 편법을 쓰지 않는다. * 참가자에게 골고루 시간과 기회를 배분해 특정인의 독무대가 되지 않게 한다.	

모둠조		모둠 이름		모둠 구호 (두 글자)				
모둠원								
	물건		개인 활동			모둠 활동		
			오차 (절댓값)	순위		순위	오차 (절댓값)	
1	1인당 물 1리터							
2	1인당 코트 1벌							
3	4.5구경 권총(실탄 장전) 1정							
4	나침반 1개							
5	화장용(여자) 손거울 1개							
6	보드카(술) 2병							
7	책(『사막에서 먹을 수 있는 동물』)							
8	잭나이프(다용도 등산용 칼) 1개							
9	1인당 선글라스 1개							
10	정제소금 1,000알							
11	압박붕대							
12	낙하산							
13	손전등							
14	우비							
15	항공지도							
나의 오차 합계(A)		A=			나의 오차 합계(B)		B=	
전체 모둠원의 오차 합계(C)		C=		전체 모둠원 오차의 평균(D=C/n)			D=	
우리 모둠의 최소 오차 모둠원		( )번 ( )		최소 오차값(E)			E-B=?	
개인별 평균 오차와 모둠 오차의 차이(D-B=?)				모둠의 의사결정 능력			(상, 중, 하)	

📝 사막 생존 게임 정답

번호	물건	정답	이유
1	1인당 물 1리터	3	생존을 위해 최대한 버텨야 하므로 필요하다.
2	1인당 코트 1벌	2	수분 증발을 예방하고 밤에 체온을 유지하는 데 필요하다(일교차 적응).
3	4.5구경 권총(실탄 장전) 1정	8	예민한 감정 충돌을 제어하고 대처하기 위한 것이다.
4	나침반 1개	11	이동하지 않으면 필요 없는 물건이다.
5	화장용(여자) 손거울 1개	1	위치 표시 구조 신호용으로 최고 중요하다.
6	보드카(술) 2병	14	술을 마시면 더욱 목마르다. 불을 붙이는 데 쓴다고 하나 전체 물건에서 불붙일 것을 찾기 힘들다.
7	책(『사막에서 먹을 수 있는 동물』)	13	사냥하기 위해 체력을 소모할 필요가 없다. 소용없는 물건.
8	잭나이프(다용도 등산용 칼) 1개	6	선인장을 잘라 물을 구하는 데 최적의 도구다.
9	1인당 선글라스 1개	9	눈부심 예방으로 시력을 보호하는 데 필요하다.
10	정제소금 1,000알	15	소금을 먹으면 수분을 더 뺏긴다.
11	압박붕대	10	다친 사람이 없으므로 필요 없다. 예비용으로는 필요.
12	낙하산	5	그늘을 만들 수 있고 밤에 덮고 잘 수 있다.
13	손전등	4	밤에 구조 신호용으로 요긴하다.
14	우비	7	물을 보관할 수 있다(수분 증발 방지, 밤에 펼쳐두면 소량의 이슬을 받아 물을 마실 수 있음).
15	항공지도	12	이동하지 않으므로 필요 없는 물건이다.

주

1. 이 수업은 한국조직개발연구소의 '월면月面의 위기' TEST(http://www.jojic.com/special/surface.htm) 내용을 50분 수업에 맞도록 재구성한 것입니다.
2. http://www.jojic.com/special/sealost.htm 참조.
3. http://www.naramal.or.kr/cms/tabid/294/Control/View/bno/849281/Default.aspx 전국국어교사모임 홈페이지 중등수업자료실 참조.

2장

개인적 화법(공감 대화법) 수업

개인적 화법 수업 안내

화법은 개인적 화법과 공식적 화법으로 나닙니다. 개인적 화법은 개인 사이에 이뤄지는 사적인 대화입니다. 공식적 화법은 개인 대 다수 사이에 이뤄지는 연설, 발표, 면접 등과 다수와 다수 사이에 이뤄지는 협상, 토론 등이 있습니다.

이 수업은 마셜 로젠버그의 『비폭력 대화』에 바탕을 두고 있습니다. 『비폭력 대화』의 철학과 이론을 우리나라 교실에 최적화해 봤습니다. 새로운 활동이나 생각할 거리를 넣기도 했습니다. 참고한 책들은 마셜 로젠버그의 『비폭력 대화』 『삶을 풍요롭게 하는 교육』, 루시 루의 『비폭력 대화 워크북』, 김미경의 『청소년을 위한 비폭력 대화』, 이주아의 『청소년을 위한 비폭력 대화 워크북』, 정혜신의 『당신이 옳다』 등입니다.

개인적 화법은 '공감 대화법'이란 제목으로 17차시 수업을 하도록 짰습니다. 그러나 실제 학교 일정을 보면 중간, 기말의 정기고사나 학교 행사 등으로 15차시 정도를 할 수 있습니다. 그러면 두 차시 정도를 못하게 되는데, 저는 '2) 거울 놀이, 14) 내면 소통, 12) 분노 표현하기, 13) 거절 표현하기' 등의 순으로 빼고 한 학기 수업 계획을 짭니다.

이름을 '공감 대화법'으로 바꾼 까닭은 개인적 화법의 목표를 '공감'이라고 보기 때문이기도 하고 아무리 '비폭력'이라도 '폭력'이란 말이 들리면 분위기가 약간 굳어지는 것 같아서입니다. '비폭력 대화'에서도 '공감'을 중요하게 생각하므로 그대로 써도 좋겠다고 생각했습니다.

공감이란

공감이란 상대의 감정을 똑같이 느끼는 것입니다. 상대의 감정을 평가하지 않고 있는 그대로 인정하고 받아들이는 것입니다. 더 나아가 감정을 일으킨 바람, 욕구가 무엇인지 함께 찾아봅니다. 그 사이 상대방은 자기 존재가 이해받고 존중받고 있다는 걸 느끼게 됩니다. 다시 깊은 숨이 쉬어지고 자신을 돌아보고 세상으로 나아갈 힘을 얻게 됩니다. 공감이 한 사람의 마음을 살려냅니다. 두 사람 사이에는 깊은 믿음과 사랑이 생겨납니다.

정혜신은 "감정은 존재의 핵이다"[1]라고 선언하면서 감정을 통해서만 존재 안으로 들어갈 수 있다고 합니다. 한 사람의 마음을 치유하고 살려내는 가장 강력하고 실용적인 힘이 공감이라고 합니다. 공감의 원리를 자신에게 적용하면 자신의 마음을 자가 치유할 수 있습니다. 상대 공감 못지않게 자기 공감도 중요합니다. 자기 공감이 안 되어 마음이 꺾이고 힘들면 상대 공감도 제대로 할 수 없습니다.

그러나 상대방의 감정을 알고 공감하기가 쉽지 않습니다. 상대의 감정을 알기 위한 가장 중요한 전제는 '상대의 감정을 모른다'라는 점을 분명히 아는 것입니다. 그러면 상대의 감정을 선입견 없이 보고 상대에게 물어보게 됩니다. 상대의 감정을 자신의 생각대로 추정해서 이럴 것이라고 단정 지으면 상대의 감정을 알 수 없으며 자신의 틀로 상대를 평가하는 폭력을 행하게 됩니다. 상대를 평가로 보는지 관찰로 보는지를 구분해야 합니다. 느낌과 생각을 나눠보고 느낌이 어떤 바람에서 나왔는지 파악해야 합니다. 이를 바탕으로 부탁, 분노, 거절 표현, 내면 소통, 감사 표현 등을 공부하고 연습합니다. 이 과정이 공감 대화법 수업입니다.

1. 마음 듣기 — 경청과 딴청 사이

화법 단원은 듣기 수업부터 시작합니다. 듣기가 언어활동의 기본이자 출발이기 때문입니다. 아기가 처음 말을 배울 때도 수없는 듣기로부터 시작합니다. 그래서 청각에 이상이 있으면 말을 배우지 못하게 된다고 합니다. 청각에 이상이 없는 한 듣기 말하기를 못할 사람은 없습니다. 그런 '듣기'를 따로 배우고 연습해야 한다는 말이 의아하게 들릴지 모릅니다. 그러나 듣기가 그냥 귀만 열려 있다고 되는 건 아닙니다.

흔히 '말귀가 어둡다'든가 '말귀를 못 알아듣는다'고 말합니다. 청력에 문제가 있어서 이런 말이 나온 것이 아닙니다. 듣기는 이해력, 공감력의 문제입니다. 이해력은 객관적 정보 전달이나 논리적 내용 전개의 말을 듣는 공식적 화법에서 필요하고, 공감력은 주관적 경험이나 감정을 나누는 개인적 화법에서 필요합니다. 객관적 정보는 배경지식을 가지고 집중해서 들으면 어느 정도 알아들을 수 있지만, 주관적 감정은 듣기의 원리와 방법을 알고 의식적으로 연습하지 않으면 알아듣기 어렵습니다.

화법 수업은 반드시 대화하면서 공부할 수밖에 없습니다. 그러므로 모든 수업이 짝꿍 활동이나 모둠 활동으로 이뤄지는데, 다른 사람의 말을 잘 듣는 활동을 먼저 해야 이어지는 수업에서도 집중이 잘될 것입니다.

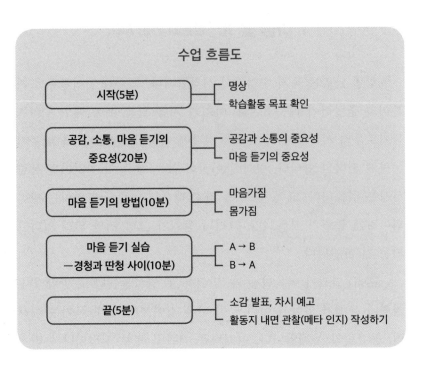

수업 흐름도

| 시작(5분) | ┌ 명상 |
| | └ 학습활동 목표 확인 |

| 공감, 소통, 마음 듣기의 중요성(20분) | ┌ 공감과 소통의 중요성 |
| | └ 마음 듣기의 중요성 |

| 마음 듣기의 방법(10분) | ┌ 마음가짐 |
| | └ 몸가짐 |

| 마음 듣기 실습 —경청과 딴청 사이(10분) | ┌ A → B |
| | └ B → A |

| 끝(5분) | ┌ 소감 발표, 차시 예고 |
| | └ 활동지 내면 관찰(메타 인지) 작성하기 |

학습활동 목표

1. 마음 듣기(공감적 경청)의 뜻과 중요성을 알 수 있다.
2. 마음 듣기(공감적 경청)의 방법을 알고 실습할 수 있다.
3. 나의 마음 듣기(공감적 경청) 능력을 관찰하고 평가할 수 있다.

1) 공감과 소통의 중요성

사람의 뇌는 5분만 산소가 공급되지 않아도 세포가 죽기 시작한다고 합니다. 사람의 몸이 건강하게 유지되는 것은 주위의 공기, 물, 햇빛, 음식 등이 쉴 새 없이 잘 공급되고 순환되기 때문입니다. 마음도 역시 건강하게 살아가기 위해서는 공급과 순환이 필요합니다. 바로 주위 사람과의 깊은 믿음과 인정, 사랑이 끊임없이 이어져 오고 가야 합니다. 공감으로 소통해야 한다고 할 수 있는데, 이것이 끊어지면 마음은 시들고 병들게 됩니다.

요즘은 SNS 이용이 폭발적으로 늘면서 인간관계가 더욱 넓어지고 활발해지고 있습니다. 이것을 비대면 소통이라고 할 수 있는데, 여기서도 상대방의 처지에서 그 사람의 심정으로 대화를 나누고 글을 남긴다면 공감에 이를 수 있습니다. 그러나 온라인으로 이뤄지는 공감에는 한계가 있을 수밖에 없습니다. 온라인에서 받는 '좋아요'의 지지가 힘이 되기도 하지만 의존이 될 수도 있습니다. 눈을 보면서 이어지는, 단 한 사람과의 진정한 공감과 소통이 한 영혼에게는 온 우주가 됩니다.

2) 마음 듣기의 의미와 중요성

마음 듣기는 글자 그대로 상대의 마음을 듣는 것입니다. 여기서 마음이란 감정, 기분, 느낌을 말합니다. 말의 내용도 물론 정확하게 잘 들어야 하지만 그건 그냥 집중해서 잘 듣기만 하면 되는 일입니다. 그러나 마음은 말의 내용, 정보에만 집중해서는 잘 들리지 않습니다. 예를 들어 친구가 "학교 다니기 싫다. 자퇴하고 싶다"라고 할 때 "아, 네가 자퇴를 바라는구나. 내가 자퇴하는 방법을 자세히 알아봐줄게"라고 답한다면 잘 들었다고 할 수 있을까요? 이 말이 나오게 된 맥락이나 말투, 분위기에 따라 다르겠지만, 아마 이 친구의 마음은 답답할 것입니다. 이 친구는 성적이 잘 안 나온다거나 선생님이나 부모님께 꾸중을 들을 것이 걱정되고 화나고 혼란스러운 마음에서 이런 말을 했을 가능성이 큽니다. 그 감정을 헤아려 알아듣는 것을 마음 듣기라고 합니다. 더 나아가 감정과 느낌이 어디서 생겨났는지까지 헤아려주면 좋지만 그것은 차차 해나가도록 하겠습니다.

느낌만 정확히 읽어줘도 상대방은 진정으로 이해받고 인정받는 느낌이 듭니다. 그 사람을 믿고 마음을 열게 됩니다. 이 사람에게는 어떤 말을 해도 자신을 이해해주고 지지해줄 것 같아 속에 있는 말까지 다 하게 됩니다. 두 사람 사이에는 깊은 친밀감과 신뢰감이 생깁니다. 그 사람을 따르게 됩니다. 두 사람 사이의 관계도 돈독해집니다. 두 사람 모두 존재감, 자존감이 높아지게 됩니다. 그래서 "사람을 움직이는 것은 입이 아니라 귀다"[2]라는 말도 있습니다.

마음 듣기를 하면 대화를 잘 이끌어갈 수 있습니다. 대화를 잘 이끌어간다는 것은 참여자 모두가 즐거운 마음으로 편안하게 말할 수 있는 분위기를 만들어가는 것인데, 그러려면 듣는 사람의 마음을 잘 알아야 하기 때문입니다. 어떤 선생님이 3월 중순에 있는 학부모 회의 때 학부모 상담을 해야 하는데 어떤 말을 해서 이끌어가야 할지 모르겠다며 고민을 이야기한 적이 있습니다. 그 선생님은 초임으로 교직 경력이 아직 한 달도 안 됐습니다. 어떻게 답변을 해야 할까요? 그렇죠. 말하려고 하지 말고 학부모의 말을 마음까지 잘 들으면 됩니다. 그사이에 학부모는 마음이 편안해져서 더 자세히 말할 것이고 선생님은 할 말이 저절로 떠오를 것입니다. 학부모의 마음은 헤아리지 않고 자신의 말만 일방적으로 하려 한다면 상대방은 듣고 싶어 하지 않을 것이고 대화는 답답해질 것입니다.

마음 듣기와 직접적으로 연결되는 것은 아니지만 귀 기울여 듣는 습관이 들면 학생의 경우에는 공부도 잘하게 됩니다. 학교 수업이 강의식으로 이뤄지는 과목도 많은데 수업 내용을 잘 알아듣는다면 당연히 생각도 깊어지고 성적도 잘 나올 것입니다.

그러므로 마음 듣기를 잘하면 좋은 인간관계를 만들어갈 수 있고, 잘 말할 수 있고, 성적도 올릴 수 있습니다. 『듣기만 잘했을 뿐인데』라는 책에도 보면 듣기만 잘해도 '누구나 내 편이 된다, 상대가 쉽게 마음을 연다, 대화의 신이라 불린다, 원하는 대로 이뤄진다, 싸우지 않고도 사람을 얻는다'[3] 등의 놀라운 이점이 있다고 합니다.

3) 마음 듣기 방법

마음 듣기의 의미와 중요성을 설명한 뒤 실습을 위해서 마음 듣기 방법을 자세히 설명합니다. 크게 두 가지로 나눌 수 있습니다. 마음가짐과 몸가짐입니다.

마음가짐이 더욱 중요한데, 기본 원리는 자기 마음을 내려놓는 것입니다. '말 안 해도 네 마음 다 안다' 같은 말과 생각은 마음 듣기에서 매우 위험합니다. 말을 해도 상대의 마음을 알기 어려운데 말을 안 해도 알 수 있다니요. 그건 순전히 자신의 경험과 생각으로만 판단하겠다는 말입니다. 우연히 맞을 수도 있지만 확률은 매우 낮을 것입니다. '오직 모를 뿐'[4]이란 마음으로 자신의 생각을 내려놓아야 합니다. 어떤 생각도 선입견, 편견, 고정관념, 고집일 가능성이 큽니다. 그런 마음으로는 상대의 마음을 알 수 없습니다.

구체적으로 말하면 '충조평판'(충고, 조언, 평가, 판단)을 하지 않아야 합니다.[5] '충조평판'은 상대의 입장에서 역지사지하는 것이 아니라 모두 자신의 생각을 기준으로 나오는 것이기 때문입니다. 여기서 '충고나 조언'에 의문을 제기하는 학생이 많습니다. "친구를 위해서 조언은 해줘야 되는 거 아닐까요?" "충고가 나쁜가요?"라고 반문하기도 합니다. 적극적인 자세가 아주 좋은 학생입니다. 이럴 때는 이렇게 말해줍니다. "충고, 조언 자체가 나쁜 것은 아닙니다. 다른 사람이 잘못되라고 충고, 조언해주는 사람은 없습니다. 그런데 충고, 조언을 들으면 여러분 마음이 어떤가요? 상황에 따라 여러 가지 기분이 들 수 있겠지만 거슬릴 때가 많을 것입니다. 조언은 타이밍이 중요합니다. 듣는 단계에서는 안 됩니다. 그냥 마음 듣기만 하는 것이 좋습니다. 조언은 상대방이 원할 때 해주는 것이 가장 좋은 타이밍입니다. 그렇지 않을 때 조언하는 것은 간접적인 비난과 같습니다." 결론적으로 마음 듣기의 마음가짐은 '자신의 생각을 내려놓고 충조평판하지 않고 역지사지의 마음으로 듣기'입니다.

다음은 몸가짐입니다. 잘 듣고 있다는 것을 반드시 몸으로 표현해야 합니다. 마음속으로 아무리 잘 들어도 상대방은 알기 어렵습니다. 그러면 소통이 일어나기 힘듭니다. '눈 맞춤, 고개 끄덕이기, 맞장구(리액션), 상대 마음 읽어서 말해주기'를 몸동작으로 표현해야 합니다. 사람의 마음은 눈 안에서 이어집니다. 마음이 틀어지면 눈을 마주치지 않게 되는 것도 그런 이유입니다. 너의 눈을 깊게 바라보는 것이나 고개를 끄덕이며 맞장구를 치는 것도 너를 온전히 지지하고 이해한다는 마음가짐의 표현입니다.

조금 어려운 것이 '상대 마음 읽어서 말해주기'인데, 이것은 상대방의 감정을 잘 알아냈는지 물음으로 확인하는 것입니다. 마음 듣기라고 해서 입을 꾹 다물고 듣기만 하는 것은 아닙니다. "어머나, 그랬구나, 헐, 대박, 어쩜! ……" 등의 감탄사로 맞장구를 치고 상대의 감정을 계속 물으면서 혹은 구체적인 정황을 확인하면서 들어야 합니다. 우리는 아무리 세심하게 추정하더라도 상대의 마음을 정확하게 알기가 거의 어렵습니다. 그리고 자신이 추정한 내용이 맞는지 확인하기 위해서도 계속 물으면서 들어야 합니다. 그래서 이것을 "입으로 듣기"[6]라고도 했습니다. 아직 연습이 되지 않아 어색하거나 상대의 기분이 정확히 읽히지 않으면 "그랬구나!" 정도만 해줘도 좋다고 말해줍니다.

말하기에 부담을 느끼거나 뭉뚱그려 말하는 사람에게는 거울이 되어 자세한 부분을 비춰주는 역할을 하면서 듣는 것도 좋습니다. 예를 들어 "지난 여름방학에 바다에 갔는데 재미있었어"라고만 말하는 친구가 있다면 "그래? 재밌었겠구나!"라고 감정도 읽어주면서 '뭐가 재밌었는지, 누구하고 어느 바다에 갔는지, 뭘 타고 갔는지'도 자세히 물어주면 더욱 신이 나서 풍부하게 이야기할 수 있을 것입니다. 마음 듣기는 뒤에 나오는 '공감 대화법 듣기(묻기) 모델'에서 따로 한 번 더 다루겠습니다.

4) 마음 듣기 실습

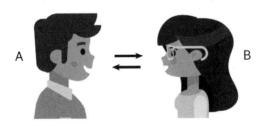

실습은 경청(마음 듣기)과 딴청을 번갈아 해보는 것이 다입니

다. A, B 역할을 나눠 한 사람(A)이 3분간 계속 말하면 짝꿍(B)은 1분간은 경청, 1분간은 딴청, 다시 1분간은 경청합니다. 역할을 바꿔 한 번 더 하면 실습이 끝납니다.

이야깃거리는 '최근에 있었던, 기억에 남는 일'이나 '내가 좋아하는 것들' '오늘 아침 등굣길에서 있었던 일' 등 친근한 소재로 합니다. 내용을 생각하고 정리하기 위해 1분 정도 명상 시간을 주어도 좋습니다.

실습할 때 마음 듣기 방법을 확실히 의식적으로 연습해볼 수 있게 합니다. 학생들은 딴청 피우기를 힘들어합니다. 상대방에게 미안한 마음 때문입니다. 인지상정으로 상대방에게 미안해서 과감하게 딴청을 피우지 못하는 학생이 많습니다. 딴청을 피우는 학생이나 말하는 학생이나 공부 삼아 연기로 그렇게 하는 것이라는 점을 미리 말해줍니다.

5) 마무리

실습에 많은 시간이 들지 않기 때문에 끝나고 시간 여유가 있을 것입니다. 실습 소감을 돌아가며 모두 들어보는 것이 좋습니다. 만약 시간이 촉박하더라도 몇몇 학생을 대표로 들어볼 필요가 있습니다.

학생 소감은 언제나 생생한 현장의 소리입니다. 그중에서 이런 소감이 기억에 남습니다. '상대방이 내 말을 안 들어주니 말할거리가 잘 생각나지 않고 말이 나오지 않더라'는 것입니다. 우리는 내가 잘나서 말을 잘하는 줄 압니다. 그렇지 않습니다. 상대방이 없으면 내 말은 존재할 수 없습니다. 하이데거는 언어를 '존재의 집'이라고 했지만, 말하기에서는 상대의 존재가 언어의 집인 것 같습니다. 네가 없으면 내 말이 존재할 수 없습니다. 그러니 상대는 내 말을 존재하게 하는 소중한 존재입니다. 내 말을 들어주는 모든 이들에게 감사합니다. 그리고 자신도 누군가에게 그런 존재가 되면 얼마나 좋을까요?

이 활동은 활동지가 없어도 됩니다. 그래도 공부한 내용을 되새겨 자기 것으로 만들게 하려면 활동지로 정리하는 것이 좋습니다. 과정 평가에도 꼭 필요합니다. 활동지는 활동이 다 끝난 다음에 수업을 정리하는 단계에서 나눠주고 한꺼번에 작성하게 하는 것이 좋습니다.

사람의 말을 들을 때는 '마음 비우기' '눈 맞춤' '느낌 읽어주기' 등 이런 많은 사항들을 지켜가면서 들어야 한다는 사실을 알게 됐다. 그리고 마음 듣기를 직접 친구와 연습해봄으로써 마음 듣기를 이용한 듣기를 하게 되면 상대방에게 전보다 훨씬 더 존중받는다는 느낌을 줄 수 있다는 것을 알게 됐다.

더불어 나는 약간의 신선한 충격을 받았다. 내가 남자라서 그런지 몰라도 사람의 말을 듣고 내 감정이나 느낌을 표현하기가 조금 쑥스러워서 잘하지 못했었다. 그런데 오늘 마음 듣기 수업을 통해 내가 직접 그 상황에 처해보니, 상대방이 내 말을 이해했는지 아닌지 구분하기도 힘들뿐더러 나의 말을 들어주지 않고 있다는 느낌이 든다는 것을 알게 됐다.

나는 사람들과 말할 때, 특히 부모님과 말할 때는 항상 마음 비우기 영역 중 '부모님께서 나에게 하는 말은 모두 잔소리인 거야!'라는 편견을 가지고 들어서 항상 짜증이 난 말투로 대답을 해왔었는데, 이제 공감적 경청을 하는 법을 배웠으니 앞으로는 편견을 버리고 부모님의 생각과 느낌을 읽으며 공감적 경청을 하도록 노력해야겠다고 다짐했다. (시지고 1-2 김동욱)

마음 듣기 수업을 하기 전에 나는 대화할 때 그 친구의 고민에 대해 조언해주는 것이 좋은 태도라고 생각했었다. 그런데 오늘 수업을 통해서 그 친구 상황에서는 자칫하면 오지랖으로 들릴 수 있기 때문에 자제해야 한다는 것을 알게 됐다.

나는 집에서 성격(본성)이 약간 냉철해서 식구들이 막 힘들다고 말해도 '안 힘든 사람 없다'라고 약간 공감을 잘 안 해주고 오히려 식구들 귀찮게 조언이나 충고를 더 많이 해준 것 같다. 그래서 이번 활동을 통해서 내가 집안에서 얼마나 딱딱한 사람인지 알게 됐고 주변 사람에게 더 잘해주고 집안에서 좀더 따뜻하고 말랑한 막내가 돼야겠다고 생각했다.

오늘 수업 시간에 사람들이 말하는 사람들보다 듣는 사람들을 더 좋아한다고 했는데 대부분 사람들은 그럴지 몰라도 나는 약간 말수도 적고 말도 재미없게 해서, 개인적으로 말하는 것보다 오히려 반응해주는 게 더 편하고 말하는 사람을 더 좋아한다. 그러니까 오늘 이 수업을 듣고 수다가 많은 친구들이 충격을 먹거나 자책을 한다면 오히려 그 친구들이 그런 역할을 해줘서 고마웠다고 전하고 싶다! (시지고 1-6 강수민)

친구랑 서로 대화하며 수업을 진행해서 신기했다. 직접 공감하며 경청할 때 마음 듣기를 할 수 있다는 사실을 깨달았기 때문에 상대방의 말을 들어주지 않을 때 상대방의 기분을 좀더 알 수 있었다. 마음 듣기를 하면 나도 그렇고 상대방도 그렇고 서로 기분 좋게 대화할 수 있다는 것을 알게 됐다. 직접 실습을 해보니 나는 마음 듣기까지는 아니지만 평소 친구들의 말을 잘 들어주는 편에 속한다는 것을 알게 됐다. 하지만 조금 더 나아가 친구들에게 공감하며 마음까지 이해해줄 수 있는 마음 듣기로 귀를 열어서 친구들과 대화해야겠다고 다짐했다. 그리고 이번 활동을 통해 혹시나 내가 친구들과 얘기할 때 기분을 나쁘게 한 활동은 없었는지 돌아보는 계기가 됐다. (매천고 1-8 장수연)

💬 참관 후기

여름방학을 고3 보충수업으로 보내고 2학기를 맞았다. 짙은 피로감에 젖어 개학이라는 현실을 받아들이지 못한 채 3일이 지났을 때 '공감 대화법' 수업 참관일이 돌아왔다. 1학기 '나다움 토론' 수업 참관 이후 두 달 만이다.

'공감 대화법' 수업은 2년 전까지만 해도 '비폭력 대화'라고 이름 붙인 수업이었다고 했다. 어느 쪽이든 무엇을 배우는 수업인지 예측하기가 쉽지 않다. 내 기억 속 '화법'은 수능 언어영역에 다섯 문제가량 등장했던 것으로 문제집을 사서 풀며 답을 잘 고르는 전략을 공부한 정도의 과목이기 때문이다. 기억의 조각을 더 모아본다면 자기소개하기나 3분 말하기 등의 발표 수업을 경험해보았고, 중학교 3학년 때 열정적인 선생님을 만나 토론 공부를 했던 것이 꽤나 신선했다. 그런데 사람과 사람 사이의 사적 대화를, 그러니까 하루를 채우는 우리들의 듣고 말하는 행위를 한 학기 동안 공부한다니, 왜? 어떻게? 계속되는 물음을 안고서 모둠 학습실로 갔다.

수업 종이 치자 선생님은 오랜만에 만난 아이들의 안부를 묻고 2학기 수업의 흐름을 간략하게 안내했다. 그리고 2학기도 그대들과 함께해서 감사하다는 말, 수업을 기대해도 좋다는 말, 함께 행복한 수업을 만들자는 말을 덧붙였는데 나는 그 인사말이 좋았다. '첫' 수업, 선생님의 기대와 설렘이 담긴 목소리가 아이들과 내 마음에 곱게 내려와 앉았다.

오늘 수업의 활동명은 '마음 듣기'이고 '경청과 딴청 사이'라는 부제가 붙었다. 공감 '대화법' 공부의 시작이 '듣기'다. 그것도 '마음'을 듣는다니. 상대의 '말'을 이해하기도 힘든데 '마음'을 잘 들어보자는 제안이라니! 단어를 바꾸니 대화를 바라보는 생각의 틀이 달라진다.

선생님은 이 지점을 정확하게 짚으며 말했다. 마음 듣기란 "대화 속에서 다른 사람의 소리를 듣는 것이 아니라 대화 내용 즉, 전하고 싶은 마음을 들어주는 것"이라고. 이어서 마음을 듣는 방법으로 ① 공감하려는 마음을 가져야 하고(충고, 조언, 평가, 비판 X) ② 이를 몸으로 표현할 수 있어야 한다(고개 끄덕이기, 맞장구치기, 눈 마주치기, 느낌 읽어주기)고 설명했다.

활동은 간단하다. 친구가 말할 때 짝꿍은 '경청 → 딴청 → 경청'의 듣기 태도를

2장 개인적 화법(공감 대화법) 수업　　　　123

의도적으로 바꿔 보여준다. 상대의 경청과 딴청이 어떤 영향을 미치는지 스스로 느껴보고, 그때 말하는 이의 기분(마음)을 살피는 활동이다. 딴청 부릴 때는 사정을 봐주지 말고 무시하는 연기를 잘 해달라는 선생님의 요청에 아이들은 열렬히 응답했다. 아이들의 실감 나는 연기와 함께 교실은 저마다의 대화들로 시끌시끌 살아 움직인다.

수업 마침 종이 울리기 3분 전, 오늘의 활동 소감을 말해줄 수 있냐는 선생님의 말에 한 아이가 손을 들고 말했다.

"처음에 시작할 때는 큰 차이가 없을 것 같았는데 막상 해보니까 내 말을 안 들어줄 때 아무리 연기라도 기분이 나빴어요."

아이의 발표를 들으면서 나는 요사이 내 마음이 지친 까닭을 알았다. 나와 고3은 여름방학을 기점으로 수능 완성을 향한 문제 풀이 수업으로 속도를 내고 있었다. 교실에는 정답과 오답의 숫자들이 넘쳐흘렀지만 정작 서로의 마음을 듣고자 하는 몸짓과 시간은 줄어들고 있었다. 아이들의 수업 의욕이 현저히 낮아지자 나는 부끄러움과 자책감을 동시에 느꼈고, 수업 시간에 아이들 눈을 마주치는 것이 힘들어졌다. 그런데 선생님이 자꾸 '말'이 아닌 '마음'을 들어보라고 한다. (산 넘어 산이군.) 마음을 보려면 눈을 봐야 하는데 나더러 어쩌란 말이야.

물끄러미 쳐다본 활동지 속 글자들이 위로하듯 내게 말을 건다. 다시 아이들 가까이 가서 몸을 기울이라고. 아이들의 눈빛과 표정에 담긴 마음을 읽으라고. 아이들의 불안함과 막막함을 함께 느끼고 이야기하라고. 아이를 향한 너의 굳어진 평가와 허술하고 어설픈 판단은 마음에서 멀리 떠나보내라고. 그럴 수 있는 용기를 내라고.

내 마음속 진정한 개학은 아직 오지 않은 채, 그렇게 첫 참관 수업이 끝났다.

 **활동지(1)**

학습활동명	마음 듣기(공감적 경청)—경청과 딴청 사이	
학습활동 목표		**목표 달성 정도 평가**
1. 마음 듣기(공감적 경청)의 뜻과 중요성을 알 수 있다.		☆☆☆☆☆ %
2. 마음 듣기(공감적 경청)의 방법을 알고 실습할 수 있다.		☆☆☆☆☆ %
3. 나의 마음 듣기(공감적 경청) 능력을 관찰하고 평가할 수 있다.		☆☆☆☆☆ %
4. 나의 목표:		☆☆☆☆☆ %
＊ 다음 시간 수업 내용—거울 놀이		□확인했어요!

마음 듣기(공감적 경청)에 대해 자유롭게 정리(안내 자료를 그대로 필기하지 마세요.)

마음 듣기란?

마음 듣기의
중요성

마음 듣기
방법

마음 듣기(공감적 경청) 실습 안내				
짝꿍 이름	( )번 ( )			
실습 방법	나	계속 말하기(어떤 황당함이 있더라도)	짝꿍	계속 말하기(어떤 황당함이 있더라도)
	짝꿍	1. 마음 듣기(공감적 경청) 실습—1분 2. 딴청 피우기 연기—1분 3. 다시 마음 듣기 실습—1분	나	1. 마음 듣기(공감적 경청) 실습—1분 2. 딴청 피우기 연기—1분 3. 다시 마음 듣기 실습—1분
이야깃거리 (소재)	방학 중에 있었던 가장 기억에 남는 일, 내가 좋아하는 것들……			

나의 마음 듣기(공감적 경청) 자기평가	
마음 비우기 (편견, 평가, 비판 없이)	□매우 좋음 □좋은 편 □보통 □부족한 편 □매우 부족
눈 맞춤 (관심과 호기심의 눈빛과 표정)	□매우 좋음 □좋은 편 □보통 □부족한 편 □매우 부족
고개 끄덕임과 맞장구 (리액션)	□매우 좋음 □좋은 편 □보통 □부족한 편 □매우 부족
느낌 읽어 말해주기 ("……했겠구나!")	□매우 좋음 □좋은 편 □보통 □부족한 편 □매우 부족

내면 관찰 (메타 인지)	사실적 사고	추론적 사고	비판적, 창의적 사고
	느낌(정서) /행동 관찰	생각(인지) 파악 = 정서의 원인	변화 대책(필요시)
학습활동 중 파악한 자신의 기분 (느낌), 행동과 이유를 구체적으로	이번 수업을 하던 나의 느낌, 기분을 돌이켜 관찰해보니〔 〕던(한) 것 같다.	그 이유는〔	이렇게 하면 될 것 같다.
	이번 수업을 하던 나의 행동, 자세를 돌이켜 관찰해보니〔 〕던(한) 것 같다.	〕때문인 것 같다.	
알게 된 것			
자신에 대해 알게 된 것 (변화된 것)			
질문이나 더 알고 싶은 것			
학습활동 소감 (실천 계획, 의견, 건의 등)			

2. 거울 놀이 — 복사와 반사 사이

이번 수업은 지난 시간의 마음 듣기를 더욱 몸에 붙일 수 있도록 연습하고 강화하는 수업입니다.

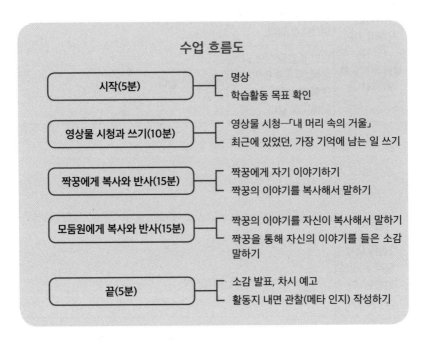

수업 흐름도

시작(5분)	명상 학습활동 목표 확인
영상물 시청과 쓰기(10분)	영상물 시청—「내 머리 속의 거울」 최근에 있었던, 가장 기억에 남는 일 쓰기
짝꿍에게 복사와 반사(15분)	짝꿍에게 자기 이야기하기 짝꿍의 이야기를 복사해서 말하기
모둠원에게 복사와 반사(15분)	짝꿍의 이야기를 자신이 복사해서 말하기 짝꿍을 통해 자신의 이야기를 들은 소감 말하기
끝(5분)	소감 발표, 차시 예고 활동지 내면 관찰(메타 인지) 작성하기

학습활동 목표

1. 마음 듣기를 실천해 짝꿍의 말을 사실 그대로 잘 듣고 말할 수 있다. 〔복사〕
2. 들은 내용에 담겨 있는 짝꿍의 마음(심정, 느낌, 감정)을 읽어내어 말해줄 수 있다. 〔반사〕

1) 실천 사례 쓰기

활동지를 나눠주기 전에 이번 수업의 목표와 진행 순서를 간단히 알려줍니다. 활동지를 나눠준 뒤에는 양식에 따라 작성하도록 하고, 특히 지난주에 공부했던 '마음 듣기'를 얼마나 실천해봤는지 확인하도록 합니다. 없으면 없다고 해도 괜찮으나 다음 주에는 사례를 꼭 쓸 수 있도록 실천할 것을 당부해둡니다. 실천해봤으면 구체적인 사례와 효과를 쓰도록 합니다. 이 활동은 공감 대화법 수업 시간에 지속적으로 이어집니다. 공부한 내용이 실제 생활에 적용되는 효과를 기대합니다.

2) 영상물 시청과 있었던 일 쓰기

개인 활동에 들어가기에 앞서 이런 활동이 왜 중요한지를 알려주는 영상물을 시청하면 좋습니다. 저는 EBS「지식채널 e—내 머리 속의 거울」이라는 영상물을 보여줍니다. 인간이 사회적 존재임을 과학으로 증명한 '거울 뉴런'에 관한 내용입니다. 인간이 다른 사람의 감정을 읽어낼 수 있는 공감 능력이 이미 뇌 속에 있고, 상대도 나를 거울처럼 비춰주길 바란다는 거죠. 거울 뉴런이 완전히 일치할 때 사랑에 빠지게 된다는군요. 그러나 거울 속이 텅 빈 사람들, 바라볼 사람도, 바라봐줄 사람도 없는 사람은 사이코패스, 공감 무능력자가 된답니다.

상대의 감정을 읽고 공감하려면 상대의 얼굴, 특히 눈, 코, 입을 자세히 관찰하는 연습이 필요한데, 이번 시간에 그런 것들을 연습하고 경험하게 됩니다. 먼저 짝꿍에게 할 이야기를 정리해 적어 두도록 하는데, 사실만을 스토리가 있게 정리합니다. 자신의 기분이나 감정은 쓰지 않습니다. 그 대신 사실을 육하원칙에 따라 최대한 자세히 적도록 합니다. 5분 정도 시간을 주면 충분합니다. 이야깃거리는 '최근에 가장 기억에 남는 일'로 해도 되고 지난 수업과 겹치지 않는 친근한 소재로 해도 됩니다.

3) 짝꿍에게 복사와 반사

짝꿍 활동에서는 활동지 내용을 보지 않고 자연스럽게 짝꿍에게 자신의 이야기를 해줍니다. 손짓이나 표정을 자연스럽게 넣어서 하도록 합니다. 이야기를 다 들은 사람은 활동지에 간단히 메모한 후 짝꿍의 이야기를 그대로 거울처럼 복사해서 말합니다. 말투, 표정, 행동까지 그대로 합니다. 그다음 그 이야기를 한 문장으로 요약해주고 그때 친구의 기분, 심정이 어땠을지 읽어서 말해주면 됩니다. 같은 방법으로 역할을 바꿔서 한 번 더 합니다. 둘 다 하고 나면 활동지 양식에 따라 짝꿍이 복사한 나의 이야기 내용과 기분이 어느 정도 일치하는지, 내 말에서 놓친 것은 무엇인지, 짝꿍의 듣는 태도는 어땠는지 등을 적어둡니다. 내용 일치의 비율을 '복사율,' 감정 읽기의 정확도를 '반사율'이란 말로 표현해봤습니다.

4) 모둠원에게 복사와 반사

모둠 활동에서는 짝꿍의 이야기를 자기 이야기처럼 다른 모둠원에게 말해줍니다. 짝꿍의 기분까지 다 말해줍니다. 돌아가며 모든 모둠원이 다 하면 됩니다. 다음에는 역시 돌아가면서 짝꿍이 놓친 내용은 어떤 것인지, 자기 이야기를 짝꿍을 통해 들은 소감이 어떤지 말해봅니다.

5) 집중으로 마음의 거울 닦기

마지막으로는 학급 전체 학생 모두 돌아가면서 소감을 발표해봅니다. 느낌과 그 이유, 알게 된 점 등을 말하게 하면 좋습니다.

다른 사람의 말과 행동을 그대로 복사하려면 매우 집중해서 들어야 합니다. 그러면 저절로 그 사람의 감정이 느껴집니다. 자동으로 마음 듣기가 되는 거죠. 그리고 다른 사람이 내 말을 잘 듣고 그대로 표현해주는 것을 보면 존중받고 이해받는 느낌을 받습니다. 이런 경험으로 학생들은 마음 듣기를 더욱 내면화하게 됩니다.

💬 학생 후기

공감적 듣기를 통해 친구의 옷차림, 표정, 맞장구 등이 공감적 언어라는 것을 알게 됐다. 오늘 국어 시간에 처음으로 친구의 이야기를 정말 자세하게 관찰하면서 들었다. 그렇게 들으니까 친구의 이야기가 공감이 되고 기억에 잘 남는 것 같다. 공감적 듣기를 배웠으니 이제부터 말하는 사람의 이야기를 잘 듣고 또 잘 관찰해야겠다. 그리고 표정, 맞장구, 고개 끄덕임 등을 해줘야겠다. (시지고 1-12 강경림)

상대를 따라 하는 것만으로도 상대의 관점에서 바라보는 입장이 되어 좀더 상대에게 공감할 수 있다. 공감 능력이 향상될 것으로 추정된다. 언제나 느끼지만 상대의 감정을 파악하는 것이 중요하다.
상대를 복사한다는 마음으로 이야기를 경청하니 상대의 말을 평소보다 더욱 집중해 들으려고 노력하는 모습이 나에게서 보인 것 같다. 이 방법을 선생님의 공부 시간에도 적용한다면 놓치는 내용 없이 공부할 수 있을 것이다. (시지고 1-7 서민지)

📋 활동지(2)

학습활동명	거울 놀이—복사와 반사 사이	
학습활동 목표		**목표 달성 정도 평가**
1. 마음 듣기를 실천해 짝꿍의 말을 사실 그대로 잘 듣고 말할 수 있다. (복사)		☆☆☆☆☆　%
2. 들은 내용에 담겨 있는 짝꿍의 마음(심정, 느낌, 감정)을 읽어 내어 말해줄 수 있다. (반사)		☆☆☆☆☆　%
3. 나의 목표:		☆☆☆☆☆　%
* 다음 시간 수업 내용—마음 듣기(경청)		□확인했어요!

지난주 공감 대화법을 얼마나 실천했나요?	□늘 □자주 □가끔 □거의 □전혀

마음 듣기 실천 사례와 효과(육하원칙으로)

거울 놀이 진행 안내	1. 개인 활동(5분) : '최근에 가장 기억에 남는 일'(사실만)을 생각해내서 적어보기 2. 짝꿍 활동(10분) : 짝꿍이 말해주면 ① 그대로 말하기(말투, 표정, 행동까지)+② 한 문장으로 요약해주기+③ 마음(심정, 느낌, 감정) 읽어주기("……했겠구나!")/역할 바꿔서 한 번 더 하기+④ 활동지 쓰기 3. 모둠 활동(15분) : ① 짝꿍의 이야기를 자신의 이야기처럼 복사해서 말(연기)하고 그 마음까지 읽어서 말하기 ② 같은 방법으로 돌아가며 한 사람씩 모두 말하기 ③ 짝꿍의 발표를 들은 소감 말하기 4. 소감 나누기(10분) : 모두 발표. '느낌+이유+알게 된 것'의 형식으로 말하기

최근에 있었던 일 중 가장 기억에 남는 일 (사실만 육하원칙에 따라 스토리가 있게—구체적으로 자세하게)
<언제> <어디서> <누구와> <무엇을>   <어떻게>   <왜>

<table>
<tr><td rowspan="3">짝꿍의
이야기를
듣고 나서</td><td>짝꿍 이름</td><td colspan="3">(　　)번 (　　　　)</td></tr>
<tr><td colspan="2">짝꿍 이야기를 한 문장으로
요약한다면?</td><td colspan="2">내가 파악한 짝꿍의
마음(심정, 느낌, 감정)은?</td></tr>
<tr><td colspan="2"></td><td colspan="2"></td></tr>
<tr><td rowspan="4">짝꿍이
나의 말과
느낌을
말해준 뒤</td><td colspan="4">내 이야기 중 짝꿍이 놓친 내용</td></tr>
<tr><td colspan="4"></td></tr>
<tr><td colspan="2">짝꿍의 마음 듣기 실천 평가
(눈 맞춤, 고개 끄덕임, 맞장구)</td><td>짝꿍의 내 이야기
복사율</td><td>내 느낌(감정)
반사(공감)율</td></tr>
<tr><td colspan="2">☆ ☆ ☆ ☆ ☆</td><td>%</td><td>%</td></tr>
<tr><td rowspan="3">모둠 활동
후</td><td colspan="4">(짝꿍이 모둠원에게 내 이야기를 해줄 때) 내 이야기 중 짝꿍이 놓친 내용</td></tr>
<tr><td colspan="4"></td></tr>
<tr><td colspan="2">짝꿍의 내 이야기 복사율</td><td colspan="2">내 느낌(감정) 반사(공감)율</td></tr>
<tr><td colspan="2">□좋아짐　□같음　□나빠짐</td><td colspan="2">□좋아짐　□같음　□나빠짐</td></tr>
</table>

　　　　　　　2부 화법 수업의 현장

내면 관찰 (메타 인지)	사실적 사고	추론적 사고	비판적, 창의적 사고
	느낌(정서) /행동 관찰	생각(인지) 파악 = 정서의 원인	변화 대책(필요시)
학습활동 중 파악한 자신의 기분 (느낌), 행동과 이유를 구체적으로	이번 수업을 하던 나의 느낌, 기분을 돌이켜 관찰해보니 〔　　〕 던(한) 것 같다. 이번 수업을 하던 나의 행동, 자세를 돌이켜 관찰해보니 〔　　〕 던(한) 것 같다.	그 이유는 〔 〕 때문인 것 같다.	이렇게 하면 될 것 같다.
알게 된 것			
자신에 대해 알게 된 것 (변화된 것)			
질문이나 더 알고 싶은 것			
학습활동 소감 (실천 계획, 의견, 건의 등)			

3. 내 가슴을 뛰게 한 말들
─ 기억 속의 멋진 나 찾기

지난 시간까지 듣기를 실습했으니 이제 말하기로 넘어가야겠죠. '어떤 말을 하면 좋을까?'라는 질문은 '어떤 말을 듣고 싶을까?'에 대한 답과 같을 것입니다. 이번 시간에는 자신의 경험과 친구들의 경험을 통해 어떤 말을 하면 가슴이 뛰고 행복해지는지를 알아보고 그런 말들을 해줄 수 있는 인식과 태도를 갖기를 기대합니다.

이 수업을 구상하게 된 계기는 교육청 연수원에서 받았던 행복 주제의 연수 덕분입니다. 연수의 주요 기반이 된 긍정심리학에서 말하는 것처럼, 자신에게 일어났던 "긍정심리를 확장시켜 기쁨과 만족을 느끼게 하고, 역경을 이겨내게 하고, 스스로 행복을 만들어갈 수 있는 행복의 도구"[7]를 갖게 해주고 싶었습니다. 이는 수업의 목적이 '개인의 행복'이라는 제 생각과도 딱 맞았습니다. 어떤 수업이든 수업이 끝나면 수업 전보다 행복해졌으면 좋겠습니다. 잘하든 못하든 자신을 소중하게 여기고 있는 그대로의 자신을 사랑하며 당당하게 살면 좋겠습니다.

우리가 현재 존재하는 것은 크든 작든, 많은 사람에게든 단 한 사람에게든 소중한 존재로 사랑받고 있다는 증거입니다. 사랑 없이는 어떤 것도 존재할 수 없기 때문입니다. 그런 순간이 없다고 생각된다면 그것을 감지하지 못했거나 대수롭지 않게 넘겼기 때문일 것입니다. 지난 기억의 자락을 하나하나 들추다 보면 사랑과 인정을 듬뿍 받고 빛나던 '나'가 깔깔거리며 뛰노는 모습을 보게 됩니다. 그것을 불러내는 수업입니다. '어떤 말을 하면 좋을까' 하는 과제를 자신의 경험으로부터 알아보는 수업이지만 행복, 자존감 수업과도 연결됩니다.

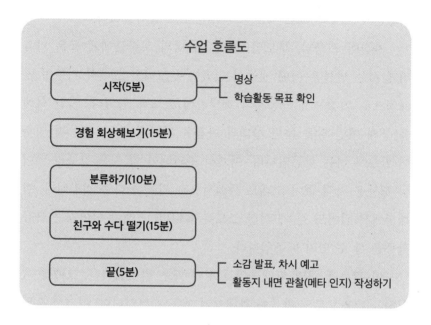

수업 흐름도

시작(5분) ── 명상
　　　　　　 학습활동 목표 확인

경험 회상해보기(15분)

분류하기(10분)

친구와 수다 떨기(15분)

끝(5분) ── 소감 발표, 차시 예고
　　　　　 활동지 내면 관찰(메타 인지) 작성하기

학습활동 목표

1. 내 가슴을 뛰게 한 말들을 많이 쓰고 분류할 수 있다.
2. 행복과 용기를 주는 말은 어떤 말인지 알 수 있다.
3. 짝꿍의 이야기를 '마음 듣기' 한 후 마음(감정)을 읽어주는 말을 할 수 있다.

1) 경험 회상해서 쓰기

이번 시간은 바로 활동지를 나눠주고 시작해도 좋습니다. 지난주에 마음 듣기나 거울 놀이를 실천해본 사례가 있는지, 그 효과는 어땠는지 쓰도록 하고 바로 개인 활동으로 들어갑니다.

자신이 선생님, 부모님, 친구, 그 밖의 사람들에게 들은 가슴 뛰게 하는 말들은 어떤 것들이 있었는지 그리고 그때의 기분이 구체적으로 어땠는지 활동지의 해당란에 쓰도록 합니다. 이런 사례를 통해 어떤 말을 하면 상대의 마음을 기쁘게 할 수 있는지 미루어 알도록 하는 활동입니다. 여기서 주의해야 할 것은 그때의 말이나 행동을 각색 없이 그대로 사실적으로 써야 한다는 것입니다. 한 대상에서 적어도 한 개 이상 쓰도록 합니다. 그래야 이어지는 분류 활동을 할 수 있기 때문입니다.

이 활동을 하면 학생들의 표정이 매우 밝아집니다. 그때를 회상하는 것만으로도 마음이 환해지기 때문일 것입니다. 여기서도 딱한 것은 그런 경험이 없다고 하는 학생도 꽤 있다는 사실입니다. 그럴 땐 조금이라도 기분이 좋았던 것을 쓰든지 그것도 없으면 듣고 싶었던 말, '○○가(이) 나에게 이런 말을 해주면 행복할 텐데'라고 가상으로 쓰라고 합니다. 그렇게 쓰는 학생도 가끔 있습니다. 그런 활동지를 보면 마음이 짠합니다.

2) 분류하기

활동지에 있는 분류 항목을 기준으로 자신이 써놓은 말들이 어디에 해당되는지 생각해보고 분류 번호란에 번호를 적어 넣습니다. 과정이 복잡해서 프레젠테이션 자료로 만들어 설명해줬습니다.

활동 1. 내 가슴을 뛰게(행복하게) 한 말들(혹은 비언어, 행동)			
누가	어떤 언행(상대방의 말과 행동을 그대로 쓰세요.)	그때의 느낌(기분)과 생각은 어땠나요?	분류 (번호)
선생님 으로 부터	**네가 그랬다면 이유가 있을 거야!**	**용기가 생겼다.**	1

활동 2. 분류하기/분류 기준 항목 = 공감, 소통을 높이는 말들

① **인정하고 믿어주는 말**: 내가 말하는 내용이나 내 능력을 믿어주는 언행 ———————————— 〔 1 〕개

② **격려, 위로하는 말**: 내 기분, 감정을 잘 파악해 알아주고 마음을 어루만져주는 언행 ———————————— 〔 〕개

③ **수용, 지지해주는 말**: 내 의견이나 판단을 지지하고 받아들여주거나 내 편을 들어주는 언행 ———————————— 〔 〕개

④ **자랑스럽게 여기거나 칭찬하는 말**: 내 장점을 드러내어 말함으로써 나를 명예롭게 만드는 언행 ———————————— 〔 〕개

⑤ **관심, 그리움, 사랑을 표현하는 말**: ———————————— 〔 〕개

⑥ **도움, 이득이 될 만한 유익한 말**: ———————————— 〔 〕개

⑦ **그 밖에 (   )** ———————————— 〔 〕개

예를 들어 "네가 그랬다면 이유가 있을 거야"라는 말이 자신이 생각하기에 '인정하고 믿어주는 말'이라고 생각되면 분류 번호란에 '1'을 적습니다. 다른 항목도 같은 방법으로 해나갑니다. 같은 말이라도 받아들이는 것은 사람마다 다르므로 정해진 답 없이 자신이

생각하는 대로 쓰면 되고, 하나의 말을 여러 가지로 분류해도 됩니다.

통계를 내본 뒤에 무엇을 알게 됐는지 쓰게 합니다. 자기 돌아보기도 함께해봅니다. 자신은 다른 사람들에게 이런 말을 얼마나 했는지 돌아보고 빈도를 활동지에 체크하면서 자신의 평소 말 습관을 돌아보게 합니다.

3) 수다 떨기

수다 떨기 활동으로 들어가기 전에 서로 솔직하게 털어놓을 수 있는 용기를 주기 위해 수다를 떠는 것이 왜 좋은지 설명합니다. 박수근의 그림 「빨래터」를 보여주며 들어갑니다. 수다와 이 그림이 무슨 상관일까요? 억눌린 게 많았던 옛 여인들은 빨래터에 모여 수다를 떨며 빨래의 때를 두드려 뺄 때 영혼의 억눌림도 씻어냈을 겁니다. 수다는 '영혼의 빨래터'입니다. 지금은 카페가 그런 역할을 할 것 같아요. 누구나 마음이 통하는 사람과 실컷 수다를 떨면 속이 후련해집니다. 그러면서 사이가 더욱 좋아지죠. 혹시 있었을지 모를 오해도 풀리고 새로운 정보도 얻을 수 있고 도움도 받을 수 있습니다. 요즘은 SNS의 발달로 이런 면대면 수다가 줄어들거나 아니면 같은 자리에 함께 있어도 각각 자기 휴대폰에 빠져 있는 경우가 많지만 눈을 통해 상대의 영혼으로 들어가서 나누는 대화는 두 사람의 마음을 행복과 기쁨으로 가득 차게 합니다.

이렇게 분위기를 띄워도 수다 떨기가 부담되는 학생은 할 수 있는 만큼 해보게 하고 억지로 하지는 않게 합니다. 개인적으로 민감한 사생활을 말할 필요도 없다고 말해줍니다. 들은 내용을 다른 사람에게는 말하지 않는 원칙도 이야기해줍니다.

이제 자신이 활동지 1쪽(146쪽 참조)에 써놓은 여러 개의 말 중에서 하나를 고르고 표시한 다음 짝꿍에게 혹은 모둠원들에게 그때의 상황에 대해 수다를 떱니다. 다른 학생들은 마음 듣기를 적극적으로 실습합니다. 역할을 바꿔서 돌아가며 모두 한 번씩 해봅니다. 개인 발표가 끝날 때마다 손뼉을 쳐주고 수다 떨기가 모두 끝난 모둠은 함께 손뼉을 치게 합니다. 각 모둠의 진행 사항을 알기 위한 것이기도 하지만 말하는 사람에게 지지와 격려를 보내주는 방법이기도 합니다.

4) 자신에게도 사랑의 말을

끝난 뒤에 활동 소감을 들어봅니다. '나를 사랑해준 사람이 생각보다 많다는 걸 알았고 그들에게 감사하다. 나도 그런 말을 많이 해줘야겠다'라는 말들을 많이 합니다. 어떤 학생은 이런 말을 많이 듣고 싶은데 어떻게 행동하면 되겠느냐고 묻기도 합니다. "사신이 받고 싶은 대로 남에게 해주면 좋겠죠?"라고 말해줍니다. 앞으로 힘들 때 오늘 생각해냈던 일들을 떠올리며 힘을 얻기 바란다는 말을 더해줍니다.

　"다른 사람에게도 이런 말을 많이 해야 하지만 정작 해야 할 대상은 '나 자신'입니다. 다른 사람의 언행에 따라 나의 행복이 좌우된다면 진정한 행복은 아닐 것입니다. 외부의 조건에 의존하지 않고 스스로 행복을 만들어가는 사람이 되면 좋겠습니다. 남의 말을 기다리기 전에 자신에게 이런 말들을 많이 해주세요. 그리고 이걸 오늘부터 실천하세요." 이것이 이 수업의 마지막 멘트입니다. 시간이 남으면 방탄소년단의 「Love Yourself」를 틀어주기도 합니다.

행복했다. 사랑받는 느낌을 몸소 느낄 수 있었기 때문에. 나를 좋아해주는 사람이 꽤 많다. 행복한 일이 적다고 생각해 힘들었는데 내 기준이 높은 거였다. 수업 중 가장 행복했고 긍정적인 기분이었다. 50분짜리 수업에서 자존감이 올라간 걸 몸소 느꼈다. 향수병이 도질까 무섭지만 그만큼 행복한 기억이었기에 잘 이겨내야겠다. (매천고 1-8 박선주)

꿈꾸는 느낌, 행복했던 기분만 모아 이 종이에 털어놓았다. 아! 순간을 소중히 여겨 모든 말을 기억하기! 어찌 보면 내 주변 사람들이 나에게 건넸던 말 한 마디 한 마디 때문에 내가 여기까지 왔구나 싶었다. 앞으로도 이 사람들만 있으면 어떤 고난이 있어도 힘을 낼 수 있다는 걸 알았다. 나는 다른 사람이 나를 유심히 관찰해주는 것과 내 마음을 진심으로 읽어주는 것을 좋아한다. 그런 말을 더 많이 듣기 위해 내가 더 많이 베풀겠다는 다짐을 했다. 고등학생이 된 후 힘든 일이 많고 고민이 늘어나서 눈물이 많아지며 자존감이 낮아졌었다. 학업 스트레스, 인간관계 등에 묻혀 내 진짜 기분을 알아주지 못했는데, 과거 소중했던 기억이 내가 힘낼 수 있도록 상기시켜줬다. 앞으로는 주변인의 모든 말에 귀 기울여야겠다. (매천고 1-8 김민주)

💬 참관 후기

　주말 내내 사랑니 때문에 끙끙 앓았다. 3~4교시가 연속해 비어 있는 화요일이 치과에 가기 가장 좋은 날이었지만 '공감 대화법' 수업 참관과 치과 진료를 맞바꾸고 싶지 않았다. 매시간 비슷한 패턴의 내 고3 수업이 시들해지니 선생님 수업에서 마주치는 다양한 상황과 아이들의 모습들이 좋고, 선생님 수업을 바라보고 있노라면 내 수업 속 문제 상황에 대한 답을 더 잘 찾을 수 있기 때문이다.

　아픈 왼쪽 볼을 움켜쥐고 모둠 학습실에 갔다. 아이들이 제자리를 찾아 앉고 자기 학습지를 찾아가는 소란스러운 3분가량의 시간이 지나가면 어김없이 '명상'이 시작된다. 나도 아이들을 따라 함께 눈을 감고 1분간 천천히 숨을 쉰다.

　오늘 수업의 활동 주제는 '내 가슴을 뛰게(행복하게) 한 말들'이다. 선생님은 PPT를 통해 수업 목표를 언급한 후 아이들에게 자신만의 학습목표를 기록하게 했다. 나는 "오늘도 잘 배우자!"라고 썼다. 활동은 크게 두 흐름이다. 먼저 나를 향한 다른 사람의 언행에 행복했던 적을 떠올리고 그때의 말과 행동, 느낌을 쓴다.

　여기까지 쓰고 나면 다음 분류 기준 "① 인정하고 믿어주는 말 ② 격려, 위로하는 말 ③ 수용, 지지해주는 말 ④ 자랑스럽게 여기거나 칭찬하는 말 ⑤ 관심, 그리움, 사랑을 표현하는 말 ⑥ 도움, 이득이 될 만한 유익한 말 ⑦ 그 밖에" 중 어디에 해당하는지 쓴 내용을 분류하고 개수를 세어본다. 내가 기분이 좋고 가슴이 뛰었던 말들의 대부분은 ⑤번에 집중되어 있었다. 장점이나 능력에 대한 평가 듣기를 좋아하는 편이라고 생각했는데 그렇지 않아 놀랐다.

　"자, 다 적었으면 그다음은……" 나지막한 선생님 목소리가 다음 활동을 안내한다. 앞에 적은 말들 중 하나를 골라 누구와 어떤 상황에서 일어난 대화인지 짝꿍에게 이야기하는 시간이 이어졌다. 품고 있던 이야기들이 많은지 웃음소리와 감탄의 말들이 곳곳에서 뒤섞인다. 남학생들인지라 이런 활동을 하는 것 자체가 낯설고 멋쩍다. 선생님은 부지런히 돌아다니면서 아이들의 대화를 따뜻하게 격려했다.

　대화할 사람이 없는 나는 아이들의 모습을 잠시 바라보고 아이들이 쓴 글들을 살짝 엿본다. 내 시선을 느끼며 열어준 그들의 글들에는 "멋지네, 굿, 좋아" 유의 짧고 굵은 인정의 말, "잘생겼다, 키가 크다"와 같이 외모를 평가하는 말, "힘내, 할 수 있어" 하는 응원의 말, "나랑 사귀자, 단축 수업 한다" 등 자신의 욕망이 발현된 말이 있었다. 실제로 아이들이 많이 듣는 말일 것이다. 아이들이 이 문장들만큼의 세상에 살고 있다고 생각하니 마음이 아렸다. 선생님이 소개한 예시에 "네가 그랬다면 이유가 있겠지"라는 말이 있었는데, 이런 말들을 소리 내어 자주 아이들에게 들려주어야겠다고 생각했다. 내 목소리를 타고 나오는 사랑과 지지의 말들이 아이들을 키우고 숨 쉬게 할 것이므로.

바로 다음 시간이 3학년 수업이라 4층으로 올라가는 길에 동 교과 S선생님과 마주쳤다. 내가 받은 좋은 마음을 나도 전한다. "선생님, 오늘 입으신 자켓이 선생님과 잘 어울려요!" S선생님은 예상치 못한 칭찬에 "아 아니에요" 하시며 황급히 교무실로 들어가신다. 잘은 모르지만 선생님의 마음에도 내가 받은 만큼 마음의 물결이 일렁이지 않았을까 생각해본다.

📋 **활동지(3)**

학습활동명	내 가슴을 뛰게 한 말들—기억 속의 멋진 나 찾기	
학습활동 목표		**목표 달성 정도 평가**
1. 내 가슴을 뛰게 한 말들을 많이 쓰고 분류할 수 있다.		☆☆☆☆☆　%
2. 행복과 용기를 주는 말은 어떤 말인지 알 수 있다.		☆☆☆☆☆　%
3. 짝꿍의 이야기를 '마음 듣기' 한 후 마음(감정)을 읽어주는 말을 할 수 있다.		☆☆☆☆☆　%
4. 나의 목표:		☆☆☆☆☆　%
* 다음 시간 수업 내용—마음 듣기(경청)		□확인했어요!

지난주 공감 대화법을 얼마나 실천했나요?	□늘 □자주 □가끔 □거의 □전혀
마음 듣기 실천 사례와 효과(육하원칙으로)	

활동 1. 내 가슴을 뛰게(행복하게) 한 말들(혹은 비언어, 행동)			
누가	어떤 언행(상대방의 말과 행동을 그대로 쓰세요.)	그때의 느낌(기분)과 생각은 어땠나요?	분류 (번호)
선생님 으로 부터			
부모님 이나 어른으 로부터			
친구로 부터			
그 밖에 ( )			

활동 2. 분류하기/분류 기준 항목 = 공감, 소통을 높이는 말들	
① **인정하고 믿어주는 말**: 내가 말하는 내용이나 내 능력을 믿어주는 언행 —————————————————————— 〔 〕개	
② **격려, 위로하는 말**: 내 기분, 감정을 잘 파악해 알아주고 마음을 어루만져주는 언행 —————————————— 〔 〕개	
③ **수용, 지지해주는 말**: 내 의견이나 판단을 지지하고 받아들여주거나 내 편을 들어주는 언행 ———————————————————————— 〔 〕개	
④ **자랑스럽게 여기거나 칭찬하는 말**: 내 장점을 드러내어 말함으로써 나를 명예롭게 만드는 언행 ————————————————————— 〔 〕개	
⑤ **관심, 그리움, 사랑을 표현하는 말**: —————————————— 〔 〕개	
⑥ **도움, 이득이 될 만한 유익한 말**: ——————————————— 〔 〕개	
⑦ **그 밖에 ( )** ——————————————————— 〔 〕개	
위의 통계로 알 수 있는 점은?	

자신 돌아보기 —나는 이런 말들을 얼마나 많이 했을까?	□늘 □자주 □보통 □거의 □전혀

활동 3. 수다 떨기+마음 듣기(마음을 읽어주는 말)	
A의 활동	B의 활동
앞의 1번 활동에서 하나를 골라(동그라미로 표시) 언제, 어디서, 누구와 어떤 상황에서 일어난 대화인지 짝꿍에게 자세히 이야기합니다.	마음 듣기—눈 맞춤, 고개 끄덕임, 맞장구(질문) 짝꿍의 이야기를 듣고 그때 짝꿍의 마음(감정, 기분, 느낌)이 어떠했을지 짝꿍에게 말해주세요. ("그랬구나! 네 마음이 ……했겠구나!")

내면 관찰 (메타 인지)	사실적 사고	추론적 사고	비판적, 창의적 사고
	느낌(정서) /행동 관찰	생각(인지) 파악 = 정서의 원인	변화 대책(필요시)
학습활동 중 파악한 자신의 기분 (느낌), 행동과 이유를 구체적으로	이번 수업을 하던 나의 느낌, 기분을 돌이켜 관찰해보니〔　　〕 던(한) 것 같다.	그 이유는 〔	이렇게 하면 될 것 같다.
	이번 수업을 하던 나의 행동, 자세를 돌이켜 관찰해보니〔　　〕 던(한) 것 같다.	〕 때문인 것 같다.	
알게 된 것			
자신에 대해 알게 된 것 (변화된 것)			
질문이나 더 알고 싶은 것			
학습활동 소감 (실천 계획, 의견, 건의 등)			

4. 내 마음을 아프게 한 말들—이젠 말하고 싶다

지난 시간에는 긍정적인 영향을 끼치는 말들을 알아봤다면 이번에는 어떤 말을 하면 마음을 아프게 하는지, 공감을 해치고 인간관계를 망치는지 공부합니다. 지난 시간에는 '어떤 말을 할 것인가'를 찾아봤다면 이번 시간에는 '어떤 말을 하면 안 되는가'를 살펴봅니다. 수업 후반에는 마음 듣기를 복습하면서 공감으로 마음의 상처가 치유되는 경험이 일어나길 기대합니다. 지난 시간과 내용만 반대될 뿐 짜임과 진행 방식은 같습니다. 이번 시간의 분위기는 좀 무겁습니다. 왜 이런 것을 하느냐고 항의하는 학생도 있습니다.

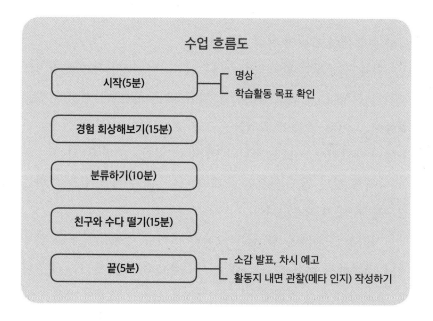

1. 내 마음을 아프게 한 말들을 많이 쓰고 분류할 수 있다.
2. 공감을 방해하고 상처를 주는 말은 어떤 말인지 알 수 있다.
3. 짝꿍의 이야기를 '마음 듣기' 한 후 마음(감정)을 읽어주는 말을 할 수 있다.

1) 경험 회상해서 쓰기

이번 시간에도 바로 활동지를 나눠주고 시작합니다. 먼저 지금까지 공부한 것을 지난주에 얼마나 실천해봤는지 적습니다. 의식적으로 실천해서 습관이 되길 바랍니다.

다음에는 개인 활동으로 들어갑니다. 지난 시간과 마찬가지로 자신이 선생님, 부모님, 친구, 그 밖의 다른 사람들에게 상처받은 말들에는 어떤 말들이 있었는지 그리고 그때의 기분이 어땠는지 활동지 해당란에 쓰도록 합니다. 특히 맨 밑의 '그 밖에' 난에는 내가 나에게 했던 말도 있으면 쓰게 합니다. 내가 나를 힘들게 하는 경우도 꽤 있기 때문입니다.

여기서 주의해야 할 점은 그때의 말이나 행동을 수위를 낮추거나 조정하지 않고 있는 그대로 사실적으로 써야 한다는 것입니다. 욕설이면 욕설 그대로 씁니다. 그것을 쓰면서 그때의 아픔과 분노가 다시 살아날 정도로 쓰면 좋습니다. 그렇기 때문에 이것을 다시 끄집어내지 않으려고 "안 쓰면 안 돼요?"라든가 "전혀 없는데요"라고 하는 학생도 꽤 있습니다. 정 없으면 가상으로 쓰든지 마음이 아프지는 않아도 약간이라도 기분이 나빴던 것을 쓰라고 합니다. 저번 수업에서와 마찬가지로 한 대상에서 최소 한 개씩은 쓰도록 합니다. 그래야 분류 활동을 할 수 있기 때문입니다.

마음이 불편하거나 남에게 보이기 싫은 것은 안 써도 된다고 말해줍니다. 그렇지만 끄집어내는 용기를 가져보라고 격려하기도 합니다. 이 수업으로 학생들의 상처가 조금이라도 치유됐으면 하는 바람도 있습니다.

2) 분류하기

활동지에 있는 분류 항목을 기준으로 자신이 써놓은 말들이 어디에 해당되는지 생각해보고 분류 번호란에 번호를 적어 넣습니다. 이것도 지난 시간과 하는 방법이 같습니다.

예를 들어 "공부 못하는 애들은 웃지 마라!"라는 말이 자신이 생각하기에 '비난, 인신공격'이라고 생각되면 분류 번호란에 '7'을 적고 항목 옆의 개수란에 개수를 누적해서 적어 넣습니다. 이 활동을 해보면 학생들이 누구에게 어떤 상처를 입는지 어느 정도 구체적으로 파악할 수 있습니다. 주로 '공부(성적)와 외모'로 비교당하고 차별받고 강압과 모욕, 비난을 받고 있었습니다.

분류하기가 끝나면 분류해 통계를 내본 결과와 소감을 몇 학생에게 발표하게 해서 어떤 말들이 공감을 해치는지 한 번 더 분명히 정리해둡니다. 물론 활동지에 나와 있는 말들을 하면 공감을 해치고 관계가 끝나게 되어 있습니다. 헤어지고 싶은 친구가 있을 때 여기에 있는 말만 골라서 하면 곧바로 목적을 달성할 수 있을 거라는 팁을 덧붙이기도 합니다.

비폭력 대화에서는 공감을 방해하는 열 가지 장애물로 "1) 충고/조언/교육하기, 2) 분석/진단/설명하기, 3) 바로잡기, 4) 위로하기, 5) 내 얘기 들려주기/맞장구치기, 6) 감정의 흐름을 중지/전환시키기, 7) 동정/애처로워하기, 8) 조사하기/심문하기, 9) 평가/빈정대기, 10) 한 방에 딱 자르기"[8]를 예문과 함께 제시하고 있습니다. '조언하기, 한술 더 뜨기, 가르치려 들기, 위로하기, 다른 이야기 꺼내기, 말을 끊기, 동정하기, 심문하기, 설명하기, 바로잡기' 등을 들기도 합니다.[9] 앞의 '마음 듣기' 수업에서도 나온 적이 있는데요, 정혜신은 "'충조평판' 날리지 말고 공감하라"라고 했습니다. '충조평판'은 물론 '충고, 조언, 평가, 판단'을 말합니다. 좀더 간단하고 외우기도 쉽습니다. 우리가 좋은 의도로 말한 것이 실제로는 공감을 방해하고 있었다는 것만 정확히 알아도 공감지수는 올라갈 것입니다.

3) 수다 떨기

누구나 내 삶에서 지워버리거나 없애버리고 싶은 순간이나 사건이 있을 것입니다. 하지만 그것들을 아무리 찢어버린다고 해도 내 안에 남아 있습니다. 그것들은 내 마음속 곰팡이와 같습니다. 그것들을 없애려면 다시 끄집어내서 밝은 햇살 아래 드러내야 합니다. 그것이 수다 떨기 활동입니다. 자기의 힘들었던 감정들을 용기 내어 끄집어낼 때 그것과의 거리가 생기고 차분하게 바라볼 수 있게 됩니다. 이제는 힘들게만 바라볼 필요가 없다고 생각할 여유가 생깁니다. 그러면서 상처가 조금씩 아물기 시작합니다. 이것이 자기 객관화 작업입니다.

자신이 활동지 1쪽(158쪽 참조)에 써놓은 여러 개의 말 중에서 하나를 고르고 표시한 다음에 짝꿍에게 그때의 상황을 자세히 들려주고, 그때 상대가 어떤 말을 해주길 바랐는지, 자신의 심정이 어땠는지 말합니다. 짝꿍은 마음 듣기를 실습하며 상대방의 느낌을 자세히 읽어주고 공감해줍니다. 가능하다면 짧은 역할극으로 마음을 아프게 했던 사람의 역을 맡아서 짝꿍 친구가 듣고 싶었던 말을 실제로 해주면 더욱 좋습니다. 역할을 바꿔서 한 번 더 합니다.

이 활동에서 우는 학생이 늘 있습니다. 하기 싫어하는 학생도 많이 있고 기분이 꿀꿀하다는 학생도 볼 수 있지만 대부분의 학생들이 끝날 때는 속이 후련하다는 말을 합니다. 자기 노출과 객관화로 치유가 일어난 것입니다.

4) 내 상처 보듬어 안기

끝난 뒤에 활동 소감을 들어보고 용기 있게 자신을 드러내준 학생들에 격려와 칭찬을 해줍니다. 그런 과정이 자기 치유의 과정임을 말해주고 앞으로도 힘든 일이 있을 때 누군가에게는 솔직하게 털어놓는 것이 좋다고 말해줍니다. 내가 나에게 했던 아픈 말들도 그럴 수밖에 없었음을 알고 보듬어주도록 합니다. 자책하지 않고 그 이유를 생각해보며 자기 성찰과 이해, 자기 공감에 이르기를 바랍니다. 아직은 힘들 수 있고 혼자서는 어려울 수 있습니다. 그래도 마음의 숨 한번 고르고 갈 수 있기 바랍니다.

내 마음을 아프게 한 말들을 말하면 다시 또 아파지고 상처가 되는 게 아니라 상대방의 공감을 받으면서 상처가 조금은 치유되고 오히려 더 후련한 마음이 들게 된다는 것을 알게 됐다. 내가 내 짝꿍한테 말한 일은 몇 달 전 일이라 말하려고 해도 기억이 안 나거나 할 줄 알았는데, 다시 그때 상황으로 돌아간 것처럼 말이 술술 잘 나와서 놀랐다. 짝꿍의 마음을 아프게 한 말들을 듣고 공감해주면서 나도 이제 마음 듣기가 꽤 잘되는 것 같아 뿌듯했다.

앞으로 또 상처받는 일이 생각나면 혼자 꾹꾹 담아두기보다는 내 주변 사람들에게 털어놓고 공감받아서 상처를 잊으려고 노력해야겠다. 또 이런 걸 마음에 담아두는 편이 아니라서 자세한 기억은 안 났지만 여태까지 상처가 되는 말을 많이 들어왔던 것 같다. 내가 하는 말 또한 누군가에겐 평생 상처가 될 수도 있다고 느꼈고, 앞으로 다른 사람들에게 하는 말 한 마디조차 신경 써서 말해야 할 것 같다. 또 친구와 함께 내 마음을 아프게 했던 말을 하고 들을 때 마음 듣기와 공감 대화법을 사용하니 정말 나도 친구의 상황이 된 기분이었고, 친구에게 내 얘기를 할 때도 친구가 적극적으로 공감해주니 더 신나서 말하게 됐다. 앞으로도 실생활에서 마음 듣기를 사용해야겠다. (시지고 1-5 이은지)

마음속에 숨겨둔 기분 나쁜 말들을 아무한테도 말하지 못했는데, 이 활동으로 내 마음과 사정을 말할 수 있게 됐기 때문에 편안해졌다. 속상한 말이나 억울한 감정을 말하면 할수록 속 시원하고 오랫동안 마음에 남지 않게 돼서 내 삶에 용기를 얻을 수 있다. 나와 아주 친한 친구에게도 말하지 못하고 내 마음속에 지워지지 않은 채 계속 남아 있던 말을 적어냄으로써 누군가는 내 사정을 알고 내 마음을 알아주니 그것만으로도 속이 후련해지고 나 자신을 자꾸 기죽이는 걸 멈출 수 있게 됐다. (매천고 1-9 남솔비)

💬 참관 후기

교무실 문 앞에서 아이들이 나를 부르는 횟수가 부쩍 잦아졌다. 아이들은 서로 다른 목소리 톤과 성량만큼 다채로운 선율로 노래했지만 노랫말은 똑같다. "제 자기소개서 좀 봐주세요!" 갈까 말까 여러 번 고민하고 할 말을 고르고 또 골랐을 아이의 10분 전을 떠올리며 "응! 내가 봐줄게!" 하고 크게 대답한다. 아이의 바짝 굳은 어깨가 내려가고 얼굴에 발간 혈색이 돈다. '다행이다' 하는 안도감이 얼굴에 스친다.

자기소개서를 첨삭하느라 수업에 조금 늦었다. 오늘 수업은 '나를 아프게 한 말'로 지난주 수업과 반대 지점에 있다. 수업 장면 속, 아이들의 태도가 조금 달라졌다. 조는 아이들보다 뭐라도 끄적이는 아이들이 많아졌다. 어떤 반응이든 살뜰히 챙겨주시는 선생님이 부리는 마법이다. 말하기에는 여전히 머뭇하는 모습이다. 내게 가장 중요한 수다 떨기가 안 되는 삶이라니. 남학생일수록 대화 기회를 더 많이 주고 대화법을 연습하게 해야겠다고 생각했다.

아이들이 활동지에 자신의 마음을 아프게 한 말(말투, 표정, 행동)을 적어 내려간다. 다 적고 나고 나면 그 상처를 기준에 따라 분류한다. 아이들의 활동지를 살펴보니 항목 중 '① 도덕적, 주관적 판단 ⑤ 모욕, 무시, 거부 ⑦ 비난, 인신공격'에 해당하는 말이 많았다. 아이들이 적은 문장들을 보는 것만으로도 같이 아픈 느낌이다. 학교라는 좁은 공간에서 끊임없는 줄 세우기로 아이들이 입는 상처의 빈도는 잦고 강도가 크다. 나라는 존재가 긍정과 기쁨이 되는 순간보다 창피와 비교, 차별의 순간을 더 많이 겪은 아이들이 많다. 나는 아이들이 마주한 슬픔의 장면에 내가 등장하지는 않는지, 아이가 적은 아픔의 문장이 혹시 내가 만들어낸 것은 아니었는지 생각하다가 이내 심란해졌다.

짝꿍과 이야기 나누는 시간이 이어진다. 아이들은 생각보다 더 용기 내어 아픔을 꺼냈다. 힘든 기억을 나누는 자리라 분위기는 다소 숙연했는데 끝내 말하지 못하는 아이들도 있다. "괜찮아 너도 얘기해봐, 생각보다 후련해" 하는 짝꿍의 격려에 용기를 내어 입을 떼는 아이들이 있다. 아이들은 이 과정에서 자기 상처를 객관적으로 바라본다. 나아가 상대방에게 듣고 싶었던 말이나 부탁하고 싶은 점을 쓰면서 상대를 향하는 자신의 말하기도 돌아본다.

수업이 5분도 채 남지 않았을 때 선생님이 이런 말을 했다.

"상처로 남은 과거의 일을 왜 자꾸 꺼내라고 하는지 모르겠다는 친구들의 질문이 있었어요. 막상 꺼내놓으니 친구가 더 미워져서 나도 똑같이 말로 상처 주고 싶다고 생각한 친구들도 있었구요. 그 마음은 이해하지만 같이 상처 주는 방법은 좋은 방법이 아니라는 것 우리 모두 잘 알고 있지요."

나를 아끼고 사랑하는 마음이 클 때, 타인이 주는 상처와 판단도 멀리 보낼 수 있다. 선생님은 타인이 준 상처를 내 마음에 둘지 말지를 결정하는 것은 그저 자신의 선택일 뿐이라는 중요한 깨달음을 아이들이 스스로 알 수 있기를 바라는 것 같았다. 내가 관찰한 모둠 대화 속 아이들의 안정된 눈빛과 기꺼운 표정, 주고받는 대화 속에 느껴지는 온기가 이것이 가능함을 알리고 있었다.

내 망설임 없는 대답은 자소서 폭탄을 불러왔다. 아이들의 목소리에 마음 한편을 내어주고 받아 든 자소서가 한 뭉치. 거기에 2차, 3차 수정본이 합세하여 왜인지 읽으면 읽을수록 더 높이 쌓여간다. 이게 다 아이들 마음을 들어보라는 선생님의 지난 수업과 아이들에게 거절의 상처를 주고 싶지 않다는 마음이 훌쩍 커져버린 이번 수업 탓이다. 수업을 배우고 싶어 참관을 하는데 아이들을 바라보는 시각과 자세가 달라진다. 참 이상한 일이다.

📋 활동지(4)

학습활동명	내 마음을 아프게 한 말들—이젠 말하고 싶다	
학습활동 목표		목표 달성 정도 평가
1. 내 마음을 아프게 한 말들을 많이 쓰고 분류할 수 있다.		☆☆☆☆☆　%
2. 공감을 방해하고 상처를 주는 말은 어떤 말인지 알 수 있다.		☆☆☆☆☆　%
3. 짝꿍의 이야기를 '마음 듣기' 한 후 마음(감정)을 읽어주는 말을 할 수 있다.		☆☆☆☆☆　%
4. 나의 목표:		☆☆☆☆☆　%
* 다음 시간 수업 내용—관찰과 평가		□확인했어요!

지난주 공감 대화법을 얼마나 실천했나요?	□늘 □자주 □가끔 □거의 □전혀
마음 듣기 실천 사례와 효과(육하원칙으로)	

활동 1. 내 마음을 아프게(힘들게) 한 말들(혹은 말투, 표정, 행동)			
누가	어떤 언행(상대방의 말과 행동을 그대로 쓰세요.)	그때의 느낌(기분)과 생각은 어땠나요?	분류 (번호)
선생님 으로 부터			
부모님 이나 어른으 로부터			
친구로 부터			
그 밖에 ( )			

활동 2. 분류하기/분류 기준 항목 = 공감을 해치는 말들

① **도덕적, 주관적 판단**: 말하는 사람 마음대로 옳고 그름, 좋고 나쁨, 정상 비정상 등의 이분법으로 구분해 단정 지어 하는 언행 ─────────〔   〕개

② **비교, 차별**: 어떤 기준을 두고 다른 사람과 견주는 언행 ─────〔   〕개

③ **강요, 협박**: 선택권을 주지 않고 부탁을 들어주지 않으면 비난이나 벌을 받을 것임이 암시적으로 포함되어 있는 언행 ──────────〔   〕개

④ **당연시, 책임 회피**: 사정을 따져보지도 않고 마땅히 그래야 한다고 생각하거나 말한 사람 자신의 말이나 행동에 대해 책임을 인정하지 않고 다른 이유나 남 탓으로 돌리는 언행 ───────────────────────〔   〕개

⑤ **모욕, 무시, 거부**: 의견이나 요구를 자세히 들어보지도 않고 물리치는 언행 ────────────────────────────〔   〕개

⑥ **잘난 척, 빈정댐, 냉소**: 자신을 과시하며 내 존재나 의견 등의 가치는 인정하지 않고 업신여기거나 놀리고 비웃는 언행 ───────────〔   〕개

⑦ **비난, 인신공격**: 내 잘못이나 결점을 트집 잡아 나쁘게 과장해 말함으로써 나를 부끄럽고 치욕적이고 불명예스럽게 만드는 언행 ──────〔   〕개

⑧ **그 밖에 (   )** ───────────────〔   〕개

위의 통계로 알 수 있는 점은?

자신은 위와 같은 말을 얼마나 하고 있나요?	□늘 □자주 □가끔 □거의 □전혀

활동 3. 수다 떨기/"이 말이 듣고 싶었어!"(마음을 읽고 보듬어주는 말=공감적 듣기)	
A의 활동	B의 활동
앞의 1번 활동에서 하나를 골라(동그라미로 표시) 짝꿍에게 그 상황을 자세히 이야기합니다.	마음 듣기─눈 맞춤, 고개 끄덕임, 맞장구(질문) 짝꿍의 이야기를 듣고 그때 짝꿍의 마음(감정, 기분, 느낌)이 어떠했을지 짝꿍에게 말해주세요. ("그랬구나! 네 마음이 ……했겠구나!")
그때 상대방에게 듣고 싶었던 말이나 부탁하고 싶은 점이 무엇이었는지 말해봅니다.	

내면 관찰 (메타 인지)	사실적 사고	추론적 사고	비판적, 창의적 사고
	느낌(정서) /행동 관찰	생각(인지) 파악 = 정서의 원인	변화 대책(필요시)
학습활동 중 파악한 자신의 기분 (느낌), 행동과 이유를 구체적으로	이번 수업을 하던 나의 느낌, 기분을 돌이켜 관찰해보니〔 〕 던(한) 것 같다.	그 이유는 〔	이렇게 하면 될 것 같다.
	이번 수업을 하던 나의 행동, 자세를 돌이켜 관찰해보니〔 〕 던(한) 것 같다.	〕 때문인 것 같다.	
알게 된 것			
자신에 대해 알게 된 것 (변화된 것)			
질문이나 더 알고 싶은 것			
학습활동 소감 (실천 계획, 의견, 건의 등)			

5. 관찰과 평가—세상을 보는 두 가지 눈

이번 수업은 자신이 어떤 시각, 관점에서 말하는지 살펴보는 시간입니다. 자신의 말을 객관화하고 성찰해보는 수업이죠. 자신의 말과 생각을 간단하게나마 성찰할 수 있는 방법이 '관찰과 평가'를 구분하는 것입니다. 이 부분이 '비폭력 대화'의 철학적 깊이를 알 수 있는 부분이면서 매력적인 면이라고 생각합니다. 관찰로 말하는 것과 평가로 말하는 것이 어떻게 다른지 알고 자신은 어떻게 말하고 있는지 확인해보는 것이 이번 수업의 목표입니다.

이번 단원은 두 시간에 걸쳐 진행됩니다. 내용을 이해하고 퀴즈 대회를 토론하며 진행하려면 한 시간에 다 하기는 빠듯합니다.

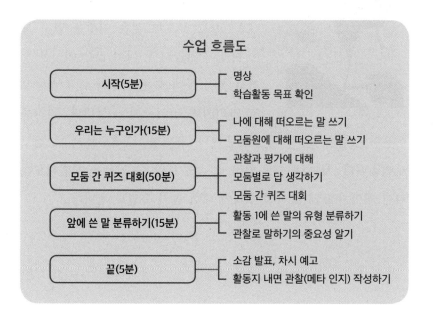

수업 흐름도

시작(5분)	┌ 명상 └ 학습활동 목표 확인
우리는 누구인가(15분)	┌ 나에 대해 떠오르는 말 쓰기 └ 모둠원에 대해 떠오르는 말 쓰기
모둠 간 퀴즈 대회(50분)	┌ 관찰과 평가에 대해 ├ 모둠별로 답 생각하기 └ 모둠 간 퀴즈 대회
앞에 쓴 말 분류하기(15분)	┌ 활동 1에 쓴 말의 유형 분류하기 └ 관찰로 말하기의 중요성 알기
끝(5분)	┌ 소감 발표, 차시 예고 └ 활동지 내면 관찰(메타 인지) 작성하기

1) 무엇이 보이나요?

다른 수업처럼 자신의 학습 목표를 쓰고 명상을 하고 지난주 실천 사례를 적고 나면 이 그림을 띄웁니다. "누가 보이나요?"라고 물으면 젊은 여성을 먼저 보는 학생이 많습니다. 나이 많은 여성을 도저히 찾지 못해 다른 친구가 나가서 손으로 가리키며 알려주기도 합니다. 착시를 이용한 그림을 몇 장 더 보여줍니다. 유명한 「오리—토끼」 그림도 보여줍니다. 보는 관점에 따라 다르게 보일 수 있음을 체험해보는 것이 재밌기도 하고 이번 수업에 대한 동기 유발도 됩니다.

2) 우리는 누구인가

공부 재료를 마련하기 위해 자신과 짝꿍을 보는 활동을 해봤습니다. '우리는 누구인가?'라는 활동으로 내가 보는 나와 남이 보는 나로 구성되어 있습니다. 자신에 대해 생각하면 어떤 말들이 떠오르는지 쓰게 합니다. 반드시 홑문장으로 쓰게 합니다. 3분 정도면 됩니다. 바로 적어 내려가는 학생도 있지만 통 적지 못하는 학생도 꽤 있습니다. 자신을 관찰하고 자신이 누구인지에 대해 생각해보는 기회가 그만큼 적다는 뜻이죠. 되도록 칸을 다 채우게끔 하되 몇 개라도 꼭 쓰고 빈칸으로 남겨서는 안 된다고 일러줍니다. 그래야 다음 활동이 이뤄질 수 있기 때문입니다. 이때는 끝나는 시간을 똑같이 맞춰야 합니다. 그래야 동시에 다음 활동으로 넘어갈 수 있습니다.

다음 활동은 바로 밑 칸에 자기 이름을 써서 활동지를 오른쪽 옆 짝꿍에게 돌립니다. 짝꿍은 활동지를 받아 이름이 쓰인 친구에 대해 생각나는 것을 써줍니다. 이때 장난으로라도 악플을 달지 않도록 주의를 줍니다. 긍정적인 것만 쓰게 합니다. 다 쓰면 자동으로 오른쪽으로 돌려서 자기 활동지가 자신에게 돌아오게 합니다. 이 활동에는 모둠원 사이에 상호작용이 활발히 일어나게 하려는 의도도 있습니다. 친구들이 달아준 긍정적인 말에서 자존감이 높아지기도 합니다. 자기 활동지가 돌아오면 적힌 말들에 대한 자신의 느낌이나 생각을 쓰고 유형 분류 칸은 비워두고 다음 활동인 '관찰인가 평가인가' 퀴즈 대회로 넘어갑니다.

1. 내가 나에 대해 떠오르는 말(생각)들—짧은 문장(홑문장)으로		
말(생각)	←에 대한 생각	유형 분류
나는 _		
자기 이름 쓰고 오른쪽으로 돌리기		

2. (　　　)에 대해 떠오르는 말(생각)들—짧은 문장(홑문장)으로 〔세 개씩 쓰고 오른쪽으로〕		
말(생각)	←에 대한 나의 생각	유형 분류
너는 _		

3) 모둠 간 퀴즈 대회

퀴즈 대회에 앞서 관찰과 평가의 뜻을 간단히 설명합니다. 관찰과 평가는 상식 수준에서 하더라도 지장은 없습니다. 그러나 개념을 분명히 해두면 퀴즈 대회에서 답을 판단할 때 기준이 됩니다. 관찰은 있는 그대로 보는 것, 객관적, 중립적인 것이고, 평가는 자신의 주관을 넣어서 보는 것, 주관적, 편파적인 것이라고 말해줍니다. 이런 설명을 더 어려워하는 학생이 있습니다. 그러면 관찰은 누가 보더라도 똑같은 것, 평가는 보는 사람에 따라 다른 것이라고 말해주고 예시 문제도 하나 풀어봅니다.

"'그는 키가 크다'는 관찰일까요, 평가일까요?" 손을 들어보게 하면 반반쯤 됩니다. 퀴즈 문제가 될 만하죠? '키가 크다'는 것은 누가 봐도 같게 말할까, 보는 사람에 다를까 물어보면 조금 정리가 됩니다. 평가라고 보는 것이 좋겠죠? 그럼 관찰로 바꿔보면 어떻게 될까 물어봅니다. 수치를 넣어서 말하는 학생들이 나옵니다. 칭찬을 해줍니다. 같은 요령으로 활동지의 문제들을 모둠별로 풀어보라고 합니다. '달 생존 게임' 때처럼 만장일치로 하도록 합니다.

퀴즈 대회 점수판

1조(   )   2조(   )
5조(   ) 4조(   ) 3조(   )
6조(   )   7조(   )

학생들이 모둠별로 갑론을박할 때 시간을 재야 합니다. 모든 모둠이 모든 문제를 다 해결할 때까지 기다릴 필요는 없습니다. 10분

이상 남기고 모둠 활동을 끝낸 다음 퀴즈 대회로 들어가면 됩니다. 그사이 칠판에 점수판을 만들어놓습니다. 모둠이 앉은 위치대로 모둠 구호(두 글자로)를 적어놓고 바를 정正 자로 모둠별 점수를 기록해가면 됩니다.

다 못했더라도 퀴즈 대회를 해나가면서 맞힐 수 있으니 일단 시작하겠다고 하고 첫 문제부터 프레젠테이션 자료로 띄워서 함께 보고 토론할 수 있도록 합니다. 이때 약간의 규칙이 필요합니다. 각 모둠에서 한 사람만 손을 들도록 하든지 아니면 모두 들어야 한다든지, 누가 먼저 손들었는지 모를 때는 교사와 가위—바위—보를 한다든지, 정답이 아니라도 발표만 하면 점수를 준다 등의 규칙을 정합니다. 다 끝나고 점수가 높은 모둠에게는 사탕 하나 정도의 아주 작은 상품을 주는 것도 좋습니다. 큰 상품은 안 됩니다. 그리고 손을 들 때 자신의 모둠 구호를 외치도록 하는 것도 좋습니다. 모둠 이름의 길이가 차이 나면 첫 두 글자만 외치도록 하면 됩니다. 첫 시간 '달 생존 게임' 시간에 지어놓은 것을 쓰면 되는데, 만약 그때 못 만든 모둠은 그냥 몇 조라고 모둠의 숫자를 외치도록 해도 됩니다. 그러면 퀴즈 대회로 들어갑니다.

"'상우는 어제 내게 화를 냈어'는 관찰일까, 평가일까?" 이렇게 말하면 여기저기서 벌 떼처럼 손을 들고 난리가 납니다. 그럼 다시 관찰이라고 생각하는 모둠과 평가라고 생각하는 모둠을 손을 들게 해서 작은 토론이 이어지도록 진행합니다. 이때 반드시 관찰이라고 생각하는 모둠을 먼저 말하게 해야 합니다. 오답부터 발언해야 반론이 바로 나올 수 있기 때문입니다. 예를 들어 관찰이라고 말하는 모둠에서 '화낸 거는 누가 봐도 똑같이 알 수 있다'라는 근거를 내세우면 바로 다른 모둠에서 반론이 나오죠. '우리 반의 누구는 아무 말 하지 않고 가만히 앉아 있어도 화난 것처럼 보이기도 하고 아닌 것처럼 보이기도 한다' 등. 어느 정도 의견을 들어본 다음에 평가라고 말한 모둠에게 '관찰'로 바꿔보라고 합니다. 평가라고 생각되는 문장은 반드시 관찰로 바꿔야 합니다. 그래야 차이를 분명히 알 수 있습니다. 관찰을 평가로 바꿔볼 필요는 없지만 바꿔보면 역시 차이를 알 수 있습니다. 뒤 문제도 같은 방식으로 풀어나갑니다.

활동지 문제의 답에 대한 의견

3, 8, 10번만 관찰로 봅니다.

평가 표현을 관찰 표현으로 바꿀 때 정해진 것은 없고 객관적으로 서술하면 답으로 해도 좋습니다. 예를 들면 '상우는 어제 내게 화를 냈어'(평가 표현) → '상우는 어제 얼굴을 붉히며 주먹으로 책상을 쳤어' 등으로 바꿉니다.
그런데 완벽한 관찰 표현은 불가능할지도 모릅니다. 인간의 인식은 아주 작은 것이라 할지라도 평가를 바탕으로 합니다. 인간의 언어가 필연적으로 이분법을 바탕으로 존재하기 때문입니다. '크다'는 반드시 '작다'를 바탕으로 평가해서 나온 말이므로 '크다'는 말은 평가입니다. 이것을 관찰로 바꾸면 수치로 ○○데시벨이라고 할 수 있으나 데시벨이란 단위도 역시 인간이 이론에 따라 판단해 만든 것이므로 완전히 객관적, 관찰적이라고는 할 수 없습니다. 엄밀히 따지자면 '책상을 치다'라는 표현도 동작을 객관적으로 말한 것처럼 볼 수 있으나 치다는 말이 '소리가 나게 세게 부딪게 하다'라는 뜻이 있으므로 여기서 '세다'는 말은 또 평가가 될 수 있습니다. 그러므로 엄밀히 관찰 표현은 인간 언어의 상대적 속성 때문에 불가능하지만, 누구나 받아들일 수 있는 정도에서 '관찰'이라고 인정하는 허용 범위를 잡아야 할 것 같습니다.

관찰과 평가의 구분은 절대적이지 않습니다. 상황에 따라 얼마든지 달라질 수 있습니다. 만약 상대방이 "너, 왜 그렇게 예의가 없니?"라고 했을 때 "내가 뭐가 예의가 없어?"라고 하면 '평가'로 말했다고 할 수 있고, "그래 내가 좀 예의가 없었지?"라고 반응하면 '관찰'로 말했다고 볼 수 있습니다. '평가'로 인식되면 논란이 이어지고 '관찰'로 인식되면 수용과 변화로 이어집니다.

4) 평가는 사실과 다르다

퀴즈 대회가 끝나면 내용을 정리합니다. "네가 어제 한 말과 지금 한 말이 서로 다르네"라는 말과 "너, 왜 거짓말해?"라는 말 중에서 어떤 말이 더 기분 나쁠까요? 상황에 따라 사람에 따라 반응은 다를 수 있으나 "너, 왜 거짓말해?"가 더 기분이 나쁠 것입니다.

왜 그럴까요? 일방적으로 단정 지어 하는 말이기 때문입니다. 상대방에게 발언권, 반론권을 주지 않고 몰아붙이는 느낌이 들기 때문입니다. 그렇지만 "어제 한 말과 오늘 한 말이 왜 달라?"라고 물으면 "그건 말이지"라고 대화가 오갈 수 있는 여지가 생깁니다. 오해도 풀릴 수 있고요.

"너, 왜 거짓말해?"라는 말도 사실은 근거를 가지고 나온 말입니다. 밑도 끝도 없이 몰아세우는 것은 아닐 가능성이 큽니다. 어제한 말과 지금 한 말이 다른 걸 근거로 해서 그런 결론을 내렸을 것입니다. 관찰한 내용이 근거가 됩니다. 결론이나 판단은 추론, 평가한 내용입니다. 이럴 때 근거, 즉 관찰한 내용만 말하는 것이 가장 좋습니다. 근거와 결론을 함께 말하면 평가로 들릴 가능성이 크고, 결론, 즉 평가한 내용만 말하면 가장 좋지 않습니다.

평가는 주관적인 판단일 뿐 사실과는 다르므로 조심해서 써야 합니다. 사물이나 현상을 볼 때도 평가보다는 관찰로 보는 것이 오류를 줄일 수 있습니다. 남의 말을 들을 때도 주의해야 합니다. 자신이나 다른 사람의 말이 '평가'라고 판단되면 그 말은 그 사람이 그렇게 볼 뿐 사실은 아니라는 것을 알고 그 말에 속지 않아야 합니다. 그래서 마셜 로젠버그는 이렇게 말했습니다. "다른 사람에 대한 비판은 충족되지 않은 자기 욕구의 비극적인 표현이다."[10]

5) '우리는 누구인가' 활동에 쓴 말들 분류하기

활동지(177~178쪽 참조)에서 나온 문장들이 관찰인지 평가인지 분류해보도록 하고 소감을 들어봅니다. 이제야 우리가 쓰는 대부분의 말이 평가임을 알게 됩니다. 왜 그렇게 말로 상처를 많이 받았는지도 알게 됩니다. 관찰로 말해야겠다는 다짐도 나옵니다. 아무 생각 없이 쓰던 말을 이렇게 분류해볼 수 있다는 사실에도 놀라워합니다.

6) '일곱 빛깔 무지개'는 관찰인가 평가인가

끝나기 전에 학생들에게 몇 가지 물어봅니다. '무지개는 일곱 색이다.' 이 말은 관찰일까 평가일까요? 대부분의 학생은 '관찰'에 손을 듭니다. 과학적인 사실이고 보이기에도 그렇게 보인다고 합니다. 실제로 그럴까요? 우리나라 옛 소설을 보면 '영롱한 오색 무지개'라는 말도 많이 나옵니다. 무지개가 현대에 오면서 색깔을 더 개발한 것일까요? 실제로 무지개 색은 색깔별로 붙여서 만든 것이 아니라 스펙트럼으로 퍼져 있으니 가짓수는 무한대일 것입니다. 그런데 그걸 다섯 개나 일곱 개로 평가해 부르고 있는 셈이죠.

'내 국어 점수는 85점이다.' 이 문장은 관찰일까 평가일까 또 물어봅니다. 생각할 겨를도 없이 '관찰'이라고 나옵니다. 수치로 정확히 제시했기 때문이라고 합니다. 그러면 다음 질문을 합니다. '이 숫자는 어떻게 해서 나온 것인가요? 그렇죠. 평가해서 나온 점수입니다. 그러므로 평가입니다. 이렇게 이야기하면 '그럼 평가 아닌 게 없잖아' 하는 학생들이 나옵니다. 학생들의 인식의 영토가 넓어지는 순간입니다. 장하석이 밝힌 바 있듯이 추상적인 현상을 수치로 나타내는 것은 매우 부자연스러운 일입니다. 그리고 수치로 나타내는 과정에 나름의 이론적 틀을 적용하므로 모두 평가라고 볼 수 있습니다.[11] 또 문장을 띄워서 질문을 합니다. '내 국어 점수는 85점이다'라는 문장과 '그러므로 내 국어 실력은 85점이다'라는 문장이 성립하는지 또는 '내 국어 점수는 85점이다. 친구 국어 점수는 85점이다. 그러므로 나와 내 친구의 국어 실력은 같다'가 성립하는지 물어보면 거의 망설임 없이 "아니요"라는 답이 나옵니다. "숫자로 되어 있다고 객관적이고 타당한 것은 아닙니다. 그것도 주관적이고 단편적인 틀을 바탕으로 나온 평가입니다. 평가는 사실과 같지 않습니다. 평가에 속지 않아야 합니다. 늘 의심하고 질문하세요"라는 말을 덧붙이고 마무리합니다.

생각보다 평가를 많이 하고 있다는 것을 알았고 평소에 관찰이라 생각했던 것이 평가라고 해서 조금 놀랐다. 평가보다는 관찰이 더 기분을 상하게 하지 않았다. 남들을 있는 그대로 본다고 생각했었는데 무의식적으로 습관적으로 남들을 평가하고 내 기준에 따라 분류한다는 것을 알게 됐다. 앞으로는 선입견을 갖지 말고 그 사람을 있는 그대로 보는 힘을 길러야겠다.

친구들과 서로에 대해 생각나는 말들을 써봄으로써 내가 남들에게 어떻게 생각되는지 알게 됐고 그중에 관찰은 거의 없었다는 것이 약간 아쉽다. 만약 다음에 서로에 대해 생각나는 말을 해봤을 때는 나만이라도 평가보다는 관찰을 많이 했으면 좋겠다. (시지고 1-4 구민지)

같은 사실을 보고 하는 말인데도 주관적인 생각이 들어가느냐에 따라 말이 달라질 수 있다는 것을 알게 됐다. 내가 평소에 평가의 말을 많이 하고 있었다는 것을 깨닫게 됐고, 그로 인해 내 의도는 그렇지 않았지만 남에게 상처가 된 상황들이 있었을 수 있다는 것을 알게 됐다. 앞으로는 다시 생각해보고 말을 해야겠다.

관찰과 평가의 말이 듣는 사람의 기분에 영향을 줄 수 있다는 사실을 처음 알게 돼서 약간의 충격(?)을 받았었고, 평소 내 말에 대해 다시 돌아볼 수 있는 시간이었다. 충격을 받은 내용인 만큼 머릿속에 잘 기억해놓고 무엇에 대해 말을 할 땐 되도록 객관적으로, 또 말하기 전에는 다시 한번 생각해보고 말을 하는 습관을 가져야겠다고 다짐했다. 매시간마다 무언갈 다짐할 수 있어서 참 유익하다는 생각이 든다. (시지고 1-10 이예린)

💬 참관 후기(1)

중간고사가 1주일 앞으로 다가왔다. 주당 1차시 수업이고 전국연합학력평가와 수련 활동이 있어서 오늘까지 총 4차시 수업을 한 것이 전부인데 뭘 했다고 시험을 쳐야 하나 싶다. 중간고사 기간임을 의식한 듯 수업 시작 전 선생님이 무척 역설적인 말을 했다.

"1학기에 겪어봐서 알겠지만 무언가를 외워서 적는 시험문제가 아닙니다. 그러니 시험을 위한 공부라고 따로 할 필요가 없어요. 읽으면 다 풀 수 있습니다."

객관식 5지선다로 답을 골라내는 것이 앎을 평가하는 타당한 척도가 아닐뿐더러 학생들의 삶을 더 낫게 하지도 않는다고 생각하는 선생님의 평가관이 잘 드러나는 대목이었다. 그러거나 말거나 골똘히 다른 생각을 하는 아이, 친구에게 히히덕거리며 장난을 거는 아이, 잘 이해했음을 알리는 자신감 있는 표정의 아이 등 단 하나도 같은 표정이 없는 27명의 아이들이 앉아 있다.

오늘 수업 활동명은 '관찰과 평가'다. 우리는 평소에 상대를 평가하는 말을 얼마나 많이 하며 사는지, 객관적 사실을 관찰해 이야기하기보다 나의 주관적 해석을 일반화해 말하는 경우가 얼마나 빈번한지를 인식하는 것이 이 수업의 첫번째 목표다. 이를 위해 우선 나와 친구에 대해 떠오르는 말들과 그 말이 주는 느낌을 적는다. 그다음에는 이 말들이 ① 관찰 ② 평가 ③ 관찰+평가 중 어디에 해당하는지 분류해 번호를 적는다. 나도 같이 적고 분류했다. 소름 끼치게도 모조리 2번이다.

아이들도 나와 비슷한 지점에서 깨달음을 얻는다. 우리의 언어에 평가가 대부분이라는 엄청난 사실을 알게 된다. 우리는 왜 상대의 말에 쉽게 상처받는지, 그 상처는 왜 많이 아픈지, 말이 얼마나 악할 수 있는지, 악함은 얼마나 쉽고 흔한지를 알게 된다. 그다음은 선생님이 제시하는 문장 열다섯 개를 읽고 평가/관찰을 판단하고 평가의 말인 경우 관찰하는 말로 바꿔본다.

문제를 다 풀면 모둠 대항 퀴즈 대회를 한다. 퀴즈 대회를 위한 모둠 구호를 정하고 1번부터 문제에 대한 학생들의 답을 확인한다. 선생님은 학생들의 다양한 답을 최대한 수용하고 반영한다. 맥락을 벗어나거나 부적절한 경우에는 바로 지적하거나 답을 말해주지 않고 한 번 더 생각할 수 있도록 기회를 준다. 아이들은 선생님의 발문에 한 번 더 생각하며 스스로 깨치기도 하고 다른 모둠원들의 생각을 듣는 과정에서 개념을 다시금 인식한다. '공유는 나를 무시한다'는 평가의 말을 '내가 말할 때 공유는 다른 곳을 보고 대답을 하지 않았어' 등의 관찰하는 말로 바꾸고 나니 교실 벽에 걸린 시계가 11시 18분을 알렸다. 종이 치기 2분 전.

그때 선생님이 이런 말을 한 것으로 기억한다.

"인간의 언어는 평가로 향하는 것이 사실입니다. 사람들의 말이 평가가 대부분임을 인정해야 해요. 그러나 사람들마다 생각이 다르다는 점을 알면 타인들이 나를 평가하는 말에 크게 마음 아파할 필요가 없음도 알 수 있습니다. 다른 사람이 평가로 말한 것에 속지 마세요. 그것은 그 사람의 주관적 평가일 뿐 사실 그 자체는 아니지 않나요? 더불어 적어도 이 수업을 들은 우리는 평가로 세상을 보던 관점을 관찰의 관점으로 바꾸려는 노력이 필요합니다. 이것이 공감 대화를 시작하는 중요한 지점입니다."

엄청나게 멋진 말이라 받아 적었다.

선생님은 보통 B4 활동지를 한 차시에 다 소화할 수 있도록 수업을 구성하시는데, 오늘 수업은 퀴즈 대회를 하다 말고 끊어졌다. 예전에는 어떻게든 한 차시 안에 끝냈는데 그러다 보니 조급해져서 정작 중요한 이야기를 못하는 경우가 많았다고, 그래서 두 차시로 흐름을 넓게 잡았더니 훨씬 더 좋은 것 같다며 웃으신다.

울림이 컸다. 이틀 뒤에 있을 2학년 '고전 읽기' 수업을 차고 넘치는 50분짜리 수업으로 구상해두었기 때문이다. 지난번 수업 활동지의 피드백을 제대로 하지 못한 건 시간이 없어 어쩔 수 없다며 합리화했고 더 많은 글을 읽히고 싶다는 욕심으로 조급해했다. 또 반성. 수업 흐름을 다시 크게 손봐야겠다고 생각하며 교무실로 돌아왔다.

💬 참관 후기(2)

오늘은 시작부터 좀 서글프다. 종소리가 울린 지 3분이 지났는데도 아이들이 안 왔다. 5분이 지나가자 하나둘씩 덜 잠긴 수도꼭지에서 물 떨어지듯 찔끔찔끔 아이들이 들어온다. 아이들의 곁에는 '무기력'과 '피곤함'이라는 부르지도 않은 새 친구가 보인다. 시험이 끝난 탓이다. 책상에 앉자마자 대여섯 명의 아이들이 엎드린다. 엎드리지 않았어도 마음을 콩밭에 두고 온 아이들도 많이 보인다.

칠판에는 지난 시간 6반 아이들의 팀 구호와 점수가 고스란히 기록되어 있다. 전 차시 수업 결과를 잘 기록해두었다가 오늘 수업으로 이어지게 준비해놓으신 거다. 선생님은 지난 시간 수업 내용을 간략히 다시 설명한 뒤 퀴즈 대회를 이어갔다. 퀴즈 대회 진행을 보면서 가장 눈길이 갔던 부분은 어떤 대답을 하든지 유의미한 발언이라는 생각이 들면 점수를 부여하는 시스템이었다. 답이 맥락을 벗어나거나 설사 틀렸다 하더라도 생각을 달리하거나 조금 더 정교하게 다듬어서 다시 도전하게 하고 이를 모두 점수로 반영한다.

그러나 무기력과 피곤함을 동반한 6반 아이들은 이 모든 것을 무색하게 했다. 대회가 중반을 향해 달려가도 열기가 달아오르지 않는다. 수업과 관계없이 자기와의 대화에 몰두하는 친구들이 많다. 대회는 두각을 나타내는 두 명이 다른 친구들 멱살을 잡고 질질 끌고 가는 형태처럼 보였다. 어떡하나. 저 둘이 다 할 거면 굳이 '퀴즈 대회'의 형식을 취할 이유가 없어지는데…… 이건 뭔가 망해버린 타이밍이라고 생각했다. 그러든지 말든지 선생님은 계속 손을 드는 아이들의 대답에 귀를 기울인다. 사이사이에 가뭄에 콩 나듯 수줍게 처음 손을 드는 아이의 대답을 놓치지 않고 인정과 격려의 말을 꼭 곁들인다.

퀴즈 대회 규칙 중 두번째로 눈길이 갔던 부분은 10점을 획득하면 그 팀은 자연스럽게 상품을 확보하게 되고 더 이상의 발언 기회는 사라진다는 점이었다. 앞서 달리던 팀이 일찌감치 점수를 채우자 뭔가 해볼 만하다는 의욕이 생긴 것인지 아이들이 자발적으로 (갑자기!) 손을 들기 시작했다. 곧이어 서너 개의 팀이 함께 속도를 내기 시작했다. 자기 팀의 점수가 1점, 2점 쌓이자 참여하는 학생들이 더 많이 생겨난다.

이때 교사의 직설적 권유가 별로 없었다는 점이 무척 놀라웠다. 단 한 번도 "얘들아 말 좀 해봐" "힘을 내라" "왜 이러니"라고 잔소리하지 않았고 승부욕을 자극하기 위한 구체적 전리품(상품)을 과하게 언급하지도 않았기 때문이다. 모두가 일정 정도의 거리를 달려볼 수 있도록 배려한 구조. 마음만 있으면 결승점까지 가는 데 큰 어려움이 없는 구조. 1, 2, 3등을 특별히 더 잘했다 보듬지 않으니 잘 못해도 경기를 뛸 의욕이 조금씩 생겨나는 구조. 선생님은 대회가 태생적으로 갖는 '경쟁'의 요소를 본인만의 방법으로 보완하고 있었다.

수업 마무리에 선생님이 묻는다.

"'내 국어 점수는 85점이다'와 '내 국어 실력은 85점이다'는 같은 말일까요? 85점이라는 점수가 나온 '시험'이라는 평가를 생각해볼 필요가 있습니다. 시험이라는 것은 특정 사람들이 아주 좁은 잣대로 만든 사람을 단편적으로 평가하는 도구입니다. 국어 점수가 85점이라고 여러분 국어 능력이 85점인 것은 아닙니다. 여러분들이 평가의 타당성을 의심하지도 않고 점수가 낮다고 무기력한 모습을 보면 안타까워요. 여러분들의 가능성은 그 누구도 함부로 평가하고 예측할 수 없습니다. 선생님이 볼 때 여러분 모두는 큰 잠재 가능성을 지닌 아주 위대한 사람입니다. 결코 85점이 아니죠. '점수'로 나를 규정짓는 세상, '사실'인 척하고 나를 평가하는 세상의 말들에 기죽지 말아요. 그러기 위해서는 어떻게 해야 할까요? 예, 맞아요. 늘 의심하고 질문해야 합니다."

선생님의 산파술을 따라가던 맨 뒷자리에 앉아 있는 아이의 얼굴이 점점 환해지며 85점 국어 점수 이야기에 격한 공감을 표시한다. 비슷한 일들을 중간고사나 삶에서 많이 겪은 모양인지 위로를 받고 용기를 얻는 모습이다. 자신과 세상을 조금 달리 생각하게 된 표정이다. 선생님은 못 보았을 그 아이의 표정을 나는 보았다. 그건 감동이었다. 안도와 만족감으로 차오르는 아이의 표정을 당분간 잊을 수 없을 것 같다. 몇몇 아이들이 말랑말랑 촉촉해졌다.

📋 활동지(5)

학습활동명	관찰과 평가—세상을 보는 두 가지 눈	
학습활동 목표		**목표 달성 정도 평가**
1. 자신과 모둠 친구에 관한 말들과 그 말에 대한 느낌을 쓸 수 있다.		☆☆☆☆☆　%
2. 관찰과 평가(사실과 의견)의 차이를 알고 구분할 수 있다.		☆☆☆☆☆　%
3. 평가 표현을 관찰 표현으로 바꿔 말할 수 있다.		☆☆☆☆☆　%
4. 나의 목표:		☆☆☆☆☆　%
* 다음 시간 수업 내용—느낌과 생각		□확인했어요!
지난주 공감 대화법을 얼마나 실천했나요?		□늘 □자주 □가끔 □거의 □전혀
마음 듣기 실천 사례와 효과(육하원칙으로)		

1. 내가 나에 대해 떠오르는 말(생각)들—짧은 문장(홑문장)으로		
말(생각)	← 에 대한 생각	유형 분류
나는 _		

2. 〔 〕에 대해 떠오르는 말(생각)들―짧은 문장(홑문장)으로 〔세 개씩 쓰고 오른쪽으로〕		
말(생각)	← 에 대한 나의 생각	유형 분류
너는 _		

관찰(사실)과 평가(의견) 유형 분류 기준
①**관찰(사실)**: 있는 그대로 보고 듣는 것. 중립적, 객관적, 개별화.
②**평가(의견)**: 현상에 대한 주관적 해석. 편파적, 주관적, 일반화.
③**관찰+평가**: 평가가 섞인 관찰 ≒ 평가

( )조	모둠 이름		모둠 구호 (두 글자)	
모둠원 이름	번	번	번	번

2부 화법 수업의 현장

* 퀴즈 대회ー(모둠 활동. 전원 합의 방식, 만장일치로 결정) ① □안에 표시, ② 평가 표현이면 관찰 표현으로 바꾸기.

1. 상우는 어제 내게 화를 냈어. (□관찰/□평가)
   →

2. 너 왜 거짓말했어? (□관찰/□평가)
   →

3. 태희는 어제저녁에 텔레비전을 보면서 손톱을 물어뜯었다. (□관찰/□평가)
   →

4. 공유는 나를 무시한다. (□관찰/□평가)
   →

5. 민호는 공격적이다. (□관찰/□평가)
   →

6. 넌 너무 살쪘다. (□관찰/□평가)
   →

7. 이 성적으로 대학 못 간다. (□관찰/□평가)
   →

8. 용준이는 회의 시간에 내 의견을 묻지 않았다. (□관찰/□평가)
   →

9. 너, 왜 이렇게 화장이 진해? (□관찰/□평가)
   →

10. 중기는 내게 노란색 옷이 어울리지 않는다고 말했다. (□관찰/□평가)
    →

11. 이 정도는 풀어야지. (□관찰/□평가)
    →

12. 왜 이렇게 예의가 없어? (□관찰/□평가)
    →

13. 그 애는 이기적이다. (□관찰/□평가)
    →

14. 넌 시간개념이 없다. (□관찰/□평가)
    →

15. 넌 나에게 관심이 없어. (□관찰/□평가)
    →

평가해 말하면 상대방은 이를 비판으로 받아들이기 쉽다.
관찰해 있는 그대로 말하면 상대는 기분이 상하지 않으며 오해하지 않고 듣게 된다. 이것이 공감과 소통을 위한 첫걸음이다.
평가로 세상을 보던 관점을 **관찰의 관점으로 바꾸는 노력**이 필요하다.

내면 관찰 (메타 인지)	사실적 사고	추론적 사고	비판적, 창의적 사고
	느낌(정서) /행동 관찰	생각(인지) 파악 = 정서의 원인	변화 대책(필요시)
학습활동 중 파악한 자신의 기분 (느낌), 행동과 이유를 구체적으로	이번 수업을 하던 나의 느낌, 기분을 돌이켜 관찰해보니〔 〕 던(한) 것 같다. 이번 수업을 하던 나의 행동, 자세를 돌이켜 관찰해보니〔 〕 던(한) 것 같다.	그 이유는 〔 〕 때문인 것 같다.	이렇게 하면 될 것 같다.
알게 된 것			
자신에 대해 알게 된 것 (변화된 것)			
질문이나 더 알고 싶은 것			
학습활동 소감 (실천 계획, 의견, 건의 등)			

6. 느낌과 생각(바람) — 머리와 가슴 사이

이번 수업은 느낌의 의미와 중요성, 느낌과 생각을 구분하기, 느낌이 일어나는 원리, 상대의 느낌 읽기 연습으로 짜봤습니다. 정혜신은 "우리가 살면서 겪는 모든 감정들은 삶의 나침반이다"라고 하면서 "감정은 내 존재의 핵이다"[12]라고 단적으로 선언합니다. 감정은 한 사람의 존재 전체가 자신이 처한 상태를 자동으로 감지해 드러내는 현상입니다. 인간 존재의 핵으로 들어가려면, 즉 한 사람을 진정으로 이해하고 공감하려면 감정을 파악하지 않으면 안 됩니다. 느낌, 감정으로 들어가는 문은 눈 속에 있습니다. 눈을 깊이 들여다보면서 질문이라는 문고리를 돌리며 마음의 안부를 물어주면 공감과 소통이 일어납니다.

우리말에 '한恨'이란 말이 있습니다. 이 말은 다른 나라 말로 번역이 어렵고, 유독 우리나라에만 있는 말이며 정서라고 합니다. 한을 풀이한 내용을 보면 '원망, 억울함, 안타까움, 슬픔이 응어리진 마음'이라고 되어 있습니다. 힘든 감정이 풀리지 못하고 뭉쳐 있다는 뜻입니다. 감정을 표현하지 못하고 인정받을 수 없을 때 어떤 심각한 결과가 생기는지 알려줍니다. 요즘 시대에는 한을 품거나 한이 쌓이는 일이 거의 없겠지만, 자신의 감정을 민감하게 감지하고 누군가에게는 솔직하게 표현할 수 있어야 합니다. 감정을 개인적인 사정으로 사소하게 넘기고 사회석 인성이나 쎵가, 제년만 신경 쓰는 사회에서는 개인이나 공동체가 건강할 수 없습니다.

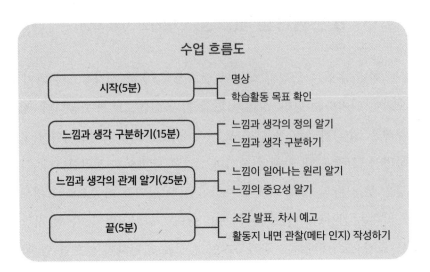

수업 흐름도

시작(5분)	명상 학습활동 목표 확인
느낌과 생각 구분하기(15분)	느낌과 생각의 정의 알기 느낌과 생각 구분하기
느낌과 생각의 관계 알기(25분)	느낌이 일어나는 원리 알기 느낌의 중요성 알기
끝(5분)	소감 발표, 차시 예고 활동지 내면 관찰(메타 인지) 작성하기

학습활동 목표

1. 느낌과 생각(바람)을 구분할 수 있다.
2. 느낌과 생각 퀴즈 대회에 적극적으로 참여할 수 있다.
3. 느낌이 일어나는 원리를 알 수 있다.
4. 느낌의 역할과 중요성, 느낌을 바꾸는 방법 등을 알 수 있다.

1) 느낌과 생각의 개념

활동지를 나눠준 다음 느낌이 뭐냐고 물으면 대부분의 학생이 "느끼는 거요"라는 하나 마나 한 대답을 합니다. 그래도 고마운 대답이죠. 그거라도 없으면 얼마나 민망하겠어요. "그러면 생각은?"

하고 물으면 역시 "생각하는 거요"가 대답으로 나옵니다. "그럼 '장미가 빨갛다'는 느낌일까요, 생각일까요?" "생각이요." "그럼 '나는 무시당했다'는?" "느낌이요." "생각인 거 같은데?" 여기서 의견이 와글와글합니다. 느낌과 생각이란 말은 자주 하는 말이지만 두 말의 차이는 크게 신경 쓰지 않는 것 같습니다. 그러나 이 둘을 구분해보고 둘 사이의 관계를 아는 것이 공감 대화에서는 중요합니다. 이제 '느낌'과 '생각'에 대해 간단히 정리해봅니다.

　　야자를 마치고 집으로 가는 길, 한적하고 높은 축대 모퉁이, 보통 때는 가로등이 켜져 있는데 오늘은 웬일인지 꺼져 있네요. 약간 으스스한 마음으로 돌아서는데 앞에서 갑자기 이런 게 확 달려들었다면 어떨까요? 아마 깜짝 놀라면서 소리를 지르고 머리카락이 쭈뼛해지면서 손에 땀이 날 겁니다. 이때 생각할 겨를이 있었을까요? 없었겠죠. 이것이 느낌입니다. 어떤 현상에 대해 자동적, 반사적, 무의식적으로 나오는 몸과 마음의 반응을 말합니다. 몸의 반응을 감각이라고 하고 마음의 반응을 감정이라고 할 수 있습니다. 보통 감정이라고 하면 마음의 반응만을 말하지만 몸과 마음은 서로 이어져 있으므로 몸의 반응도 함께 쓸 수 있습니다. 예를 들어 앞에서 '머리카락이 쭈뼛해졌다'라고 하면 몸의 반응이긴 하지만 놀람이라는 감정에 속한

다고 봐도 된다는 거죠. 그런데 '느낌'이란 말로 쓰면 저절로 포함됩니다. 그 밖에 마음에서 일어나는 모든 작용을 '생각'이라고 본다고 말해줍니다. 그렇다면 우리의 마음(내면)은 느낌(감정)과 생각으로 이뤄졌다고 볼 수 있습니다.

2) 느낌과 생각 구분하기와 퀴즈 대회

다음에는 활동지에 있는 예시 문제를 설명해줍니다. '나는 네가 좀더 분별이 있어야 한다고 느껴'라는 말은 '느낀다'는 말은 있으나 구체적인 느낌은 없는 말입니다. '좀더 분별이 있어야 한다'는 말은 어떤 현상에 대해 반사적으로 튀어나올 만한 말은 아니기 때문입니다. '느껴'라는 말은 있으나 느낌이 없는 표현이 많습니다. 생각과 느낌에 대한 인식이 별로 없는 거죠. 다시 활동지로 돌아가서 묶음표 안의 '□생각'에 체크를 하고, 이 상황에서 '나'가 구체적으로 어떻게 느꼈는지 써줍니다. 여기서는 '실망스러워'를 넣었군요. 이때 답은 정해져 있지 않습니다. 각자 느끼는 것이 다 답이 될 수 있습니다. 정답은 학교 시험에만 있죠. 그다음엔 이 상황에서 '나'가 가지고 있는 바람은 무엇일까 생각해봅니다. 그렇죠. 네가 분별이 있으면 좋겠다는 겁니다. 이 바람에 어긋났기 때문에 실망을 한 것이겠죠.

① 연습 문장	② 느낌을 나타낸 표현	③ 그때의 생각(바람)
<예시> 네가 좀더 분별이 있어야 한다고 느껴. (□느낌, □생각) →	난 네가 분별이 없는 것 같아서 실망스러워.	네가 분별이 있기를 바란다.
1. 너 화난 것 같다. (□느낌, □생각) →		
2. 왠지 손해 보는 느낌이야. (□느낌, □생각) →		

느낌이 들어간 표현으로 바꾸기
느낌에 표시하면 안 바꿔도 됨
* 느낌말 목록 참고

긍정형으로 쓰기
모든 문항 빠짐없이
* 욕구 목록 참고

우리말에 '……당하다'로 끝나는 말이 많은데 느낌처럼 받아들여지는 경우가 많습니다. '무시당하다, 거부당하다, 모욕당하다……' 이것은 생각입니다. 만약 상대가 나의 질문에 답하지 않으면 기분이 어떤가요? 아마 화가 나거나 우울해질 것입니다. 이것이 느낌입니다. 생각 없이 바로 반응이 나왔잖아요. 그럼 왜 이런 느낌이 올라왔냐면 '거부당했다'고 생각(판단)하기 때문입니다. 그보다 한 단계 더 들어가면 '지지받고 싶다'는 바람이 있습니다.

욕구라는 용어가 나오는데요, 매슬로의 다섯 단계 욕구 중 1, 2단계는 본능적인 것으로 언어로 인지되지 않아도 무의식적으로 작용하기 때문에 '욕구'라는 말을 그대로 써도 좋겠지만 3단계부터 사회적욕구 이상은 '바람'이란 말로 쓰겠습니다. 그리고 '바람'은 생각에 들어간다고 봅니다. 어떤 바람, 희망, 필요성을 갖는다는 것은 어떤 상황에서 반사적으로 나올 수 있는 반응은 아닙니다. 이것은 이미 그 사람의 생각으로 자리 잡고 있는 것들입니다.

　이런 방법으로 연습 문제 열 개를 모둠이 논의해 풀어보게 합니다. 이때 느낌말과 바람말(욕구) 목록을 나눠주고 참고해 쓰게 합니다. 거기에서 느낌과 바람을 찾아 더욱 다양한 느낌과 바람을 접하면서 느낌과 생각의 폭을 넓힐 수 있습니다. 저는 '한국NVC비폭력대화센터'에서 나온 카드를 사거나 복사해 나눠줬습니다. 5분 정도 시간을 준 뒤 앞 시간의 '관찰과 평가' 퀴즈 대회와 같은 방법으로 진행합니다.

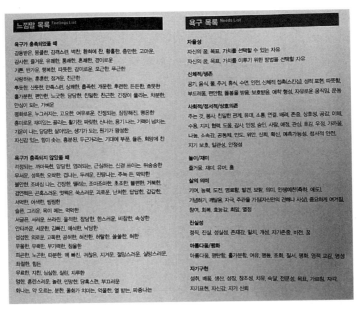

한국NVC센터에서 나온 '비폭력 대화' 느낌말과 욕구 목록 카드

3) 느낌이 일어나는 원리

느낌이 일어나는 원리를 정리해주면 느낌과 생각(바람)의 차이를 잘 알 수 있을 것 같습니다. 느낌은 어떻게 일어날까요? 예를 들어 집에 갔을 때 식탁에 음식이 푸짐하게 차려진 것을 보고 기쁘고 유쾌한 느낌이 들었다면 사람들은 음식 때문에 그런 느낌이 생겼다고 생각합니다.

그러나 만약 뷔페식당에서 맛있는 음식을 실컷 먹고 왔는데 음식을 본다면 느낌이 어떨까요? 아마 별 느낌이 안 일어날 것입니다. 이때 그 음식을 먹으라고 하면 짜증이 날 수도 있습니다. 음식이 직접적인 원인은 아니라는 것을 알 수 있겠죠. 느낌이 일어난 근본 원인은 생각(바람, 욕구)입니다. 똑같은 상황이라도 '배고픈데 맛있는 걸 먹고 싶어'라는 욕구가 있을 때와 '너무 배불러서 이제 그만 먹어야겠다'라고 생각할 때가 서로 다릅니다. 느낌이 일어나는 원리는 간단합니다. 생각에서 느낌이 나옵니다.

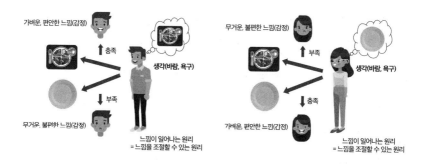

외부 상황에 대한 생각과 느낌은 거의 동시에 순간적으로 일어난다고 봅니다. 다른 예를 들어보겠습니다. 친한 친구와 복도에서 마주쳤는데 그 친구가 그냥 지나가면 무시당했다는 생각이 들면서(느낌이 아닙니다) 마음이 우울하거나 짜증 나거나 섭섭할 것입니다(이것들이 느낌입니다). 이때 이런 느낌들이 일어난 이유는 '친한 표현을 해줬으면 좋겠다, 존중받았으면 좋겠다'라는 바람이 있기 때문입니다. '관계의 욕구'입니다. 바람의 결핍에서 불편하고 무거운 느낌이 일어납니다. 결핍이 클수록 그런 느낌도 커집니다. 반대로 바람의 충족에서는 편안하고 가벼운 느낌이 일어납니다. 역시 충족이 커지면 그 느낌도 커집니다. '기대가 크면 실망도 크다'는 말도 느낌과 생각의 관계를 잘 보여줍니다. '기대'는 '생각'이고 '실망'은 '느낌'이니 생각에 따라 느낌이 좌우됨을 알 수 있죠.

그럼 느낌을 평안하게 바꾸려면 어떻게 해야 할까요? 방법은 두 가지입니다. 자신의 바람을 충족할 수 있게 외부 환경을 바꾸거나 생각(바람)을 바꾸는 것입니다. 어느 것이 더 쉬울지는 상황에 따라 다릅니다. 외부 환경은 자신이 다스리기 어려울 때가 많지만 자신의 생각, 바람은 마음만 먹으면 얼마든지 바꿀 수 있습니다. 그러므로 생각(바람)을 바꾸는 힘을 키우는 것이 내 삶의 통제권을 내가 갖게 되므로 더 좋은 방법입니다. 앞의 예에서 보면 음식이나 친구의 행동은 외부 환경이고 '음식을 먹고 싶다, 존중받고 싶다'는 생각(바람)에 해당됩니다.

외부 환경을 바꾸든 생각을 바꾸든 중요한 것은 느낌이 나오

2부 화법 수업의 현장

게 된 생각, 바람을 찾는 것입니다. 그래야 바람을 충족하고 평안한 느낌으로 살아갈 수 있습니다. 그럼 바람을 찾는 방법을 알아봅시다.

생각을 자세히 살펴보면 층위가 있음을 볼 수 있습니다. '무시당했다'는 생각은 어디서 왔을까요? '존중받고 싶다'는 생각에서 나왔습니다. 존중받고 싶은데 못 받아서 무시당했다고 생각한 것입니다. '존중받고 싶다'는 것도 생각이고 '무시당했다'는 것도 생각입니다. 존중받고 싶다는 것은 바람이고 무시당했다는 것은 판단입니다. 생각인 것은 같지만 종류가 다르다고 볼 수 있습니다. 가장 밑바탕에 욕구, 필요가 있고 그 위에 바람, 희망이 있고 그 위에 비교, 판단, 분석 등이 있습니다. 욕구는 육체적 수준이거나 무의식 수준이라고 생각되고 바람, 희망, 판단은 의식 수준이라고 생각됩니다. 의식은 스스로 찾아낼 수 있으나 무의식은 당연히 찾아내기 어렵습니다. 추정해볼 뿐이죠.

4) 바람과 수단의 구별

여기서 또 중요한 것은 바람과 수단의 구별입니다. '존중받고 싶다'는 바람을 충족하는 수단은 여러 가지가 있습니다. 인사를 받는다든가 물질적 보상이나 신물을 받는다든가 아니면 남에게 존중받지 않아도 자기 스스로 만족하고 보상을 해줄 수도 있습니다. 이런 사람은 '존중받고 싶다'는 바람이 늘 충족되니 더 이상 이런 바람이 필요치 않겠죠. 그러면 무시당한다는 생각(판단)을 하는 상황도 없어질 것입니다. 친구가 인사를 건네주는 방법으로 존중받지 않아도 되는 거죠. 자신의 바람과 수단을 구별하면 바람을 충족하는 수단을 선택할 수 있는 마음의 여유가 생기고 실현 가능한 수단을 찾아서 바람을 이룰 수 있게 됩니다.

학생들에게 바라는 것, 즉 소원이 뭐냐고 물으면 '건물주'라고 하는 학생이 꽤 있습니다. 농담 반 진담 반이겠지만 좀 씁쓸하죠. 건물주는 왜 되려고 하느냐고 물으면 일하지 않고 돈을 많이 벌 수 있기 때문이라고 합니다. 누가 이런 처세를 가르쳐줬을까요? 또 돈은 왜 벌려고 하느냐고 물으면 잘 먹고 잘 살기 위해서라고 합니다. 잘 먹고 잘 사는 게 어떤 것이냐고 하면 대답이 다양하게 나옵니다. 여기서 건물주가 된다거나 돈을 버는 것을 바람이라고 생각하는 경우가 많습니다. 그러나 이것은 바람이 아닙니다. 더 깊이 혹은 높이 있는 바람을 이루기 위한 수단입니다. 잘 먹고 잘 사는 것이 바람이죠. 다른 말로 하면 사회적 인정, 자기 효능감, 보람, 자기구현 등이라고 할 수도 있겠죠. 이 바람을 충족하는 방법은 여러 가지가 있을 수 있습니다. 그런데 돈으로만 이룰 수 있다는 생각의 틀을 굳게 가지고 있으면 바람이 이뤄지기 어렵습니다. 돈은 수단일 뿐 그 자체로는 아무 바람도 이루지 못합니다.

다시 앞의 예에서 보면 배고파서 밥을 먹고 싶다고 했을 때 '밥'이 바람은 아닙니다. '배부름'이 바람이죠. 더 깊이 들어가면

'신체적 생존 욕구'라고 할 수 있습니다. 밥은 수단입니다. 수단은 선택할 수 있습니다. 밥을 먹어도 되고 다른 것을 먹어도 됩니다. 밥을 바람으로 잡으면 선택의 여지가 없어지며 진정한 바람을 놓칠 수 있습니다.

매슬로는 "인간은 무언가를 끊임없이 원하는 동물"[13]이라고 했고 로젠버그는 인간의 욕구는 당연하고 욕구의 측면에서는 누구나 공통된다고 했습니다.[14] 욕구를 이루기 위해서 산다고 했으니까요. 인간은 바람을 이루려 평생 있는 힘을 다해 살아갑니다. 대화를 비롯한 모든 행동이 바람을 충족하기 위해 이뤄진다고 했을 때 자신의 바람을 정확히 아는 것은 중요합니다. 그래야 이룰 수 있으니까요. 욕구, 바람을 정확히 알고 표현할 때 욕구, 바람을 이룰 가능성이 커집니다. 그사이 마음의 평온이 찾아옵니다.

5) 느낌의 중요성

느낌은 긍정적인 것도 아니고 부정적인 것도 아닙니다. 좋은 것도 나쁜 것도 아닙니다. 자연스럽고 당연한 것입니다. 소중한 것입니다. 불쾌한 감정이 없으면 자신의 바람을 돌아볼 기회가 없고 환경을 바꿔가려는 노력을 할 수 없습니다. 자신의 감정을 자주 살펴봐야 합니다. 불편한 감정이 든다면 충족되지 못한 바람이 있다는 신호입니다. 그 바람을 찾아내기만 해도 불편한 감정은 눈에 띠게 잦아듭니다. 그래서 느낌은 우리 마음의 온도계 혹은 나침반, 경보기라고 할 수 있습니다. 인간은 끊임없이 욕구와 바람을 충족하기 위해서 사는데 이것들이 충족되는 것이 중요하며 충족 여부를 세밀히 알려주는 지표가 바로 감정, 느낌입니다. 원리는 앞에서 본 바와 마찬가지입니다. 욕구의 충족 정도와 느낌의 강도가 비례합니다. 그러므로 나를 잘 관찰하고 다스리려면 내 감정을 늘 관찰해야 합니다. 무겁든 가볍든 감정이 감지되면 그것은 어떤 바람에서 나온 것인지 그 바람을 찾아냅니다. 그다음엔 바람을 바꾸면 감정을 다스릴 수 있습니다. 다른 사람의 감정도 마찬가지입니다. 다른 사람의 감정을 최대한 구체적으로 자세히 알아낸 다음 그것이 어떤 바람에서 나온 것인지 상대방이 파악하게 해줄 수 있다면 그 사람을 그 감정에서 자유롭게 해줄 수 있습니다.

**퀴즈! 어느 것이 느낌(감정)이고
어느 것이 생각(바람, 욕구)일까?**

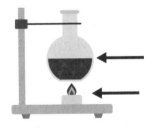

마무리 돌발 퀴즈를 냅니다. 느낌과 생각을 위와 같이 그림으로 나타냈을 때 물과 램프 중 어느 것이 느낌이고 어느 것이 생각

일까요? 그 이유는 무엇인가요? 그렇죠. 물이 느낌이고 램프가 생각입니다. 펄펄 끓어오르는 물을 식히려면 어떻게 해야 할까요? 램프를 끄면 됩니다. 생각을 바꾸면 되는 거죠.

느낌이 일어나는 원리를 알았다. 다른 친구의 상황을 듣고 친구의 느낌과 생각을 알아주는 연습을 하면서 친구의 느낌과 생각을 더 잘 알려면 어떻게 생각해야 될지 알게 됐다. 앞으로 친구의 상황을 들으면 그 친구의 느낌과 생각을 대충은 파악할 수 있을 것 같다.

'무시하다, 모욕하다, 배신하다'는 느낌이라고 생각했었는데 사실은 생각이었다고 해서 몰랐던 것을 하나 배웠다. 그리고 나의 상황을 두고 그때 내가 사실은 무엇을 바랐는지 그것이 충족되지 못해서(되어서) 기분이 나빴는지(좋았는지)를 알게 됐다. 또 느낌의 원인을 알게 됐고 그것을 바꾸려면 생각을 바꾸면 된다는 말은 나의 생각을 완전히 바꿔놓은 것 같다. 그대로 한다면 나의 느낌을 자유자재로 바꿔놓을 수 있지 않을까……? (시지고 1-11 강정민)

느낌과 생각은 서로 어떻게 다른지 알게 됐고, 내가 느끼는 감정은 내 생각으로 인해 생긴다는 것을 알게 됐다. 나는 나쁜 일이 생기면 그것에 대해 자주 혹은 깊게 생각하는 편인데 그것이 내 감정을 부정적으로 만들 때가 많았다는 것을 깨달았고, 그런 상황일수록 생각을 바꾸거나 비워야겠다고 생각했다.

내가 나쁜 감정이 드는 것이 욕구 충족이 안 돼서 그것에 대해 생각하는 데서 나온다는 사실을 처음 알게 됐다. '내가 안 좋았던 일에 대해 생각할수록 뭔가 더 우울해지던 것이 이 이유 때문이었구나!'라는 생각이 들었다. 앞으로는 내가 스트레스 받거나 괴로울 정도면 생각을 고치거나 비우도록 해봐야겠다. (시지고 1-10 이예린)

💬 참관 후기

이번 주에는 둘째 아이의 유치원 공개수업이 있어 화법 수업 참관이 어려웠다. 수업에 빠져 서운한 마음을 토로하자 선생님께서 수업을 촬영해주겠다 하셨다. 선생님의 상냥한 배려와 수업에 관한 자기 개방이 그저 감사하고 든든했다.

다음 날 아침 노트북을 켜니 오늘 자 아침 인사와 함께 수업 영상이 첨부파일로 도착해 있었다. 2학기도 절반이 지나가니 아이들의 생김새와 특징, 6반이라는 학급 특유의 분위기가 익숙해진다. 재생 버튼을 누르자 등장하는 아이들과 선생님, 교실 속 소품들이 반가워 미소가 지어졌다.

오늘 수업은 우리 마음 안에 있는 느낌과 생각을 구분하는 활동이다. 수업 내용을 거칠게 요약하면 우리 마음에는 상황(사건)에 대한 자동적, 즉각적, 반사적 반응인 '느낌'과 이를 시간을 두고 분석, 비교, 판단을 거친 '생각'(이상적 바람, 희망, 욕구)이 함께 공존한다. 자기 마음 안에 일어나는 정서적 반응(느낌)을 예민하게 살펴 마음에 평온을 유지하는 것은 무척 중요하다. 사람들 말에 담긴 불편한 느낌을 스스로 인지하고 그 안에 내재된 욕구, 즉 '생각'을 달리해본다.

사람들은 이 둘을 딱히 예민하게 구별하지 않은 채 (정확히는 스스로가 인지하지 못하며) 살아가지만 마음에서 일어나는 이들의 원리와 관계를 이해하면 인간관계나 세상일이 예상보다 수월하게 풀리는 경우가 많다. 우리의 '말'이 인간의 '마음'과 '세계관'에서 나온다는 점을 고려하면 학생들의 말하기를 바꾸기 위해서는 아이들 '마음'에 귀 기울이는 법을 알게 하는 데 이 수업의 궁극적 의도와 도달하고픈 목표가 있다.

'공감 대화법' 수업 자체는 굉장히 직관적인 사고를 유도한다. 그러나 학습 내용을 제시하는 방법이나 활동지 항목은 매우 구체적이고 조작적이다. 다소 철학적이고 형이상학적인 주제를 지금 내 이야기로 연결 짓고, 다양한 예를 통해 체득할 수 있도록 돕는 수업 설계에 거의 매번 감탄한다. 이번 활동지 역시 학생들 인생에서 자주 부닥치는 상황들을 선별해 <예시> 자료로 제시하고 문장에 담긴 의미를 스스로 구분하게 되어 있다. 서너 문제까지 감을 잡지 못하는 아이들도 열 문제가량 찬찬히 풀어나가다 보면 사고의 맥락을 어렵지 않게 이해할 수 있다. 직관적 사고가 발달한 친구들에게 매우 흥미롭고 즐거운 과제임은 두말할 필요가 없다.

'너 화난 것 같다'는 내 판단에는 상대의 반응에 '속상하다'고 느끼는 내 마음이 있고 여기에는 네가 화내지 않았으면 좋겠다는 내 욕구가 자리 잡고 있다. 이렇게 자기 내부의 마음이 흐르는 원리를 스스로 자각하는 짜릿함이 배움의 기쁨으로 이어진다. 시나리오대로라면 그래야 하는데…… 6반 아이들에게는 참 쉽지 않다. 네 명 모둠원 중 세 명이 엎드리고 한 명이 홀로 고고히 수업을 듣는 모둠도 보인다. 수업을 끌어가는 선생님이 많이 고되어 보였다. 오늘 조금 더 무기력한 아이들을 바라보는 선생님의 난감한 눈빛과 속상함이 애써 숨겨도 내게는 전해졌다. 자발적 호기심이 없는 아이들을 어떻게 더 이끌어내야 하는지 답답했다. 비슷한 상황에서 자극적인 무언가를 더 제시하는 것 말고 나라면 무엇을 더 할 수 있나 생각이 든다. 어렵다. 오늘은 진짜 너무 어렵다.

내 마음속 답답하고 안쓰러운 느낌 이면에는 '아이들이 마음을 다해 참여했으면 좋겠다'는 내 욕구가 내재되어 있을 것이다. 생각해보면 나는 수업 마침 종이 친 직후 정신적 피곤함을 자주 느꼈다. 뜻한 대로, 기대만큼 되지 않은 수업이 잦았다. 교실 문을 나오면서 알 수 없는 찝찝함과 미진함을 빈번하게 느꼈고 교무실로 돌아오는 발걸음은 무거울 때가 많았다. 반면 내가 떠난 교실 안 아이들도 피로했을 것 같다. 교사의 높은 기대 수준과 바람에 도달하지 못했다는 느낌 때문에. 자신의 욕망만큼 큰 괴리감으로. 수업 이후에 내 마음이 평온하려면 나는 어떻게 해야 하나? 아이들을 향한 기대와 바람 자체를 소멸시킬 일은 아닐 것이다. 균형을 잘 유지해야겠지.

비록 내 바람(욕구)이 현재 내게 정서적 안정을 가져다주지 못할지라도, 오늘은 나의 기대와 바람을 그대로 두고 싶다. 그리고 지금 내가 할 수 있고 해야만 하는 일들을 해야겠다. 일단 점심을 먹자!

📋 활동지(6)

학습활동명	느낌과 생각(바람)—머리와 가슴 사이	
학습활동 목표		**목표 달성 정도 평가**
1. 느낌과 생각(바람)을 구분할 수 있다.		☆☆☆☆☆　%
2. 느낌과 생각 퀴즈 대회에 적극적으로 참여할 수 있다.		☆☆☆☆☆　%
3. 느낌이 일어나는 원리를 알 수 있다.		☆☆☆☆☆　%
4. 느낌의 역할과 중요성, 느낌을 바꾸는 방법 등을 알 수 있다.		☆☆☆☆☆　%
5. 나의 목표:		☆☆☆☆☆　%
＊다음 시간 수업—느낌과 생각 카드놀이		□확인했어요!

지난주 공감 대화법을 얼마나 실천했나요?	□늘　□자주　□가끔　□별로　□전혀

'마음 듣기' '마음(감정) 읽어주기'의 구체적 실천 사례와 효과(육하원칙으로)

'관찰로 말하기'의 구체적 실천 사례와 효과(육하원칙으로)

활동 1. 느낌(기분, 감정)과 생각(인지, 평가, 분석, 희망)의 구분

느낌(기분, 감정, 정서): 외부나 내부의 자극에 대해 우리 몸과 마음에서 자동적, 즉각적으로 일어나는 심리적, 신체적 반응.

생각(인지, 바람, 필요, 욕구): 외부 현상이나 상대의 행동에 대한 평가나 해석, 진단, 분석, 요구, 희망 사항 등 느낌 이외의 거의 모든 정신 활동.

* 퀴즈 문제ㅡ① '느낌'인지 '생각'인지 표시하기 ② '생각'인 문장은 '느낌' 표현으로 고쳐 쓰기('……라서/……때문에/……때/……면'+느낌 낱말) ③ 그때의 생각(바람, 필요)은 무 엇인지 써봅시다. (개인 활동 → 모둠 활동)

① 연습 문장	② 느낌을 나타낸 표현	③ 그때의 생각(바람)
<예시> 네가 좀더 <u>분별이 있어야</u> <u>한다고 느껴</u>. (□느낌, □생각) →	난 네가 분별이 없는 것 같아서 실망스러워.	네가 분별이 있기를 바 란다.
1. 너 <u>화난 것 같다</u>. (□느낌, □생각) →		
2. 왠지 <u>손해 보는 느낌이야</u>. (□느낌, □생각) →		
3. 나에게 돼지라고 말하다니, 넌 나 를 <u>모욕했어</u>. (□느낌, □생각) →		
4. 네 말을 들으니 <u>가슴이 답답해</u>. (□느낌, □생각) →		
5. 세상이 우리를 <u>조종하는 것처럼</u> <u>느껴져</u>. (□느낌, □생각) →		
6. 너의 깊은 고민을 나에게 말해줘 서 정말 <u>고마워</u>. (□느낌, □생각) →		
7. 마치 <u>벽에 말하는 것처럼 느껴져</u>. (□느낌, □생각) →		
8. 나는 친구들에게 <u>별로 중요하지</u> <u>않은 것처럼 느껴져</u>. (□느낌, □생각) →		
9. 나는 <u>무시당하고 있다고 느껴</u>. (□느낌, □생각) →		
10. 카톡에 그런 내용을 올리다니 <u>배신당한 느낌이다</u>. (□느낌, □생각) →		

2부 화법 수업의 현장

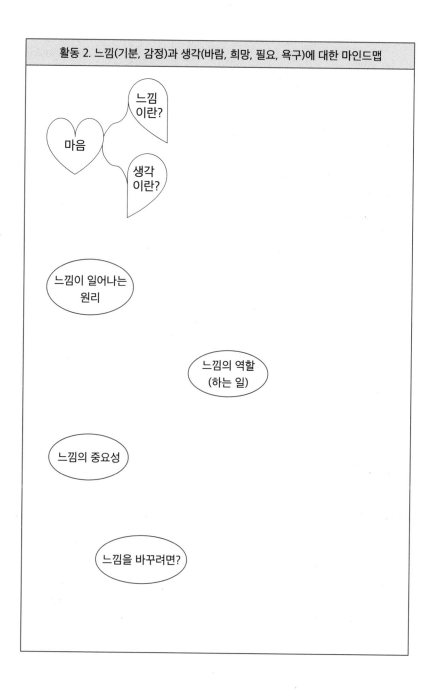

내면 관찰 (메타 인지)	사실적 사고	추론적 사고	비판적, 창의적 사고
	느낌(정서) /행동 관찰	생각(인지) 파악 = 정서의 원인	변화 대책(필요시)
학습활동 중 파악한 자신의 기분 (느낌), 행동과 이유를 구체적으로	이번 수업을 하던 나의 느낌, 기분을 돌이켜 관찰해보니 〔 〕던(한) 것 같다. 이번 수업을 하던 나의 행동, 자세를 돌이켜 관찰해보니 〔 〕던(한) 것 같다.	그 이유는 〔 〕 때문인 것 같다.	이렇게 하면 될 것 같다.
알게 된 것			
자신에 대해 알게 된 것 (변화된 것)			
질문이나 더 알고 싶은 것			
학습활동 소감 (실천 계획, 의견, 건의 등)			

2부 화법 수업의 현장

7. 느낌과 생각 카드놀이
─ 느낌과 생각을 찾아라

　　이번 시간은 지난 시간에 공부한 '느낌과 생각'을 카드놀이로 반복, 심화하는 수업입니다. 학생들은 카드놀이를 한다고 해도 수업인 이상 별 반응을 보이지 않습니다. 그러나 끝나고 난 뒤에는 '또 하자'고 할 정도로 즐거워합니다.

　　카드는 '비폭력 대화'에서 쓰는 느낌과 욕구 카드(그로그 카드)를 이용합니다. 한 조에 한 벌씩 필요합니다. 이 카드로 할 수 있는 활동은 카드와 함께 들어 있는 소책자에 나와 있는 만큼 많지만 교실에서 한 차시에 할 수 있는 알맞은 활동을 두 개 골라서 수업으로 만들어봤습니다.

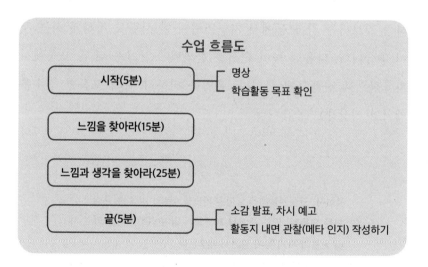

수업 흐름도

시작(5분) ─ 명상 / 학습활동 목표 확인

느낌을 찾아라(15분)

느낌과 생각을 찾아라(25분)

끝(5분) ─ 소감 발표, 차시 예고 / 활동지 내면 관찰(메타 인지) 작성하기

1) 느낌을 찾아라

첫 활동은 바닷가에서 월리를 찾듯 '느낌말을 찾아라'입니다. 친구의 상황을 듣고 그때 친구가 느꼈을 심정을 잘 나타내는 느낌말을 찾아보는 활동입니다.

우선 모둠 내에서 사회자를 한 사람 정합니다. 일률적으로 정하는 것보다는 각 모둠에서 자연스럽게 한 사람을 정하게 하는 것이 좋습니다. 다음엔 놀이 순서를 한꺼번에 알려준 뒤 각 모둠에서 자율적으로 진행하게 합니다. 흥미를 더하기 위해 모둠별 점수를 매기고 시상해도 좋습니다.

주지 않고 그 느낌을 경험한 혹은 경험할 만한 상황을 느낌과 평가 없이 관찰로만 말한다. <보기> "나는 이런 상황에서 이렇게 느껴. 어떤 상황이냐 하면, ……"라고 말한다.

4. **다른 친구들**: 돌아가면서 발표자에게 일어났을 느낌말 카드를 뽑아 "……을 느끼니?"라고 말하며 발표자 앞에 내놓거나 카드 없이 느낌말만 말해도 된다. 자신이 가진 카드에 없거나 떠오르는 말이 없으면 "통과"라고 해도 된다. 정답자가 나올 때까지 같은 방법으로 다음 친구로 넘어간다.

5. **첫 모둠원(발표자)**: 같은 카드 내용은 나올 수 없으므로 최대한 가까운 '느낌말'을 답으로 인정한다. 맞힌 친구에게 카드를 준다.

＊ 발표자가 다음 친구로 넘어가면서 같은 방법으로 교사가 "그만!"이라고 할 때까지 계속한다. 개인이 정답으로 받은 카드의 개수를 합해 가장 많은 카드를 모은 모둠에게 상품을 준다.

2) 느낌과 생각을 찾아라

둘째 놀이에 들어가기 전에 자신이 겪었던 일을 자세히 적는 시간을 줍니다. 관찰로만 적어야 하고 느낌이나 평가가 들어가지 않도록 해야 합니다. 진행 방법은 아래 안내에 따라 순서대로 하면 어렵지 않게 할 수 있습니다. 역시 한꺼번에 설명하고 모둠별로 진행합니다.

놀이 방법

1. **사회자**: 느낌 카드와 생각(바람) 카드를 4분의 1씩 나눠준다.

2. **첫 모둠원(발표자)**: 자신이 적었던 출제 문제를 평가와 느낌을 넣지 않고 관찰로 자세히 말한다.

3. **다른 모둠원들**: 다 듣고 나서 말하는 사람의 느낌을 추측해 그에 해당하는 카드를 뽑아 "……을 느끼니?"라고 물어보면서 말한 사람 앞에 느낌 카드를 한 장 내려놓는다. 다음 사람으로 돌아간다. 만약에 자기 차례에 내놓을 카드가 없으면 "통과"라고 말한다. 2~3회 돌아가거나 모두 "통과"를 할 때까지 돌아간다.

4. **첫 모둠원(발표자)**: 다른 사람들이 추측해 내놓은 카드 중에서 자신의 느낌과 맞는 카드를 한두 장 선택하고 나머지 카드는 다른 사람들이 적당히 가져간다.

5. **다른 모둠원들**: 바로 이어서 생각(바람) 카드를 훑어보고 발표자의 생각(바람)이라고 생각되는 카드를 찾아 "……이(가) 중요해/필요해/원해/바라니?"라고 물어보면서 한 장씩 내려놓는다. 같은 방법으로 다음 사람으로 넘어간다.

6. **첫 모둠원(발표자)**: 자기 앞에 놓인 생각(바람) 카드 중에서 자신의 마음을 가장 잘 표현한 카드를 한두 장 고르고 나머지는 다른 사람들이 적당히 가져간다. 이어서 왜 그걸 골랐는지 느낌과 생각(바람)을 자세히 이야기해주고 이야기를 나눈다.

7. **다른 모둠원들**: 마음 듣기(공감적 경청)를 적극적으로 실천한다.

＊여기까지 한 다음에 다음 친구로 넘어간다. 네 명 모두 돌아가며 같은 방식으로 한다. 모두 끝나면 박수!

놀이 형식으로 느낌과 생각(바람)에 대한 인식을 좀더 정교하게 다듬어볼 수 있는 시간이며, 자신의 속내도 털어놓고 친구들의 사정과 마음도 이해하는 수업입니다. 학생들이 매우 즐거워하고 좋아합니다.

💬 학생 후기

내가 지금까지 친구의 마음을 알려는 노력을 하지 않았다는 것을 알았다. 게임이 재밌으면서도 그 본질이 이상해지지 않고 정말 우리가 성숙해지고 타인의 기분을 알아가는 데 도움을 주는 것 같다고 생각했다. 하면서 훈련하기도 하고 친구들이 공감해주는 것 같아 기분이 좋았다. (매천고 1-9 김나영)

전에 있던 일들을 이렇게 재밌게 게임으로 하니까 마음이 후련해지고 내가 한 단계 성장했구나를 깨달을 수 있었다. 내가 겪은 상황에서 친구들과 서로 감정이 다르다는 것을 알게 됐고 카드에 있는 단어로도 나의 감정을 표현할 수 있다는 것이 새롭고 흥미로웠다. 다음에도 이런 카드 활동을 많이 하고 싶다. 재밌게 활동을 하다 보니 많은 것들을 깨닫고 성장할 수 있었던 같다. (매천고 1-9 김서연)

오늘도 어김없이 선생님이 활동지를 열심히 작성한 아이들 이름을 하나하나 부르는 것으로 수업이 시작된다. 올해 선생님 수업을 1학기 토론 수업부터 매주 참관하고 있는데 수업 도입 단계에서 명상과 함께 단 한 번도 빠지지 않은 것 중 하나가 활동지를 잘 적은 학생들을 호명하는 것이다. 수업에 열심히 참여한 아이들에 대한 보상이 도장이나 먹을 것 같은 외부 요인이 아닌 교사의 세심한 인정과 다정한 격려에 있다. 선생님 수업 활동지에 쓰인 학생들의 활동 내용이 솔직하고 풍부한 것은 이런 교사의 노력에 대한 학생의 감응 내지 보답일 것이다.

오늘은 지난 시간 '느낌과 생각' 후속 활동으로 모둠별 카드놀이를 한다. 모둠마다 미리 주어진 느낌 카드와 욕구 카드를 주제(미션)에 따라 갖고 놀면 된다. 노는 게 세상에서 제일 좋다고 뽀로로가 말했는데 고등학생이라고 별다르지 않다. 수업 시간에 손에 연필이나 교과서가 아닌 다른 무언가가 주어진다는 것은 그것 자체로 매력도가 높다. 카드를 살펴보는 아이들의 모습이 모처럼 활발해서 보기 좋았다. 자신이 보고 들은 온갖 방법으로 카드 패를 돌리며 깔깔댄다. 지난주와 대조적으로 오늘은 아이들이 살아 있다.

"귀찮은, 가슴 뭉클한, 지루한, 괴로운, 상쾌한, 생기가 도는, 불편한, 울적한, 경이로운, 갑갑한, 흐뭇한⋯⋯" 아이들이 카드에 적힌 느낌말을 읊어본다. '좋다, 싫다' 정도의 구분을 넘어서 조금씩 다른 결을 지니는 단어를 소리 내어 말하며 색다름을 느낀다.

교실 내 모둠은 4인 구성이 기본이지만 학생 수가 맞지 않아 세 명인 모둠이 두 모둠 있다. 그중 한 모둠의 아이들이 거의 정지 상태였다. 협동 학습 수업을 계획할 때 모든 모둠에 상호작용이 잘 일어나리라 기대하면 안 된다고 배운다. 여러 가지를 고려하여 모둠 편성을 하더라도 학생들 사이의 역동은 교사 힘으로 어쩔 수 없는 부분이 있다는 것이다. 그런데 가만히 살펴보니 이 모둠 구성원들은 수업에 참여하기가 싫어서 소극적인 것 같지는 않았다. 대놓고 엎드려 자지도 않았고 활동을 따라가지는 않아도 카드를 계속 만지작거렸기 때문이다. 스스럼없이 "해볼래?"라고 제안할 수 있는 성격의 리더가 없고 모둠 내 아이들 간 친밀도가 높지 않다는 점이 활동을 가로막고 있었다.

심각성을 눈치챈 선생님이 교실 뒤로 왔다. 아이들의 어깨를 토닥이며 활동을 독려한다. 처음 선생님이 왔을 때는 선생님이 돌아서자마자 아이들이 엎드렸다. 정지 상태가 계속되자 5분 뒤 선생님이 다시 왔다. 이번에는 규칙을 다시 안내하고 "나랑 같이 하자" 하며 시범을 보인다. 선생님이 다른 모둠으로 걸음을 옮기자 아이들은 두세 번 더 하는 시늉 정도를 하다가 멈췄다. 잠시 뒤 선생님이 또 왔다. 진행 상황을 점검하고 아이들의 변화에 관심을 보인다. 이번엔 선생님이 뒤돌아서도 아이들이 끝까지 놀이를 했다. 선생님이 어떤 마음으로 이 모둠에 세 번 왔는지는 잘 모르겠지만 아이들을 끝까지 포기하거나 배제하지 않았던 교사의 태도가 아이들의 몸을 움직였다.

오늘 활동 중 두번째가 아이들 반응과 호응이 더 좋다. 아이들은 이 활동을 통해 자신의 '현재 지금 마음 상태'를 스스로 알게 된다. 아이들의 모둠 대화를 듣는데 퀴즈를 내는 아이가 "아니 그 느낌은 비슷하지만 정확하지는 않아" "아! 근접하긴 했는데 조금 달라"라고 말한다. 느낌에 조금 더 섬세하고 예민해졌다. 서운함, 비참함, 난처함, 당혹스러움, 억울함 등의 단어가 갖는 미묘한 차이를 인지하고 구별한다. 그리고 그러한 나의 느낌에는 내 '욕구'(기대)가 담겨 있음을 카드놀이를 통해 자연스럽게 알게 된다.

크게 두 흐름이 돌아가고 나니 수업이 5분 정도 남았다. 이때 수업 소감을 공유한다. 할 말이 많을 것 같아도 아이들은 쉽게 손들지 못한다. "누가 오늘 수업의 소감을 이야기해주세요"라는 선생님의 말에 아이들이 옆자리 친구의 이름들을 불러 댄다. 선생님은 아이들이 아무리 친구를 추천해도 스스로 발언 의사를 보이지 않으면 시키지 않는다. 조금 더 시간을 주고 기다린다. 누군가가 용기 내어 수업 소감을 공유해주면 무척 고맙겠다고 한 번 더 말한다. 마침내 한 명이 손을 들었다. "제가 하겠습니다." 아이의 소감 발표가 끝나자 함께 손뼉 친다.

활동이 마무리되고 아이들이 카드를 정리할 때 선생님이 말했다.

"자신의 현재 상태를 예민하게 관찰하고 느낌에 솔직해질 때 자신의 욕구(기대, 바람)가 이루어질 가능성이 높아져요. 그러면 마음이 평온해지고 저절로 인생도 편안해집니다."

감정과 느낌에 솔직하라. 정말 중요한 이 명제를 누군가로부터 진지하게 권유받았던 적이 있었나. 나는 순간의 기분과 느낌을 드러내고 표현하는 데 서툴다. 어떤 느낌이나 생각은 가져서는 안 될 것으로 스스로 판단하고 억제한다. 솟아나는 느낌을 꾹꾹 눌러 튀어나오지 않게 담아두는 것이 어른스러운 것이라 배웠던 것 같다. 내 감정을 남들이 알지 못하는 편이 이로우리라고 생각했다. 그래서 때로는 냉소적이었고 때로는 과하게 밝고 씩씩하다. 선생님 수업을 들으면서 지금의 내 행동 패턴에 어떤 이유가 내재되어 있음을 하나하나 알게 된다. 내게 지금 어떤 느낌이 생기고 어떤 생각을 하는지 자꾸만 인식하려는 힘이 내 안에서 길러진다.

이 교실에서 나는 수업을 배우고 싶은 후배 교사 그리고 수업 참관자(연구자)다. 하지만 동시에 나는 또 한 명의 학생이기도 하다.

📋 활동지(7)

학습활동명	느낌과 생각 카드놀이―느낌과 생각을 찾아라	
학습활동 목표		**목표 달성 정도 평가**
1. 느낌과 생각, 카드놀이에 적극적으로 참여할 수 있다.		☆☆☆☆☆ %
2. 자신의 느낌과 생각(바람)을 알아차릴 수 있다.		☆☆☆☆☆ %
3. 다른 모둠원의 느낌과 생각(바람)을 알아낼 수 있다.		☆☆☆☆☆ %
4. 나의 목표:		☆☆☆☆☆ %
＊다음 시간 수업 내용―부탁과 강요		□확인했어요!

지난주 공감 대화법을 얼마나 실천했나요?	□늘 □자주 □가끔 □별로 □전혀

'마음 듣기' '마음(감정) 읽어주기'의 구체적 실천 사례와 효과(육하원칙으로)

'관찰로 말하기' '느낌과 생각 구별해 말하기'의 구체적 실천 사례와 효과(육하원칙으로)

( )조	모둠 이름		모둠 구호	
모둠원 이름	번	번	번	번

카드놀이 1. "느낌을 찾아라!"

1. **사회자**: 모둠원들에게 느낌말 카드를 4분의 1씩 나눠준다.

2. **모든 모둠원**: 카드 중에서 자신에게 일어났던 느낌말 카드 하나를 뽑아 자기 앞에 엎어서 내놓는다.

3. **첫 모둠원(발표자)**: 자신이 뽑은 카드를 다른 사람에게는 보여주지 않고 그 느낌을 경험한 혹은 경험할 만한 상황을 느낌과 평가 없이 관찰로만 말한다. <보기> "나는 이런 상황에서 이렇게 느껴. 어떤 상황이냐 하면, ……"라고 말한다.

4. **다른 친구들**: 돌아가며 발표자에게 일어났을 느낌말 카드를 뽑아 "……을 느끼니?"라고 말하며 발표자 앞에 내놓거나 카드 없이 느낌말만 말해도 된다. 자신이 가진 카드에 없거나 떠오르는 말이 없으면 "통과"라고 해도 된다. 정답자가 나올 때까지 같은 방법으로 다음 친구로 넘어간다.

5. **첫 모둠원(발표자)**: 같은 카드 내용은 나올 수 없으므로 최대한 가까운 '느낌말'을 답으로 인정한다. 맞힌 친구에게 카드를 준다.

* 발표자가 다음 친구로 넘어가면서 같은 방법으로 교사가 "그만!"이라고 할 때까지 계속. 개인이 정답으로 받은 카드 개수를 합해 가장 많은 카드를 모은 모둠이 승리!

카드놀이 2. "느낌과 생각(바람)을 찾아라!"

출제하기: 최근에 기분이 매우 좋았거나 나빴던 일을 다음 형식에 따라 최대한 생생하게 적기. 평가나 느낌을 절대로 넣지 않고 있는 그대로 관찰로 적는다. (2분)

<보기> 내가 (지난 주말 토요일 오후에 공부를 세 시간쯤 하고 머리를 식힐 겸 TV를 켜고 5분쯤 봤을 때 엄마가 거실로 나오면서 "넌 맨날 TV만 보냐. 공부하기가 그렇게 싫냐? 내 친구 아들, 딸들은 TV도 안 보고 폰도 2G폰만 쓴다더라. 그러려면 공부 때려치워라!"라고 말하는 걸 들었다.)

<문제> 내가 ( )

내가 뽑은 느낌 카드의 내용	내가 뽑은 생각(바람) 카드의 내용

"느낌과 생각(바람)을 찾아라!" 카드놀이 순서

1. **사회자**: 느낌 카드와 생각(바람) 카드를 4분의 1씩 나눠준다.

2. **첫 모둠원(발표자)**: 자신이 적었던 출제 문제를 평가와 느낌을 넣지 않고 관찰로 자세히 말한다.

3. **다른 모둠원들**: 다 듣고 나서 말하는 사람의 느낌을 추측해 그에 해당하는 카드를 뽑아 "……을 느끼니?"라고 물어보면서 말한 사람 앞에 느낌 카드를 한 장 내려놓는다. 다음 사람으로 돌아간다. 만약에 자기 차례에 내놓을 카드가 없으면 "통과"라고 말한다. 2~3회 돌아가거나 모두 "통과"를 할 때까지 돌아간다.

4. **첫 모둠원(발표자)**: 다른 사람들이 추측해 내놓은 카드 중에서 자신의 느낌과 맞는 카드를 한두 장 선택하고 나머지 카드는 다른 사람들이 적당히 가져간다.

5. **다른 모둠원들**: 바로 이어서 생각(바람) 카드를 훑어보고 말한 사람의 생각(바람)이라고 생각되는 카드를 찾아 "……이(가) 중요해/필요해/원해/바라니?"라고 물어보면서 한 장씩 내려놓는다. 다음 방법은 앞과 같다.

6. **첫 모둠원(발표자)**: 자기 앞에 놓은 생각(바람) 카드 중에서 자신의 마음을 가장 잘 표현한 카드를 한두 장 고르고 나머지는 다른 사람들이 적당히 가져간다. 이어서 왜 그걸 골랐는지 느낌과 생각(바람)을 자세히 이야기해주고 이야기를 나눈다.

7. **다른 모둠원들**: 마음 듣기(공감적 경청)를 적극적으로 실천한다.

* 여기까지 한 다음에 다음 친구로 넘어간다. 네 명 모두 돌아가며 같은 방식으로 한다. 모두 끝나면 박수!

---

* 느낌은 우리 마음의 온도계, 경보기다. 원하는 것이 충족됐는지 그렇지 못한지, 무엇이 필요한지를 알려주는 역할을 한다. 원하는 것이 충족되면 기분 좋고 힘이 나지만 충족되지 않으면 힘 빠지고 우울해진다. 느낌을 예민하게 잘 살펴야 한다.

* 느낌(기분, 감정)은 생각(바람, 필요, 욕구)에서 생기므로 느낌이나 기분을 바꾸려면 생각을 바꾸면 된다.

* 다른 사람의 마음을 잘 **관찰해** 말해야 하는 것처럼 **자신의 내면(마음)도 관찰해** 말해야 한다.

내면 관찰 (메타 인지)	사실적 사고	추론적 사고	비판적, 창의적 사고
	느낌(정서) /행동 관찰	생각(인지) 파악 = 정서의 원인	변화 대책(필요시)
학습활동 중 파악한 자신의 기분 (느낌), 행동과 이유를 구체적으로	이번 수업을 하던 나의 느낌, 기분을 돌이켜 관찰해보니〔 〕 던(한) 것 같다.	그 이유는 〔	이렇게 하면 될 것 같다.
	이번 수업을 하던 나의 행동, 자세를 돌이켜 관찰해보니〔 〕 던(한) 것 같다.	〕 때문인 것 같다.	
알게 된 것			
자신에 대해 알게 된 것 (변화된 것)			
질문이나 더 알고 싶은 것			
학습활동 소감 (실천 계획, 의견, 건의 등)			

8. 부탁과 강요 ─ 나는 부탁, 너에겐 강요

    이번 시간은 부탁하는 말하기를 강요와 대조해 공부하는 수업입니다. 사람은 혼자 살 수 없기 때문에 자신의 요구를 말하고 다른 사람의 도움을 받아야 합니다. 이럴 때 부탁을 하게 됩니다. 그런데 다른 사람에게 부탁하기는 쉬운 일이 아닙니다. 괜히 미안하기도 하고 자존심이 상하기도 하고 그 사람이 어떻게 생각할지 걱정이 되기도 합니다. 이번 수업을 끝내고 나면 다른 사람과의 관계도 나빠지지 않고 나의 바람도 억누르지 않고 할 말 다 하면서 자신이 원하는 것을 얻을 수 있는, 그래서 삶이 풍요로워지는 방법을 알게 되리라고 기대합니다.

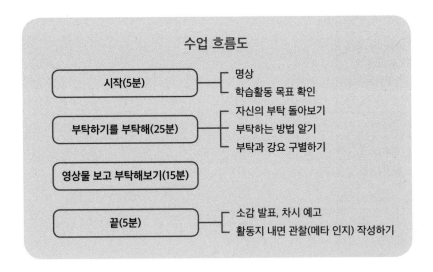

수업 흐름도

시작(5분)	명상 학습활동 목표 확인
부탁하기를 부탁해(25분)	자신의 부탁 돌아보기 부탁하는 방법 알기 부탁과 강요 구별하기
영상물 보고 부탁해보기(15분)	
끝(5분)	소감 발표, 차시 예고 활동지 내면 관찰(메타 인지) 작성하기

1) 부탁하기를 부탁해

바로 활동지를 나눠주고 자신이 부탁하고 싶은 사람에게 어떤 부탁을 할 것인지 그 상황을 자세히 쓰고 실제 부탁하는 말을 구어체 그대로 쓰게 합니다. 다음에 옆 짝꿍을 그 사람이라고 가정하고 상황을 연기하듯이 해보게 합니다. 그러면 짝꿍은 그 사람의 입장이 돼서 부탁을 얼마나 들어주고 싶은지 퍼센트로 평가해줍니다. 역할을 바꿔서 한 번 더 합니다.

이어서 같은 부탁을 한 번 더 짝꿍에게 하고 짝꿍은 단호하게 거절합니다. 그때 일어나는 느낌과 생각 혹은 하고 싶은 말을 씁니다.

여기까지 하고 부탁에 대한 이론을 간단히 공부합니다. 부탁에는 두 가지가 있습니다. '소감이나 의견을 요구하는 부탁'과 '행동을 요구하는 부탁'입니다. 우리는 흔히 뒤의 부닥만을 생각하는데, 앞의 부탁도 상대의 의견을 존중하면서 자신의 뜻을 전할 수 있는 좋은 부탁입니다. 소감, 의견을 요구하는 부탁은 "이 말을 들었을 때 느낌이 어떠신지 말씀해주시겠어요?" "제가 말씀드린 것에 대해 어떻게 생각하시는지 말씀해주시겠어요?" "지금부터 30분간 책을 읽으면 좋겠는데 네 생각은 어떠니?" 등으로 말하면 됩니다. 정중한 부탁이라고 할 수 있죠.

행동을 요구하는 부탁은 좀더 직접적인 것이라서 갖춰야 할 조건이 세 가지 있습니다. 첫째는 명확하고 구체적이어야 합니다. "늦으면 연락해"가 아니라 "7시 이후에 오게 되면 전화나 문자로 연락해"로, "발표에 자신감을 가져"라고 하기보다는 "발표할 내용의 순서와 핵심을 간단히 요약한 카드를 만들어 그걸 참고하면서 발표해봐"라고 구체적인 시간과 방법을 말해주면 상대방이 어떻게 해야 하는지를 알기 때문에 부탁을 들어주기 쉽습니다.

다음에는 긍정적인 표현으로 해야 합니다. 부정 표현을 하면 부탁을 들어주고 싶어도 할 수 없게 됩니다. 예를 들어 "게임하지 마"라고 하면 게임을 안 한다면 뭘 해야 할지 알 수 없어서 그냥 다시 게임을 하게 될 가능성이 큽니다. 그때엔 "함께 나가서 30분만 동네 산책을 하는 게 어떻겠니?"라고 말하는 게 들어줄 확률이 더 높아질 것입니다.

끝으로 완곡형 혹은 의문형 말투를 써야 합니다. 어느 나라 말이든지 말이 짧을수록 무례하게 들리고 길수록 예의 바른 느낌이 듭니다. 싸움이 시작될 때 "너 말이 짧네?"로 시작하는 것도 이런 배경이 있는 것입니다. 그러니까 그냥 "공부해라"가 아니라 명확하고 구체적인 내용을 말한 뒤에 "…… 공부하면 좋겠어요" "…… 공부할 수 있겠니?"라고 하면 좋을 것입니다.

다음에는 부탁과 강요를 구분합니다. "물 떠와!" 부탁처럼 들리나요, 강요처럼 들리나요? 강요라고요? 왜 그럴까요? 느낌과 생각(바람)을 말하지 않고 바로 명령했기 때문입니다. "내가 목이 말라서(느낌) 물을 마시고 싶은데(바람) 물 한 컵만 가져다줄 수 있겠니?"라고 자신의 느낌과 생각(바람)을 솔직하게 밝히면 강요가 아닌 부탁이 됩니다.

그러나 이걸로 끝은 아닙니다. 더 어려운 레벨이 기다리고 있습니다. 앞에서 물 한 잔 떠달라는 부탁을 구구절절, 애절하고 정중하게 했는데 상대방이 "싫어!"라고 하면 어떡할까요? 이 순간이 진짜 부탁인지 강요인지 결정되는 순간입니다. 이때 "친구로서 그런 것도 못 해준다니 그럴 수가 있나? 우린 친구도 아니다." 이렇게 상대방을 비난하거나 죄책감을 느끼게 하면 부탁한 게 아닙니다. 강요한 것이 됩니다. 그러면 도대체 어떡하란 말이냐 하고 짜증 날 수도 있습니다.

상대방이 거절했을 때 상대방의 처지와 의견을 이해하고 존중하면 부탁한 것이 됩니다. "네가 그럴 때는 분명 그럴 만한 이유가 있을 것"이라고 믿어주는 거죠. 정혜신은 이것을 확실한 '내 편 인증'이라고 하면서 "심리적 생명 줄을 유지하기 위해 사람에게 꼭 필요한 산소 공급"[15]이라고 했습니다. 손숭하고 믿어주는 마음이 사람을 구할 수 있습니다.

여기까지 하고 난 다음 자신이 앞에 했던 두 활동에 대한 평가를 내려봅니다. 이때 짝꿍과 바꿔서 상호 평가를 해도 좋습니다. 그리고 자신의 부탁을 갖춰야 할 조건에 맞게 바꿔서 다시 짝꿍에게 해보고 그 효과의 차이를 확인하게 합니다. 많은 학생이 부탁하는 방법에 따라 상대의 마음이 바뀐다는 사실을 확인하고 놀랍니다.

2) 영상물 보고 부탁해보기

구체적인 상황에 적용해보는 연습을 하기 위해 영상물을 준비해봤습니다. 수업하는 시기에 화제가 되는 드라마, 영화를 활용하면 좋습니다. 저는 「응답하라 1997」의 한 장면을 사용했습니다. 아버지와 딸 사이의 갈등이 나타난 장면을 보여준 다음 각자의 입장에서 어떤 느낌과 생각을 일으켰으며 그때 상대방에게 어떤 부탁을 할 수 있는지 써보고, 모둠원이 돌아가며 말해보고 그중에서 가장 좋은 내용을 전체에게 발표합니다. 발표한 내용에 대해 거수로 투표해서 가장 좋은 내용을 간단히 시상합니다. 만약 시간이 촉박하면 먼저 발표한 팀에게 상품을 주는 조건을 제시해도 좋습니다.

상대방을 존중하면서 부탁하는 방법들을 알게 됐다. 명확하면서도 명령처럼 들리지 않도록 하는 것이다. 그리고 부탁하는 말투에 따라 들어주고 싶은 정도가 달라지는 것을 보고 말의 중요성을 다시 한번 깨달았다. 나는 부탁이랍시고 한 말이 부모님께는 버릇없게 들릴 수도 있다는 것을 알았다. 부탁할 때 오늘 배운 것처럼 바람을 잘 표현하면서 부탁해봐야겠다. 더 이상 부탁하다 혼날 일은 없을 것이다.

나는 평소에 부모님께조차도 부탁하는 것을 좀 어려워하는 편이었는데 오늘 수업 후 앞으로 바라는 일이 있을 때 상대방이 절!대! 기분 상할 일 없게 말할 수 있을 것 같아서 좀더 마음 편하게 부탁을 할 수 있을 것 같다! (시지고 1-11 황애영)

부탁을 할 때 내가 이것을 못하는 상황과 느낌을 이야기하는 법을 알게 됐고 구체적으로 부탁했을 때 들어주고 싶은 마음이 높아진다는 것을 알았다. 평소 나는 미안해서 부탁을 잘 안 하는 경향이 있었는데 오늘 배운 방법으로 부탁을 하고 내가 바라는 이득을 얻을 수 있을 것 같다. '관찰+느낌+생각+부탁' 순으로 해보니 약간 어색해서 자연스럽게 더 연습해보고 싶다.

부탁을 하는 것이 미안해서 잘 하지 않던 나에게 아주 도움이 되는 수업 시간이었다. 나는 미안해서 충고도 거의 하지 않고 그냥 '좋다, 잘 어울린다' 등 이렇게 이야기하는데 충고를 기분 나쁘지 않게 하는 것도 해보고 싶다. (시지고 1-12 이세린)

　지난 시간 카드놀이를 마지막으로 수업의 한 단락이 끝났다. 지금까지 수업(1~6차시)이 말이 나오는 원리를 이해하고 인식을 확장하는 데 초점을 두었다면 이제부터 수업(7~13차시)은 구체적 실천이 가능한 모델을 학습하고 실습을 통해 자연스럽게 익히는 데 방점이 찍혀 있다. 오늘의 주제는 '부탁과 강요'. 부탁의 종류와 조건을 인지하고 상대가 강요로 느끼지 않도록 예쁘게 부탁하는 법을 연습한다.

　사람의 하루는 무언가를 부탁하고 또 부탁받는 일의 연속이다. 나는 오늘 아침 출근 전에 시어머니에게 '아이들을 부탁'했다. 출근해서는 옆자리 선생님이 커피를 내릴 때 '내 커피도 함께 내려주길 부탁'하고 교과 부장님들께 내일 있을 탐구 대회 '심사위원을 해달라 부탁'했다. 그 사이사이에 부탁을 받기도 한다. 나는 '수업 교체를 부탁'받고 아이들에게 '학습지 출력을 해달라는 부탁'을 받았다. 부탁 사이에 오가는 서로의 말들이 듣기 좋을 때 관계는 더 생기 있어진다. 개인적으로는 아무런 부탁이 오고 가지 않는 사람보다 적절한 부탁이 잘 얽혀 있는 사람들과 관계가 더 긴밀하다.

　아이들이 실습 대상으로 골라보는 부탁의 대상도 대체로 가까운 사람들이다. 아이들의 가족, 친한 친구, 담임선생님, 학원 선생님들…… 어쩌다 한 번씩 마주칠 옆집 아저씨나 1년에 한두 번 보는 먼 친척을 부탁 대상으로 삼는 아이들은 없다. 아이들이 적은 부탁의 말로는 "엄마 용돈 좀 더 줘" "엄마 배고파 밥 좀 줘" "나를 그런 별명으로 부르지 말아줘" 등이 있었다. 평소 자주 하는 말일 것이다. 다음에는 짝꿍과 함께 실습하는데, 친구가 활동지에 적은 부탁의 말을 직접 발화로 들은 짝꿍이 그 부탁을 들어주고 싶은 마음의 정도를 수치(%)로 나타낸다. 살짝 몸을 움직여 아이들의 학습지를 살펴봤는데 수치가 그리 높지 않았다.

　여기서 조금 더 나아가 세 가지 평가 기준(□ 1. 더 구체적(행동)으로 □ 2. 긍정적 내용으로 □ 3. 완곡, 의문, 존중의 말투로)에 따라 자신의 부탁하는 말하기를 고쳐 보완한다. 아이들은 이 활동을 통해 내 말이 왜 번번이 부서지는지, 내 부탁은 왜 상대에게 강요가 되는지, 내 부탁이 왜 잘 먹히지 않는지 그 이유를 자연스럽게 알게 된다.

부탁은 크게 소감이나 의견을 묻는 부탁과 행동 부탁으로 나뉜다. 소감 부탁은 상황(또는 말)에 대한 상대의 느낌 또는 생각을 묻는 것인데 부탁의 실현도가 높아지는 아주 매력적인 화법이다. "영화 보러 가자!"가 아니라 "영화 보러 가고 싶은데 너는 어때?"라고 물었을 때 긍정의 답변을 받을 확률이 높아지는데 선생님은 그 이유가 상대에게 선택권을 주기 때문이라 설명했다. 내 의견에 대한 상대의 느낌, 생각을 물어봄으로써 부탁(제안)을 좀더 편안하게 받아들일 수 있는 것.

두번째 활동은 영상물에 나온 대화 상황을 분석하고 적절한 부탁의 말로 바꿔보는 연습이다. 선생님이 재생 버튼을 누르자 「응답하라 1997」의 한 장면이 나왔다. 가수를 좋아하는 딸과 딸의 성적을 보고 속상한 아빠가 주고받는 거칠고 폭력적인 대화 상황이다. 배우들의 찰진 연기와 어제저녁 우리 집에서도 일어났을 것만 같은 일상적 상황에 아이들이 금세 몰입한다. 딸을 나무라는 아빠가 말을 과격하게 할 때는 자신의 일처럼 코와 눈썹을 씰룩거렸다. 이 같은 상황에서 어떻게 화난 아빠를 설득하고 나의 요구도 주장할 수 있는지 알고 싶은 욕구가 생긴다. 아이들이 잘 부딪히는 일상적 상황 설정에 학습 의욕도 덩달아 높아진다.

나는 활동지를 보다가 '행동 부탁이 갖춰야 할 조건' 부분에 별을 다섯 개 달았다. (1) 명확하고 구체적인 행동으로 (2) 부정이 아닌 긍정을 부탁 (3) 완곡하게 혹은 의문형으로 (4) 자신의 느낌이나 생각, 상황을 함께 표현해야 한다는 구체적 지침에 밑줄을 그었다. 그러면서 주말 내내 강요로만 일관했던 엄마로서 나의 말하기를 돌아본다. "밥 먹어. 하지 마. 싸우지 마. 안전벨트 해. 뛰어다니지 마. 엄마 머리 잡아당기지 마. 숙제해. 옷 입어. 제발 제발 그렇게 좀 하지 마!" 아무리 말을 해도 아이들이 달라지지 않았던 것은 아이들의 마음을 움직이지 못했기 때문이었다. 내 말하기를 '조건'에 맞춰 고쳐보면서 나는 '아무에게도 가 닿지 않는 쓸데없는 말은 하지 말자. 꼭 필요한 말만 잘하자'라는 문장을 펜으로 꾹꾹 눌러 적었다.

![활동지(8) 아이콘] **활동지(8)**

학습활동명	부탁과 강요—나는 부탁, 너에겐 강요

학습활동 목표	목표 달성 정도 평가
1. 솔직함과 공감에 바탕을 둔, 부탁하는 방법을 알고 실천할 수 있다.	☆☆☆☆☆ %
2. 부탁과 강요를 구분할 수 있다.	☆☆☆☆☆ %
3. 영상물의 상황에 적용해 부탁하기를 할 수 있다.	☆☆☆☆☆ %
4. 나의 목표:	☆☆☆☆☆ %
＊다음 시간 수업 내용—공감 대화법 모델로 말하기	□확인했어요!

지난주 공감 대화법을 얼마나 실천했나요?	□늘 □자주 □가끔 □별로 □전혀
'마음 듣기' '마음(감정) 읽어주기' '가슴 뛰게 하는 말하기' 등의 구체적 실천 사례와 효과(육하원칙으로)	
'관찰로 말하기' '느낌과 생각(바람)을 구별해 말하기'의 구체적 실천 사례와 효과(육하원칙으로)	

＊활동 1—1. 어떤 사람 혹은 내 마음을 아프게 한 사람에게 부탁의 말을 써보고(2분)/짝꿍을 그 사람이라고 생각하고 부탁의 말을 해보기 → 짝꿍은 '들어주고 싶은 마음'이 몇 퍼센트인지 평가 → 역할 바꿔 한 번 더!

어떤 상황에서, 누구에게	부탁의 말 (직접 말하듯이 연기)	부탁을 들어주고 싶은 정도 (짝꿍이 작성)
	(상대를 부르는 말 →),	%

222   2부 화법 수업의 현장

* 활동 1—2. 앞의 부탁을 짝꿍에게 한 번 더 하고 짝꿍은 단호하게 거절한다.

상대방에게 거절당했을 때 나에게 일어나는 느낌과 생각, 상대에게 하고 싶은 말

* 활동 2—1. 앞에서 한 부탁(활동 1—1)을 평가해 고쳐야 할 점에 체크(√)해보고 고쳐서 짝꿍에게 다시 부탁하기 → 짝꿍은 다시 평가 → 역할 바꿔 한 번 더!

평가 기준 (보완할 점)	□1. 더 구체적(행동)으로 □2. 긍정적 내용으로 □3. 완곡, 의문, 존중의 말투로	
'활동 1-1'의 부탁을 고쳐서 부탁하기		부탁을 들어주고 싶은 정도 (짝꿍이 작성)
( ),		%

* 활동 2—2. 앞의 활동 1—2에서 보인 나의 대응으로 봤을 때 나의 말은 '부탁'이었을까, '강요'였을까? 강요일 경우 고쳐서 반응한다면?

평가	강요라면 나의 느낌과 생각, 말을 어떻게 바꿔야 할까?
□부탁/□강요	

* 활동 3. 영상물을 보고 영상물 속 딸과 아버지의 느낌과 생각(바람, 필요, 욕구)을 알아내고 말하는 내용 알려주기(개인 활동 → 모둠원 돌아가며 말하기 → 가장 좋은 내용 발표).

인물	느낌	생각(바람)	상대에게 부탁하는 말하기
아버지			
딸			

모호한 표현은 자신의 의도(욕구, 목적)를 달성할 수 없다. 상대가 뭘 해줘야 하는지 알 수 없기 때문이다. 그러므로 **자신이 무엇을 원하는지(생각) 스스로 분명히 알아야** 한다.

1. 부탁의 종류 두 가지

(1) **소감, 의견 요구 부탁**: "이 말을 들었을 때 어떻게 느꼈는지 말해주겠니?" "방금 제가 말씀드린 것에 대해 어떻게 생각하시는지 말씀해주실 수 있겠어요?"

(2) **행동 요구 부탁**: 구체적인 실행을 요구하는 것.

2. 행동 요구 부탁이 갖춰야 할 조건

(1) **명확하고 구체적인 행동으로**: "늦으면 연락해!" → "7시 이후에 오게 되면 전화나 문자로 알려줘!"/"발표에 자신감을 가졌으면 좋겠어!" → "발표할 내용의 순서와 핵심을 간단히 요약한 카드를 만들어 그걸 참고하면서 발표해봐."

(2) **원하지 않는 것(부정)이 아닌 원하는 것(긍정)을 부탁**: "게임하지 마." → "함께 나가서 30분만 동네 산책을 하는 게 어떻겠니?"

(3) **완곡하게 혹은 의문형으로**: "운동을 해라." → "운동을 하면 좋겠어요." "운동할 수 있겠니?"

(4) 명령처럼 들리지 않도록 **느낌과 생각(바람), 상황을 함께 표현**

3. '부탁인가, 강요인가'의 구분

(1) 말하는 사람의 느낌과 생각(바람)을 표현하지 않는 부탁은 명령처럼 들릴 수 있다.

(2) 부탁을 거절했을 때 상대방을 비판, 비난하거나 죄의식을 느끼게 하는 것은 강요다.

(3) 부탁한 사람이 상대의 생각(바람)을 이해하는 마음(공감, 마음 듣기)을 가지면 부탁이다.

내면 관찰 (메타 인지)	사실적 사고	추론적 사고	비판적, 창의적 사고
	느낌(정서) /행동 관찰	생각(인지) 파악 = 정서의 원인	변화 대책(필요시)
학습활동 중 파악한 자신의 기분 (느낌), 행동과 이유를 구체적으로	이번 수업을 하던 나의 느낌, 기분을 돌이켜 관찰해보니 〔 〕 던(한) 것 같다. 이번 수업을 하던 나의 행동, 자세를 돌이켜 관찰해보니 〔 〕 던(한) 것 같다.	그 이유는 〔 〕 때문인 것 같다.	이렇게 하면 될 것 같다.
알게 된 것			
자신에 대해 알게 된 것 (변화된 것)			
질문이나 더 알고 싶은 것			
학습활동 소감 (실천 계획, 의견, 건의 등)			

9. 공감 대화법 말하기 모델 – 자기 공감

지난 시간의 '부탁과 강요' 수업까지 하면 공감 대화법의 기본 요소를 다 공부한 셈입니다. 이제는 부분적으로 공부했던 것들을 한데 모아 자연스럽게 말해보는 종합 단계로 넘어갑니다. 지금까지의 부분적인 공부는 이것을 위한 준비였다고 볼 수 있습니다. 공통적인 기본 틀을 바탕으로 한 말하기와 듣기의 두 모델이 있는데 이를 한 시간씩 나눠서 합니다. 말하기 모델은 자신의 관찰, 느낌, 바람, 부탁을 살펴 말하는 자기 공감 활동이고 듣기 모델은 상대의 관찰, 느낌, 바람, 부탁을 질문으로 들어보는 상대 공감 활동입니다.

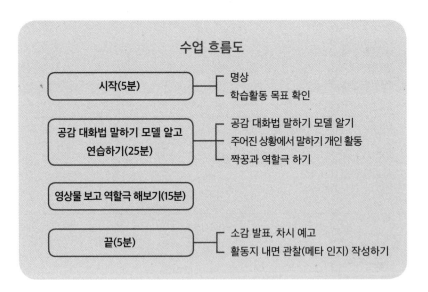

2부 화법 수업의 현장

1) 공감 대화법 말하기 모델 알기

공감 대화법 말하기 모델은 '관찰+느낌+바람+부탁'으로 말하는 것입니다.

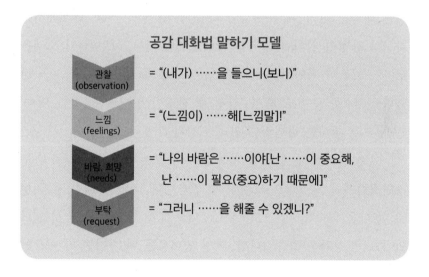

공감 대화법 말하기 모델

관찰 (observation)	= "(내가) ……을 들으니(보니)"
느낌 (feelings)	= "(느낌이) ……해[느낌말]!"
바람, 희망 (needs)	= "나의 바람은 ……이야[난 ……이 중요해, 난 ……이 필요(중요)하기 때문에]"
부탁 (request)	= "그러니 ……을 해줄 수 있겠니?"

시험공부를 열심히 하고 나서 방금 누웠는데 엄마가 들어와서 "또 누워 있니? 시험공부는 언제 할래?"라고 말하는 상황을 예로 들어봅시다. 보통은 짜증을 내며 "지금까지 했단 말이에요. 엄마는 알지도 못하면서 맨날 잔소리만 해요"라고 하고, 엄마는 다시 '언제 내가 잔소리를 했냐, 시험 망치면 어떡하려고 그러냐?'는 등 감정을 건드리는 대화가 이어질 것입니다. 그러나 이 친구가 공감 대화법 말하기 모델로 말한다면 이렇게 되겠죠. "'엄마가 또 누워 있니?'라고 하시는 말씀을 들으니(관찰) 속상해요(느낌). 제 바람은 엄마가 저를 믿고 존중해주시는 거예요(바람). 조금 전까지 공부하다가 잠시 쉬는 것이니 걱정하시지 말고 저를 믿어주실 수 있으시겠어요?(부탁)"라고 하는 것입니다. 좀 오글거리나요? 어쨌든 이어지는 대화는 앞의 예와는 많이 다를 것입니다. '바람' 단계에서는 자신의 감정이 일어난 이유를 말해도 좋습니다. 그런데 이 모델은 토마스 고든이 창안한 '나―전달법I-message'과 비슷합니다. 나―전달법은 '나'를 주어로 해서 '감정'과 감정이 일어난 '상황과 이유' '부탁'으로 말하는 방법인데 원리는 같다고 봅니다.

그런데 이런 틀에 맞춰 말하는 것이 로봇이 말하는 것처럼 부자연스럽거나 가식적으로 비칠 수 있습니다. 연습할 때만 틀에 맞춰 한 다음 익숙해지면 직관적으로 나오게 될 것입니다. 순서는 바뀌어도 큰 상관은 없습니다만, 어떤 형태로든 네 가지는 다 나오는 것이 좋습니다. 틀은 간단할지 모르나 위력은 대단합니다.

2) 개인별로 연습해 적어보고 모둠별로 연기해보기

틀을 알려주고 예문까지 알아본 뒤에는 개인 활동으로 네 가지 상황을 모두 써봅니다. 일상적으로 익숙한 틀이 아니라서 바로 말로 하긴 어렵습니다. 모둠 활동에서는 한 사람이 한 가지씩 맡아서 짝꿍을 대상으로 실제로 연습해보게 합니다. 머리로만 알아서는 아무 소용이 없습니다. 자꾸 연습을 해서 입에 붙게 해야 하기 때문에 반복해서 말로 뱉어보게 해야 합니다.

활동지 1번 상황(235쪽 참조)의 예를 들면 ①번 학생이 당사자가 되고 ②번 학생이 형이나 언니 역을 맡게 됩니다. 1번 상황에서는 ②번 학생의 대사는 없군요. ①번 학생이 ②번 학생에게 공감 대화법 말하기 모델로 말하면 ②번 학생은 마음 듣기를 해줍니다. 다음엔 2번 상황으로 넘어갑니다. 여기서는 ②번 학생이 당사자가 되고 ③번 학생이 친구 역을 맡아 "너는 몰라도 되는 거임"이란 대사를 실감 나게 합니다. 그러면 ②번 학생이 공감 대화법 말하기 모델로 말하고 ③번 학생은 마음 듣기를 해줍니다. 같은 방식으로 ④번 학생까지 해봅니다. 한 사람씩 끝날 때마다 그리고 모두 끝나면 손뼉을 칩니다.

활동 2 진행 방법

칠판 쪽 ↑

1. 개인별로 네 문제 모두 해보기(5분).
2. 오른쪽 친구가 대사를 띄워주면 해당 번호 학생이 연기하듯 공감 대화법 모델로 듣기(묻기) 실습.
3. 같은 방법으로 돌아가며 모두 하기. 모둠원이 네 명이 아닌 경우에는 한 번 더 해도 됨.
4. 한 사람 할 때마다 박수 쳐주기.
5. 다 끝나면 모두 박수.

3) 영상물 보고 대사를 만들어 역할극 하기

다음엔 딸과 어머니의 갈등을 다룬 영상물[16]을 보여주고 각 인물의 대사를 공감 대화법 말하기 모델로 바꿔 말하는 역할극을 해 봤습니다. 산만하게 이어지는 영상 내의 실제 대화에서 '게임'과 '정리'에 대한 엄마와 딸의 대사를 한 번씩만 주고받는 것으로 짜 보게 했습니다. 모든 대화를 '공감 대화법 말하기 모델'로 말하도록 합니다. 모델을 더욱 친숙하게 익히면서 화법에 따른 분위기의 차이도 느낄 수 있는 시간이 될 것입니다.

관찰, 느낌, 바람과 희망, 부탁 순으로 상대가 기분 나쁘지도 않고 그렇다고 나도 답답하지 않게 말하는 방법을 알게 된 것 같다. 나는 강요나 부탁을 하는 경우는 별로 없었던 것 같은데 이 활동을 통해 공감과 어긋나는 대화를 해왔다는 것을 알게 됐다. 영상이나 예시문을 부탁으로 바꿨을 때 너무 오글거려서 처음에는 당황했는데 적응해야 할 것 같다. 상황극의 상황이 실제로 나에게 닥친다면 활동지에 쓰인 내용대로 적용해야겠다. 그럼 사람들과의 사이도 더 좋아지지 않을까 하는 생각이 든다. (매천고 1-4 김정현)

이때까지 배웠던 관찰, 느낌, 바람과 희망, 부탁의 4요소를 모두 결합해 말하기를 해보니 정말 완벽한 말하기라고 느꼈다. 공감 대화법 말하기 모델만 지킨다면 세상에 말싸움은 없을 것 같다. 특히나 '부탁'을 통해서 주위 사람들에게 자신의 의견을 표현한다면 서로 마음 상하지 않고 덜 미안할 것 같다. 나는 공감 대화법 중에 '관찰'을 잘 실천하지 못했단 걸 느꼈다. 그래서 남을 칭찬하거나 조언할 때 '관찰'을 마음에 새겨야겠다고 생각했다. 공감 대화법을 통해 말을 더 예쁘게 하는 계기가 되어 좋다. 실제로 실현하긴 어려울 수 있지만 그래도 몇 가지라도 실천해야겠다고 생각했다. 나도 엄마랑 휴대폰으로 가끔 갈등을 겪는데 오늘 활동에서 생각해낸 방법으로 사건을 해결해봐야겠다. (매천고 1-8 김민주)

💬 참관 후기

문을 밀고 교실에 들어서자마자 훅 가볍고 상쾌한 분위기가 느껴졌다. '뭐지? 너네 오늘은 왜 이렇게 즐거운 거야?' 가만히 살펴보니 아이들의 자리가 바뀌었다. 모둠 학습실에 늦게 올라와 제자리를 찾지 못해 우물쭈물하는 몇몇 아이들을 보고 선생님이 "앉고 싶은 자리에 앉으세요"라고 한다. 지난번 활동에서 드러난 몇몇 아이들의 기운 없는 기색이 마음에 걸리셨을까. 모둠 구성에 정답은 없겠지만 선생님은 낙오자가 적게 발생하는 쪽으로 한 번 더 틀을 바꾸셨다. 그런 선생님의 애씀이 전해져 나는 나대로 새로이 앉아 있는 아이들의 색과 온도를 부지런히 살폈다.

오늘은 각 요소별로 학습했던 것(관찰, 느낌, 생각, 부탁)을 하나의 흐름으로 이어 말하는 법을 연습한다. 학습 목표가 '관계를 해치지 않으면서도 솔직하게 말할 수 있다'이다. 무척 우아하면서도 깔끔한 목표다. 이렇게만 된다면 마녀에게 영혼의 일부를 내주고서라도 배우고 익혀야 하지 않겠나. 학습 의욕이 샘솟는다.

수업 도입 5분가량은 명상과 함께 지난주 수업에서 배운 것을 실천한 정도를 떠올려 쓰는 시간이다. 1주일에 5분이라는 어찌보면 별것 아닌 것 같은 이 시간이 가진 힘이 크다. 흰 종이를 채우기 위해 펜을 놀리다 보면 자연스레 지난주 수업 장면과 1주일간 가까이 대화를 나눈 사람들이 떠오른다. 좋은 말을 주고받아 즐겁고 편안했던 순간과 마음이 흐르지 않아 답답했던 순간, 날선 말로 상처를 주고 받았던 슬픔과 고통스러운 순간이 뒤섞여 있다. 아이들은 매시간 하는 이 활동이 익숙한 듯이 조용히 펜을 움직였고, 각자의 시간이 흐른다.

'공감 대화법 모델'에 관한 선생님의 설명을 10분가량 들은 뒤 주어진 상황에 알맞은 말을 적는다. 실습 상황이 학생이라면 하루에도 몇 번씩 부딪힐 흔한 일상으로 설정되어 있고, 예시가 잘 안내되어 있어 어렵지 않았다. 또 활동을 통해 개념을 더 확실히 이해할 수 있었다.

세번째는 영상물을 시청한 뒤 적절한 말로 바꾸고 실제로 말해보는 활동이다. 영상에는 유명 연예인과 그의 딸이 등장했다. 딸의 방에서 벌어지는 총 없는 전쟁에 가까운 대화를 보면서 아이들은 심각한 표정이기도 하고 아련한 눈빛이기도 하고 피식 실소를 머금기도 한다. 엄마와 딸이 했으면 좋았을 최적의 말을 고민하여 모둠원과 보완해 발표한다.

2주 전 카드놀이 시간에 아무것도 하지 않았던 모둠의 두 아이 목소리가 오늘은 모둠 밖을 자주 넘어간다. "내가 쪼매 있다가 공부할 낀데 나를 믿어줄 수 있겠나?" 사투리 팍팍 써가며 자신의 남성다움을 어필했다. 상대 역할을 맡은 짝꿍에게 "엄마는 와 대답이 없노. 대답해도. 빨리" 하며 유머를 더해 수업을 즐긴다. 자신의 장난을 받아줄 수 있는 친한 친구들이 모둠원이라는 것이 활동에 다가가는 장벽을 낮춰준 모양이다.

수업이 끝나고 나는 오늘 유독 활발했던 친구들 모둠의 자기평가(메타 인지)란을 살폈다. 엄마 역할을 맡아 곤혹스러워했던 친구의 활동지에 "실제로 이런 말을 할 수 있을까?"라는 질문이 있다. "어렵지만 잘 연습해서 내 것으로 만들고 싶다"가 아니라 "실제로 이렇게 말하고 사는 사람이 있나?"라는 반응이라니. 아이의 진지한 질문 앞에서 마음이 무거워졌다. 우리의 일상 대화라는 것이 얼마나 폭력적이고 거친지 아이의 질문이 다시금 상기시킨다. '경상도'에서 '학교'를 다니는 '남자'아이들이라는 악조건(이런 요소가 적어도 '공감 대화'에 있어서 악조건이라 생각한다)이 아이들의 자유롭고 행복한 말하기를 가로막고 있다.

아이러니하게도 그렇기 때문에 주당 1차시의 수업 시간이 무척 소중하다. 선생님이 '화법' 수업을 놓지 않고 계속하시는 이유를 조금 알 것 같았다.

📋 활동지(9)

학습활동명	공감 대화법 말하기 모델─자기 공감	
학습활동 목표		**목표 달성 정도 평가**
1. 공감 대화법의 4요소를 갖춘 모델을 알 수 있다.		☆☆☆☆☆　%
2. 공감 대화법 말하기 모델로 관계를 해치지 않으면서 솔직하게 말할 수 있다.		☆☆☆☆☆　%
3. 영상물의 대화를 공감 대화법 말하기 모델에 맞게 고칠 수 있다.		☆☆☆☆☆　%
4. 나의 목표:		☆☆☆☆☆　%

지난주 공감 대화법을 얼마나 실천했나요?	□늘 □자주 □가끔 □별로 □전혀

'마음 듣기' '마음(감정) 읽어주기'의 구체적 실천 사례와 효과(육하원칙으로)

'관찰로 말하기' '느낌과 생각(바람, 필요, 욕구)을 구별해 말하기'의 구체적 실천 사례와 효과(육하원칙으로)

＊활동 1. 공감 대화법 말하기 모델─사이를 나쁘게 하지 않으면서도 솔직하게 말하기

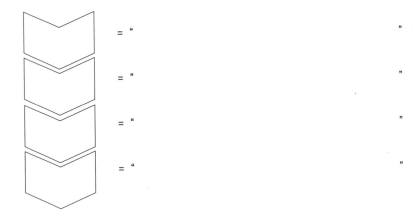

* 활동 2. 공감 대화법 말하기 모델로 연기해보기—이럴 때 말한 사람에게 어떻게 말할까? 자신이 작성한 후에 모둠원에게 실제처럼 말해보기.

상황 \ 4요소	관찰	느낌	생각(바람)	부탁(구체적, 긍정적)
	"……을 보니 (보고) ……을 들으니 (듣고)"	"〔느낌말〕!"	"나의 바람은 ……이야." "왜냐하면 ……"	"그러니 ……해줄 수 있겠니?"
시험공부 한 뒤 방금 누웠는데 엄마가 "또 누워 있냐?"라고 했을 때	엄마가 "또 누워 있냐?"고 하시는 말을 들으니	억울해요!/ 속상해요!	저의 바람은 엄마가 저를 믿고 존중해주시는 거예요.	조금 전까지 공부하다가 잠시 쉬는 것이니 믿어주실 수 있으시겠어요?
① 내가 산 새 옷을 내가 입기도 전에 언니(형)가 먼저 입고 나갔다 돌아왔을 때	언니(형),			
② 함께할 일에 대해 친구에게 물었는데 "너는 몰라도 되는 거임!"이란 말을 들었을 때	( )야,			
③ 학원에 갔다 왔는데 바로 "공부해라!" 했을 때	( ),			
④ 배고픈데 마침 좋아하는 음식이 나와서 급히 먹으니까 "그러니 살이 찌지. 고만 좀 먹어라"라고 했을 때	( ),			

* 활동 3. 영상물을 보고 엄마와 딸 사이의 말을 공감 대화법 말하기 모델로 나눠보기(모둠원이 엄마와 딸의 역을 맡아서 역할극으로 보여주기).

엄마(모둠원1:　　　):

딸(모둠원2:　　　):

엄마(모둠원3:　　　):

딸(모둠원4:　　　):

내면 관찰 (메타 인지)	사실적 사고	추론적 사고	비판적, 창의적 사고
	느낌(정서) /행동 관찰	생각(인지) 파악 = 정서의 원인	변화 대책(필요시)
학습활동 중 파악한 자신의 기분 (느낌), 행동과 이유를 구체적으로	이번 수업을 하던 나의 느낌, 기분을 돌이켜 관찰해보니〔 〕 던(한) 것 같다. 이번 수업을 하던 나의 행동, 자세를 돌이켜 관찰해보니〔 〕 던(한) 것 같다.	그 이유는 〔 〕 때문인 것 같다.	이렇게 하면 될 것 같다.
알게 된 것			
자신에 대해 알게 된 것 (변화된 것)			
질문이나 더 알고 싶은 것			
학습활동 소감 (실천 계획, 의견, 건의 등)			

10. 공감 대화법 듣기(묻기) 모델―상대 공감

이번 시간은 지난 시간의 공감 대화법 말하기 모델을 듣기 모델로 바꿔 연습하는 수업입니다. 수업의 흐름은 거의 같습니다.

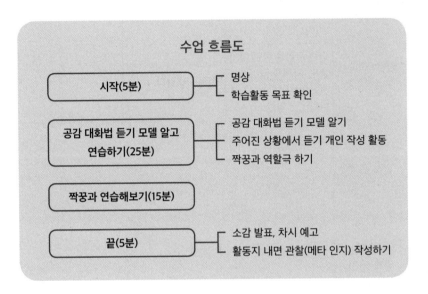

수업 흐름도

시작(5분)	┌ 명상 └ 학습활동 목표 확인
공감 대화법 듣기 모델 알고 연습하기(25분)	┌ 공감 대화법 듣기 모델 알기 ├ 주어진 상황에서 듣기 개인 작성 활동 └ 짝꿍과 역할극 하기
짝꿍과 연습해보기(15분)	
끝(5분)	┌ 소감 발표, 차시 예고 └ 활동지 내면 관찰(메타 인지) 작성하기

학습활동 목표

1. 공감 대화법 듣기 모델을 알 수 있다.
2. 공감 대화법 듣기 모델로 듣기(묻기)를 할 수 있다.
3. 공감 대화법 듣기 모델로 짝꿍의 이야기를 듣고 물을 수 있다.

1) 공감 대화법 듣기(묻기) 모델 알기

'듣기'에 대해서는 앞의 '마음 듣기' 수업에서 정리한 바 있습니다. '마음 듣기' 수업에서 익혔던 마음가짐과 몸가짐을 바탕으로 여기서는 적극적으로 물으면서 듣는 것에 대해 알아보고 연습하려 합니다. 듣기 모델인데 왜 그냥 듣지 않고 모두 묻는 말투로 돼 있을까요? 듣기인데 왜 물어야 할까요?

말만 듣지 않고 상대방의 마음, 감정까지 들으려 하기 때문입니다. 상대방의 마음은 알기 힘듭니다. 그렇다고 내가 함부로 평가하고 추론해서도 안 됩니다. 그러니 물어야 합니다. 조심스럽게 세심히 물어야 합니다. 마치 유물을 발굴하는 고고학자처럼 작은 돌, 고운 흙 하나에도 유물이 다치지 않을까 조심하는 마음으로 '내가 찾아낸 너의 마음이 이건데 맞니?' 하는 심정으로 계속 물어갑니다.

그러다가 제자리를 찾은 퍼즐처럼 딱 맞는 감정이 나오면, 이제 그 감정이 나온 이유나 근원을 찾습니다. '바람'을 묻는 것입니다. 왜 그런 감정이 나왔는지, 뭘 원했는지, 충족되지 못한 바람이 무엇이었는지 하나하나 물어봅니다. 이것은 다층적이고 깊은 부분일 수 있습니다. 감정의 원인이 자신이 의식적으로 알 수 없는 무의식에서 나오는 수도 있으니까요. 그렇다면 전문가의 힘을 빌리거나 자신이 선문가가 돼야 하는 게 아닐까 할 수도 있으나 일상 대화에서는 마음을 읽어주고 공감해주는 것으로도 충분합니다.

마음이 편안해지면 상대방이 자신에게 바라는 바가 무엇인지, 뭘 해주면 좋을지 물어봅니다. 구체적인 내용을 넣어서 "이렇게 해주길 바라니?" "이렇게 하면 될까요?"라고 바로 물을 수도 있으나 학습활동에서 실제로 해보면 비꼬는 느낌이 들기도 해서 자연스럽게 표현하기 어려웠습니다. "내가 뭘 해주면 좋겠니?"라고 상대방에게 선택권을 주고 결정에 어려움을 겪을 때 구체적인 제안을 하며 물어봐도 좋을 것 같습니다.

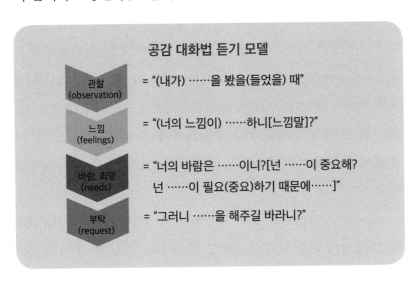

공감 대화법 듣기 모델

관찰 (observation) = "(내가) ……을 봤을(들었을) 때"

느낌 (feelings) = "(너의 느낌이) ……하니[느낌말]?"

바람, 희망 (needs) = "너의 바람은 ……이니?[넌 ……이 중요해? 넌 ……이 필요(중요)하기 때문에……]"

부탁 (request) = "그러니 ……을 해주길 바라니?"

2) 개인별로 연습해 적어보고 모둠별로 연기해보기

다음에는 전 시간에 봤던 예를 다시 보면서 예제를 풀어봅니다. 시험공부를 열심히 하고 나서 방금 누웠는데 엄마가 들어와서

"또 누워 있니? 시험공부는 언제 할래?"라고 하는 상황에서 이번에는 엄마의 말뿐만 아니라 엄마에게 일어난 느낌과 그 느낌에 깔린 바람까지 정확히 읽으려는 것입니다. 그래서 이때는 "엄마, 제가 누워 있는 걸 보시니(관찰) 걱정되세요?(느낌) 엄마의 바람은 제가 열심히 노력해서 좋은 성적을 얻기 바라는 것인가요?(바람) 제가 계속 공부하길 바라세요?(부탁)"라고 말하면서 상대의 말을 정확히 잘 들었는지 확인하며 듣습니다. 역시 어색할 것입니다. 자꾸 해보면 자연스럽게 되겠죠.

이번에도 전 시간과 같은 방식으로 개인 활동과 모둠 활동을 진행합니다. 틀을 알려주고 예문까지 알아본 뒤에는 개인 활동으로 네 가지 상황을 모두 써봅니다. 모둠 활동에서는 한 사람이 한 가지씩 맡아서 짝꿍을 대상으로 실제로 연습해보게 합니다.

활동지 1번 상황(248쪽 참조)을 예로 들면 ①번 학생이 당사자가 되고 ②번 학생이 엄마 역을 맡아 "폰만 만지지 말고 공부 좀 해라"라고 실감 나게 대사를 말하면 ①번 학생이 ②번 학생에게 공감 대화법 듣기(묻기) 모델로 말하고 ②번 학생은 대답해줍니다. 다음엔 2번 상황으로 넘어갑니다. 여기서는 ②번 학생이 당사자가 되고 ③번 학생이 친구 역을 맡아 "너는 좀 나대지 마라!"라고 말하고 ②번 학생이 공감 대화법 듣기 모델로 말하면 ③번 학생은 대답해줍니다. 같은 방식으로 ④번 학생까지 해봅니다. 한 사람씩 끝날 때마다 그리고 모두 끝나면 손뼉을 칩니다.

1. 개인별로 네 문제 모두 해보기(5분).
2. 오른쪽 친구가 대사를 띄워주면 번호 해당 학생이 연기하듯 공감 대화법 모델로 듣기(묻기) 실습.
3. 같은 방법으로 돌아가며 모두 하기. 모둠원이 네 명이 아닌 경우에는 한 번 더 해도 됨.
4. 한 사람 할 때마다 박수 쳐주기.
5. 다 끝나면 모두 박수.

3) 짝꿍과 연습하기

앞의 활동들은 듣기 모델을 이해하고 연습해본 것이라면 이번 엔 깊은 마음을 나누는 순서입니다. 우선 마음 아팠던 일, 뭔가 마음에 무겁게 남아 있는 이야기를 생각해둘 시간을 줍니다. 그런 게 없다고 하는 학생도 있는데 그렇다면 그냥 마음에 남아 있는 이야기를 편안하게 해도 됩니다. 이때도 민감하거나 부담되는 말을 억지로 할 필요는 없다고 말해줍니다. 그러나 앞에서도 배웠듯이 자기 개방의 용기를 가져보는 것도 좋을 것이라고 격려해줍니다.

듣기 활동이기 때문에 활동지에 기록하는 것은 나중에 종합적으로 하게끔 하고 말하기와 듣기(묻기) 활동에 집중하게 합니다. 상대의 느낌과 바람을 섬세하게 물어서 상대의 느낌을 잘 알고 공감하는 게 중요합니다. 말하고 듣는 역할을 한 번씩 해보고 짝꿍 활동이 모두 끝나면 활동지에 기록합니다.

공감 대화법 듣기(묻기) 모델은 상대 공감법입니다. 상대의 마음으로 들어가 상대의 마음을 보듬고 온전히 상대와 하나 되는 아름다운 화법입니다. 나의 마음을 비우고 상대만을 바라보며 마음을 구석구석 비춰 물어주고 그 사람이 다시 자신의 빛으로 빛나게 하는 화법입니다.

💬 학생 후기

남의 말을 듣다 보면 공감도 되고 이야기에도 더 집중이 잘되는 것 같다. 집중이 잘 되니 대화도 더 즐거워지는 느낌이다. 항상 공감 대화법 말하기나 듣기 활동들을 하면 헤집어져 있던 상처들을 원상태로 돌리는 느낌이다. 계속 숨기면 될 줄 알았는데 다시 생각해보니 밖으로 드러내는 게 더 마음이 편해지는 것 같기도 하다. 앞으로는 조금 더 깊게 생각하고 편히 마음을 가져야겠다.

일단은 나에게 제일 도움이 됐던 것 같다. 친구와 내 이야기를 하는 것도 좋았고 친구가 자신의 이야기를 하는 것도 좋았다. 이렇게 서로 소통하고 이해하려고 노력하는 게 참 좋은 활동이구나 싶었다. 평소에도 그렇게 해서 친구와 더 친해지는 계기가 됐으면 좋겠다. (매천고 1-4 사공민정)

공감 대화를 하기 위해서는 우선 상대방의 마음을 파악할 수 있도록 묻는 것이 중요하고 그런 후에 듣는 것이 중요하다는 사실을 알게 됐다. 상황에 따라 잘 맞춰서 대처하고 있다고 생각했는데 오늘 수업을 통해 내가 공감 대화를 제대로 하고 있지 않았다는 것을 알았다. 나는 상대의 마음을 제대로 물어본 적이 없었던 것 같다. 오늘 모둠 친구들과 먼저 물어보고 들어보는 방법에 대한 상황극을 해보니까 실전에서도 어떻게 하면 좋을지 조금 알 것 같다. 습관이 돼 있지 않아서 순간순간 원래 습관이 나올 것 같긴 하지만 최대한 노력해서 좋은 대화를 할 수 있으면 좋겠다. (매천고 1-9 신지원)

💬 참관 후기

수업 시작 5분 전, 교무실 자리에 앉아 '공감 대화법' 수업 일정표를 확인하다가 화들짝 놀랐다. 이제 수업이 세 번밖에 남지 않았기 때문이다. 2019년이 끝을 향해 달려가는 것이 아쉬운 것인지 나이를 한 살 더 먹는다는 것이 아까운 것인지 잘 모른 채 종이 치기도 전에 서둘러 모둠 학습실로 갔다.

모둠 학습실 안으로 들어서는 아이들 외투의 두께가 두터워진 모습에 시간의 흐름을 감각한다. 올해 나는 6반 아이들과 매주 목요일 3교시 국어 수업을 함께했다. 정확히는 시·공간만 공유했다. 처음에는 아이들에게 어떻게든 방해가 되지 않으려 없는 사람처럼 굴었고, 아이들이 나를 불편해하지 않음을 확인하고서는 모둠 사이를 거닐며 아이들의 반응이나 학습 진행 상태를 살피는 짓을 감행하기도 했다. 그리고 끝이 다가오자 우리는 서로에게 약간 특별한 존재가 되었다. 하나도 안 친한데 마치 서로 오래전에 알던 사람처럼 가까운 마음이 생긴 것이다. 나는 복도를 거닐다가 6반 아이들을 마주치면 괜히 반가운데(그렇다고 인사 외에 뭘 더 하는 것은 아니지만) 아이들도 비슷한 마음임을 그들의 표정과 눈빛에서 읽을 수 있다.

오늘 수업은 잘 '듣'고 잘 '묻'는 활동이다. 선생님은 네 가지 학습 요소(관찰, 느낌, 바람, 부탁)가 쓰인 코팅지를 칠판에 붙이며 말했다.

"이번 수업은 '듣기' 수업입니다. 잘 듣는다는 것은 잘 묻는다는 것과 같은 말인데요. 여기 칠판에 '상대 공감'이라는 단어가 쓰여 있기는 하지만 사실 상대의 마음을 완벽히 알기는 어렵습니다. 아니 어쩌면 불가능할지 몰라요. 출발점을 달리해야 합니다. '우리는 상대를 잘 모른다. 그리고 영원히 알 수 없다' 이렇게 생각해야 합니다."

아이들이 조용하다. 아주 찰나의 순간이었지만 그때 아이들의 눈빛은 깊고 진지했던 것으로 기억한다. 선생님은 아이들이 각각의 작은 우주와 같다는 말씀을 자주 하시는데 이 순간 그 말이 절로 이해됐다. 가끔은 무신경함으로 일상을 채우는 것처럼 보이는 아이들이 지금은 나보다 훨씬 어른 같다.

"그렇기에 공감 대화로 '듣는다'는 건 잘 '묻는다'는 것이에요. 섣부른 추측이나 판단이 아니라 상대의 느낌과 욕구(기대)를 정확하게 계속 물어보는 것이죠."

상대를 기꺼이 이해하고 싶어 애쓰는 사람은 멋지다. 그 아름다운 이해의 시작은 질문이라는 것. 너를 알기 위해 나는 자꾸만 너의 느낌과 생각을 물어야 한다는 것. 두고두고 기억하고 싶어 밑줄을 여러 번 그었다.

오늘 활동은 지난 차시 수업과 같은 맥락이다. 네 가지 상황에서 듣고, 물어야 할 내용을 모둠원과 함께 발표한다. 이미 배운 개념이라 다들 편안하게 칸을 채워간다. 고정되어 보이는 모둠 내 역동성이 수업마다 조금씩 다르다. 오늘 유독 열심히 하는 녀석들은 지난 시간에 별다른 의욕 없이 누워 있던 아이들이었다. 아이들 마음에 어떤 바람이 불었는지는 모르겠지만 그 이유가 어디에 있든 선생님은 하려는 마음이 불쑥 생긴 아이들의 지금을 놓치지 않는다. 평소보다 더 자주 모둠 가까이에서 아이들의 활동을 살피고 격려했다.

이번 수업에서 가장 좋았던 부분은 '활동 3'이다. 물음의 대상으로 내게 아픈 말을 했던 사람을 책상 위로 소환한다. 상처받았기에 마음속에 파묻었고 슬픔으로 덮어버렸던 그 말을 꺼내본 다음 이 말을 한 상대에게 계속 묻는 활동이다. "그때 네 기분이 속상했니?" "내가 너를 더 자유롭게 해주길 바라?" "엄마, 내가 자지 않고 공부를 좀 더 했으면 좋겠어요?"라고.

나는 아이들과 함께 활동지를 써 내려갔다. 이 모델에 따라 질문하다 보니 내 입장으로만 무한 복기했던 상황과 말 사이에 상대의 슬픈 표정이 보인다. 아, 내가 바라는 이해의 크기만큼 너도 나에게 이해받고 싶었구나. 칠판에 쓰여 있는 '상대 공감'이라는 단어에 다시 눈길이 갔다. 이 활동으로 아팠던 순간이 기억 저편으로 사라져 없었던 일이 되지는 않지만 적어도 그 말에 담긴 아픔의 강도를 낮추고 기억을 둘러싼 빛깔을 다르게 만들었다. 그것으로도 충분했다. 아이들이 이 수업을 두고 '치유'라는 단어를 자꾸 언급하는 이유를 알 것 같았다.

선생님의 마무리 발언을 들으며 활동지에 '오늘 배운 것을 오래 기억해야지. 사랑하는 이들에게 자꾸만 물어야지. 아이들에게 그 어떤 짐작도 단언도 강요도 하지 말아야지'라고 쓸 때 수업 종료를 알리는 종이 쳤다.

![활동지 아이콘] **활동지(10)**

학습활동명	공감 대화법 듣기(묻기) 모델—상대 공감	
학습활동 목표		**목표 달성 정도 평가**
1. 공감 대화법 듣기 모델을 알 수 있다.		☆☆☆☆☆　%
2. 공감 대화법 듣기 모델로 듣기(묻기)를 할 수 있다.		☆☆☆☆☆　%
3. 공감 대화법 듣기 모델로 짝꿍의 이야기를 듣고 물을 수 있다.		☆☆☆☆☆　%
4. 나의 목표:		☆☆☆☆☆　%
* 다음 시간 수업 내용—마음 아픈 말을 들었을 때의 네 가지 선택법　　□확인했어요!		
지난주 공감 대화법을 얼마나 실천했나요?　□늘 □자주 □가끔 □별로 □전혀		
'마음 듣기' '관찰로 말하기' '느낌과 생각(바람, 필요)을 구별해 말하기'의 구체적 실천 사례와 효과(육하원칙으로)		
'공감 대화법 모델로 말하기'의 구체적 실천 사례와 효과(육하원칙으로)		

* 활동 1. 공감 대화법 듣기(묻기) 모델

* 활동 2. 공감 대화법 모델로 듣기(묻기)—이럴 때 말한 사람에게 어떻게 질문할까? 자신이 작성한 후에 모둠원을 대역으로 생각하고 실제처럼 말해보기.

4요소 / 상황	상대방의 관찰	상대방의 느낌	상대방의 생각 (바람)	상대방의 부탁 (구체적, 긍정적)
	"(네가) ······을 보거나 들었을 때"	"너의 느낌이 ······니? ······구나!"	"너의 바람은 ······이니?"	"······해주길 바라니?"
시험공부 한 뒤 방금 누었는데 엄마가 "또 누워 있냐?"라고 했을 때	제가 누워 있는 걸 보시니(보셨을 때)	걱정되세요?	엄마의 바람은 제가 노력해서 좋은 성적을 얻는 것인가요?	제가 계속 공부하길 바라세요?
① 급히 연락할 일이 있어서 폰을 만졌는데 마침 엄마가 "폰만 만지지 말고 공부 좀 해라"라고 말씀하셨을 때	(엄마),			
② 다른 친구들과 있었던 일을 이야기하는 도중에 어떤 친구가 갑자기 내게 "너는 좀 나대지 마라!"라고 말했을 때	( )야,			
③ 난 최선을 다했는데 "넌 뭘 제대로 하는 게 없네"라고 말했을 때	( ),			
④ 친구에게 농담했는데 정색하며 화를 내면서 "너랑 안 논다!" 했을 때	( ),			

* 활동 3. 짝꿍과 연습하기.

모둠 짝꿍	( )번 ( )
짝꿍의 마음 아팠던 상황(육하원칙)과 말의 내용 적기	

짝꿍의 말을 듣고 공감 대화법으로 듣기(묻기)+대화하기			
관찰 ("……을 보니 /……들으니")	느낌 ("너의 느낌이 ……니?")	생각(바람, 필요) 묻기 (너의 바람은 ……이니? /왜냐하면 네가 ……때문 이니?)	부탁 묻기 (내가 ……해주길 바라니?)

짝꿍과 대화를 나누고 난 뒤의 느낌과 생각의 변화	

내면 관찰 (메타 인지)	사실적 사고	추론적 사고	비판적, 창의적 사고
	느낌(정서) /행동 관찰	생각(인지) 파악 = 정서의 원인	변화 대책(필요시)
학습활동 중 파악한 자신의 기분 (느낌), 행동과 이유를 구체적으로	이번 수업을 하던 나의 느낌, 기분을 돌이켜 관찰해보니 〔 〕 던(한) 것 같다.	그 이유는 〔	이렇게 하면 될 것 같다.
	이번 수업을 하던 나의 행동, 자세를 돌이켜 관찰해보니 〔 〕 던(한) 것 같다.	〕 때문인 것 같다.	
알게 된 것			
자신에 대해 알게 된 것 (변화된 것)			
질문이나 더 알고 싶은 것			
학습활동 소감 (실천 계획, 의견, 건의 등)			

11. 마음 아픈 말을 들었을 때의 네 가지 선택법

　이번 시간은 학생들 자리를 5인 1조로 배치하고 시작합니다. 오랜만에 앉고 싶은 대로 앉으라고 합니다. 다섯 명이 되지 않는 조는 그대로 해도 됩니다.

　살다 보면 마음 아픈 말, 듣기 힘든 말을 듣는 일이 꽤 있습니다. 이럴 때, 사람들은 마음에 상처를 입고 힘들어집니다. 그렇지만 똑같은 말이라도 어떻게 받아들이는가에 따라 느낌이 달라집니다. 또 동일한 사람이라도 주변 상황이나 자신의 몸과 마음의 상태에 따라 받아들이는 방법이 달라집니다. 누군가 지나가면서 "너, 얼굴이 왜 그래?"라고 했을 때 나를 걱정해주는 말로 생각할 수도 있고 놀리는 말이라고 기분 나쁘게 받아들일 수도 있습니다. 마음의 상처를 받을 수 있는 상황에서도 그렇지 않게 받아들이는 방법이 있다는 것을 알고 연습해 본다면 큰 도움이 될 것입니다.

　마음 아픈 말이 아니더라도 모든 말을 받아들이는 방법에는 네 가지가 있습니다. 이번 수업에서는 마음 아픈 말을 소재로 네 가지 방법을 구체적으로 알아보고, 마음을 아프게 하는 원인이 어디에 있는지도 깨닫게 될 것입니다. 상대방의 말이 자신의 행복을 흔들지 못하게 하는 힘을 기르게 되길 바랍니다.

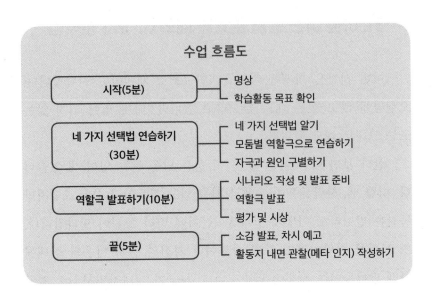

수업 흐름도

- **시작(5분)** — 명상 / 학습활동 목표 확인
- **네 가지 선택법 연습하기 (30분)** — 네 가지 선택법 알기 / 모둠별 역할극으로 연습하기 / 자극과 원인 구별하기
- **역할극 발표하기(10분)** — 시나리오 작성 및 발표 준비 / 역할극 발표 / 평가 및 시상
- **끝(5분)** — 소감 발표, 차시 예고 / 활동지 내면 관찰(메타 인지) 작성하기

학습활동 목표

1. 마음 아픈 말을 들었을 때의 네 가지 선택법을 알 수 있다.
2. 역할극을 하면서 공감 대화법 모델로 말할 수 있다.
3. 자극과 원인을 구분할 수 있다.

1) 네 가지 선택법 알고 연습하기

마음 아픈 말을 들었을 때의 네 가지 선택법을 우선 예를 들어 생각해봅니다. 누군가가 "넌 이기적이야"라고 했다면 이 말에 대해 어떤 생각과 대답을 선택하겠습니까? 학생들은 바로 "넌 쓰레기다"

2부 화법 수업의 현장

라고 답합니다. 화끈하죠? 다른 학생은 "내가 좀 그런가?" 하고 위축되는 답을 하기도 합니다. 다르게 분류할 수 있는 내용은 더 이상 나오지 않습니다. 네 가지 선택법이라고 했는데 뭐가 더 있을지 생각해보라고 하면 좀 막막해하기도 합니다. 앞서 나온 두 가지는 '상대 공격'과 '자기 공격'의 선택법인데요, 화법을 따로 배우기 전까지는 이 정도밖에 생각할 수 없습니다. 자라면서 주위 환경에서 배우는 자연스러운 화법이니까요. 화법도 야생에서처럼 약육강식의 단계에 머물러 있는 것 같네요. 이제 문명의 화법으로 넘어가봅시다.

먼저 들리는 말을 대하는 '관점'에 따라 두 가지로 나뉠 수 있습니다. '평가의 관점인지 관찰의 관점인지'에 따라 선택법이 달라집니다. 다음 기준은 '대상'입니다. 대상이 '나'인지 '상대'인지에 따라 각각 둘로 나뉩니다. 그래서 모두 네 가지가 나오게 됩니다.

맨 처음 선택법은 들리는 말을 나를 평가하는 관점으로 받아들이는 것입니다. 예를 들어 누군가가 "넌 이기적이야"라고 했다면 '난 이기적이구나. 역시 난 나쁜 아이야. 내가 별수 있겠어?'라고 자신을 낮게 평가해 상대의 말을 받아들입니다. 상대가 한 말의 책임을 모두 자신에게로 돌립니다. 자기 비하, 자기 학대가 되면서 마음은 우울해집니다. 자존감도 낮아집니다. 마음의 상처를 입게 됩니다. '자기 공격'이라 하겠습니다.

다음은 들리는 말을 상대방을 평가하는 관점으로 받아들이는 것입니다. 앞의 예로 다시 생각해본다면 "너는 얼마나 잘한다고 감히 나에게 그런 소리야. 너는 더 이기적이다. 넌 쓰레기야"라고 상대를 낮게 평가하고 상대의 말을 모두 자신을 공격하는 말로 간주해 모든 책임이 상대에게 있다고 판단합니다. 상대를 비난하고 상대에게 분노를 터뜨립니다. 여기에서 언어폭력이 나오게 되고 상대방의 마음에 상처를 입히게 됩니다. 자신의 마음도 편하지는 않겠죠. '상대 공격'입니다.

셋째는 나의 느낌과 생각을 관찰하는 관점으로 받아들입니다. '저 말을 들으니 내 마음이 우울하구나. 나는 내 행동이 좋게 이해되기를 바랐는데'라고 자신의 마음을 관찰한 다음 공감 대화법 말하기 모델로 말합니다. "네 말을 들으니 우울해. 난 내 행동이 좋게 이해되기를 바랐거든. 내 행동을 다른 관점으로 긍정적으로 봐줬으면 좋겠어. 네 의견은 어떠니?"라고 말합니다. 그러면 자신의 감정을 억누르지 않고 솔직하게 표현하면서도 상대방에게 부탁하고 싶은 것을 말할 수 있습니다. 자기 공감이 이뤄져서 마음을 편안하게 잘 다스릴 수 있게 됩니다. '자기 공감'입니다.

마지막으로는 상대방의 느낌과 생각을 관찰하는 관점으로 받아들입니다. '내 행동이 상대방에게는 이기적으로 보인 것 같구나. 실망하는 기분이 들었을 것 같다. 상대방은 내가 좀더 너그럽게 행동하기를 바랄 것 같구나'라고 상대의 느낌과 생각을 관찰하면서 "내 행동이 이기적으로 보여서 실망했니? 내가 너그럽게 양보하길 바라니? 이번에는 내가 양보할까?"라고 말하는 것입니다. 물론 이때 자신이 추측하는 것이 상대의 느낌과 생각에 정확히 일치하지 않아도 됩니다. 만약 그것이 맞지 않을 경우에는 상대방이 그렇지 않다고 말하면서 수정해줄 가능성이 큽니다. 이렇게 상대의 느낌과 생각까지 읽어서 공감해주면 상대방은 진정으로 이해받고 지지받는다는 데 감동을 받을 것입니다. 둘 사이에 깊은 유대가 생겨날 것입니다. '상대 공감'입니다.

	관점	대상	태도	분류	결과
1	평가	나	나를 낮게(상대를 높게) 평가	자기 공격	자기를 비하, 자책함, 변명, 우울
2		상대	상대를 낮게(나를 높게) 평가	상대 공격	상대를 비하, 비난함, 분노, 폭력
3	관찰	나	내 마음(느낌과 생각)을 관찰	자기 공감	자신의 느낌과 생각에 공감, 마음의 평화
4		상대	상대 마음(느낌과 생각)을 관찰	상대 공감	상대의 느낌과 생각에 공감, 배려, 유대감

네 가지 선택법을 말로 표현하지 않고 마음속으로 생각만 할 수도 있습니다. 그러면 여덟 가지 선택법이 있는 셈입니다.

2) 자극과 원인 구별하기

이번 시간은 설명이 좀 길어집니다. 네 가지 선택법 설명이 끝나면 "상대가 욕을 해서 화가 났습니다. 여기서 화난 원인은 상대의 욕일까요?"라는 질문을 던집니다. 학생들이 '답이 예라면 묻지를 앓았을 텐데 그럼 뭐지?' 하고 약간 어리둥절해할 때 "병원균, 세균이 병의 원인일까요? 균이 있다고 모든 사람이 병이 날까요?"라고 답을 유추할 수 있는 질문을 던집니다. 그러면 '아니다'라는 답이 나옵니다. 그럼 병이 나는 원인은 무엇일까요? 개인의 면역력이겠죠. 같은 환경에서도 병이 나는 사람과 안 나는 사람은 면역력에서 차이가 나는 것입니다.

그럼 다시 앞의 질문으로 돌아갑니다. '화난 원인이 상대의 욕일까?' 이번엔 말이 통할 수 있는 부드러운 분위기가 됩니다. 이번 수업의 핵심 내용인 네 가지 선택법과 연결할 수 있게 됩니다. 상대의 욕이 원인이 아니라 그것을 받아들이는 선택법이 원인이었다는 것을 수긍하게 됩니다. '자극과 원인'이란 용어도 등장합니다. 상대의 욕은 '자극'일 뿐이고 원인은 선택법인 거죠. 이 두 가지를 구분할 수 있으면 다른 사람이 어떤 말을 해도 내가 조절해 잘 듣고 말할 수 있게 됩니다.

행동주의 심리학에서는 인간의 행동을 자극과 반응의 관계로 이해하려 했습니다. 그러나 인지주의 심리학에서는 인간은 외부 자극을 받아들여 사고방식에 따라 해석, 선택하는 것이 달라지므로 반응도 달라진다고 봤습니다. 이른바 S—R Stimulus—Response 모델에서 S—O—R Stimulus—Organism—Response 모델로 수정된 거죠.[17] 인간은 자극받는 대로 반응하는 기계적인 존재가 아닙니다. 자극과 반응 사이에 얼마든지 선택하고 조절할 수 있는 능력이 있습니다. 자기 조절 능력이 어떤지에 따라 반응도 달라집니다.

　　　　2부 화법 수업의 현장

3) 모둠별 역할극

'자극과 원인의 구별' 설명이 끝나면 드디어 모둠별 역할극 연습으로 들어갑니다. 이 활동을 위해서 5인 1조로 책상 배열을 했습니다. 다섯 명이 다 차지 않는 모둠은 역할을 한두 개 더 맡아서 연습해보게 하면 됩니다. 미리 역할 카드도 준비해서 나눠놓습니다.

역할극에 들어가기 전에 자신의 사례를 가지고 네 가지 선택법을 활동지상에 글로 써봅니다. 모둠별 역할극을 할 때 '마음 아픈 말하기' 역할은 각자 자신의 사례로 하면 됩니다. 자신이 들었던 '마음 아픈 말'을 하면 다른 모둠원들이 네 가지 선택법으로 대답하게 됩니다.

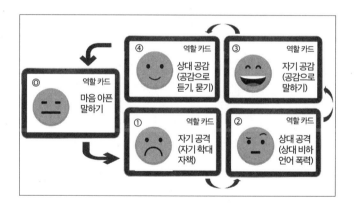

다섯 명으로 이뤄진 한 조가 그림처럼 앉아서 자신이 맡은 역할을 한 다음에 역할 카드를 오른쪽으로 놀립니다. 자기에게 온 역할 카드 내용대로 역할극을 하고 같은 방법으로 모두 다 할 때까지

돌아가면 됩니다. 모든 선택법을 다 해보게 됩니다.

4) 모둠별 역할극 발표 대회

다음엔 모둠별로 역할극을 발표해 시상하는 활동입니다. 모둠별로 역할극을 하면서 나왔던 사례 중 재미있고 실감 나는 것을 하나 고르고 배역도 정해 자리에서 일어나서 연기합니다. 네 가지 선택법을 교사가 운을 띄우듯 하나씩 말하면 발표하면 됩니다. 원하는 조부터 발표합니다. 모둠별로 발표를 하는 동안 다른 조는 청중 평가단이 되어 평가해봅니다. 결과를 거수 등으로 종합해 시상해도 됩니다.

나쁜 말을 들었을 때 마음이 아픈 원인은 '내가 어떤 관점으로 이해했는가'였다. 나쁜 말을 들어도 나 스스로 관점을 바꿔 생각하면 행동도 달라질 수 있다는 것을 알게 됐다. 앞으로 마음 아픈 말을 들으면 관찰로 대처해야겠다. 친구들과 역할극 발표 준비를 하다가 조금 짜증이 섞인 말투로 말한 것 같아 미안했다. 앞으로 다른 사람들이 상처받지 않게 예쁘게 말하도록 노력해야겠다. (매천고 1-8 이은성)

욕을 들었을 때 화가 나는 이유는 내가 그렇게 받아들였기 때문이라는 것을 알게 됐다. 역할극을 하면서 실생활이라면 나는 무조건 상대 공격을 했을 것이라는 생각이 들었다. 하지만 자기 공감으로 말하니 내 마음이 평화로워지는 것을 느꼈다. 역할극을 하며 여러 역할을 해보니까 그 결과가 어떻게 나오는지 바로 알 수 있었다. 다른 친구들이 발표하는 역할극을 보니 엄청 재밌었다. (매천고 1-8 조희은)

💬 참관 후기

오늘은 아이들이 다섯 명씩 앉아 있다. 자연스럽게 아이들의 모둠 구성 모양새도 달라졌다. 전체 룰이 바뀌자 제법 익숙해진 안정된 분위기와 역동성에 새로운 긴장감이 돈다. '오늘 수업은 왜 다섯 명이 한 모둠일까?' 궁금해하며 선생님의 명상 시간 안내에 따라 눈을 감았다.

"자, 이제 눈을 뜨세요. 오늘은 마음 아픈 말을 들었을 때 우리에게 주어진 네 가지 선택법을 공부합니다."

평소 10분을 잘 넘기지 않는 선생님의 이론 설명이 오늘은 길게 이어졌다. 선생님은 네 가지 선택법(자기 공격, 상대 공격, 자기 공감, 상대 공감)에 대해 먼저 설명한 뒤 "야 이 바보야!"라는 말(자극)을 들었을 때 반응할 수 있는 태도를 예시로 보여주며 이렇게 말했다.

"우리는 가슴 아픈 말을 들었을 때 여기 네 가지 선택지 중에 자연스럽게 자기 공격, 상대 공격을 택합니다. 상대의 말에 자기를 공격해 자책감과 우울함을 느끼거나 그 말을 한 상대를 인격이나 언행을 비하해 분노와 폭력감을 드러내는 방식이죠. 반면 그 말을 들었을 때 자신의 느낌과 생각을 관찰해 자신을 안아주는 자기 공감이나 그 말에 담긴 상대의 느낌과 생각에 공감하는 상대 공감까지 이르기는 쉽지 않습니다. 그러나 자기 공감을 할 수 있으면 마음에 평화가 오고 상대 공감으로 나아가면 진정한 공감 대화가 됩니다. 사실 앞에 두 가지는 화법이라 볼 수 없는 기계적 반응이며 뒤에 두 가지를 할 수 있어야 진짜 화법을 배웠다 할 수 있겠지요."

다음 20분은 첫번째 활동에 주어진 시간이었는데 자신이 들었던 마음 아픈 말을 네 가지 선택법으로 표현해본다. 선생님이 설계한 활동지의 모든 결론은 '자기 자신 찾기'다. 아이들이 경험한 개별적 상황과 그때의 말하기 기억을 자꾸만 불러오는 활동을 통해 아이들은 자기 스스로를 다독이는 법을 익히고 나아갈 힘을 얻는다.

아이들의 모습을 물끄러미 바라보다 나도 '나를 찾기' 위해 활동지를 채워갔다. 비난과 다툼이 공감과 이해로 넘어가지 못했던 것은 서로의 말하기가 주로 자기 비하 혹은 상대 공격으로만 이루어졌기 때문이라는 엄청난 사실을 깨닫고 있는데

260   2부 화법 수업의 현장

바로 앞 모둠의 한 아이가 내게 말을 건다. "선생님, 선생님은 어떤 내용 써요? 남친이랑 싸웠던 이야기 써요?" 내가 아이들 활동지를 한 번씩 관찰하니까 선생님 활동지도 우리에게 한번 보여달라는 아이의 요구를 정중히 거절하며 가슴을 쓸어내렸다. 진짜 보여줘야 하는 상황이면 어쩔 뻔했나. 내 그림자를 누군가에게 공개하는 것은 생각보다 어려운 일이구나. 아이와의 대화에서 얻은 소중한 깨달음을 활동지에 적고 '공감 대화법 수업을 진행할 때 교사가 고려해야 할 점'이라고 코멘트를 곁들였다.

각자의 상황 속 대사들이 네 가지로 정리가 되면 역할극을 진행한다. (네 가지 선택법에 따른 대화 내용과 더불어 가슴 아픈 말을 대사로 쳐줄 학생이 필요해 모둠원이 다섯 명이다.) 선생님은 최대한 생생하고 실감 나게 연기해달라 부탁했다. 아이들이 자신의 역할을 빠르게 인지하는 데 도움이 되도록 역할명이 적힌 코팅된 카드가 모둠에 배부되었다. 역할 카드는 활동지를 보며 흐름을 일일이 체크하지 않아도 카드만 옆으로 돌리면 자신의 역할을 쉽게 알 수 있어 유용했다. 더불어 카드가 손에 있으니 발언을 해야 한다는 책임감이 조금 더 부여되는 느낌이다.

아이들의 역할극은 '상대 공격'에서 절정에 이른다. 특히 교사나 부모 등 자신보다 높은 권력관계에 있는 사람이 그 대상일 때 앞에서는 하지 못하고 마음속에 꾹 담아두었던 말을 실제로 내뱉는데, 감정을 잘 살리는 친구가 연기하면 소름이 돋는다. 그러나 이어서 "이번이 두번째인데 매번 그랬다고 말하는 선생님의 말을 들으니 내가 무척 슬프고 속상해" 하는 자기 공감과 "규칙을 어긴 내게 선생님은 실망을 많이 하셨겠구나" 하는 상대 공감에 이르면 아이들은 상황을 다각도로 그리고 섬세하게 받아들이게 된다. 그래서 역할극이 진행될수록 아이들의 표정이 조금씩 밝아지는 것 같은데 이것도 교사로서의 내 기대(바람)에 따른 느낌일지는 알 수는 없다.

내 관찰과 느낌이 사실과 다르더라도 오늘 이것만은 오래도록 기억하자 다짐했다.

"자기 공격은 절대 하지 않아야겠다. 상대 공격도 큰 의미는 없다."

"자기 공감은 상당히 중요하다. 상대 공감으로 나아가면 진정 멋지다."

📋 활동지(11)

학습활동명	마음 아픈 말을 들었을 때의 네 가지 선택법	
학습활동 목표		**목표 달성 정도 평가**
1. 마음 아픈 말을 들었을 때의 네 가지 선택법을 알 수 있다.		☆☆☆☆☆　%
2. 역할극을 하면서 공감 대화법 모델로 말할 수 있다.		☆☆☆☆☆　%
3. 자극과 원인을 구분할 수 있다.		☆☆☆☆☆　%
4. 나의 목표:		☆☆☆☆☆　%
* 다음 시간 수업 내용―분노 표현하기		□확인했어요!

지난주 공감 대화법을 얼마나 실천했나요?	□늘 □자주 □가끔 □별로 □전혀
'마음 듣기' '관찰로 말하기' '느낌과 생각(바람, 필요, 욕구)을 구별해 말하기'의 구체적 실천 사례와 효과(육하원칙으로)	
'공감 대화법 모델로 말하기/듣기'의 구체적 실천 사례와 효과(육하원칙으로)	

* 활동 1. 마음 아픈 말을 들었을 때의 선택법 네 가지―역할극으로 연습하기.

	관점	대상	태도	결과
1	평가	나	나를 낮게(상대를 높게) 평가 (내 탓)	자기 공격=자기를 비하, 자책함, 변명, 우울
2		상대	상대를 낮게(나를 높게) 평가 (남 탓)	상대 공격=상대를 비하, 비난함, 분노, 폭력
3	관찰	나	내 마음(느낌과 생각)을 관찰	자기 공감=자신의 느낌과 생각에 공감, 마음의 평화
4		상대	상대 마음(느낌과 생각)을 관찰	상대 공감=상대의 느낌과 생각에 공감, 배려, 유대감

모둠원	A	B	C	D	E
	( )번 ( )	( )번 ( )	( )번 ( )	( )번 ( )	( )번 ( )
상황					

마음 아프게 한 말					
( ):					

선택법	내용			
1. 자기 공격				
2. 상대 공격				
3. 자기 공감 =공감 대화법 으로 말하기	관찰 ("너의 ……을 보니/들으니")	느낌 (나의 "느낌말")	생각(바람) ("나의 바람은 ……이야.")	부탁 ("네가 ……해 줄 수 있겠니?")
4. 상대 공감 =공감 대화법 으로 듣기 (묻기)	관찰 ("나의 ……을 보니/들으니")	느낌 ("너의 느낌이 ……니?")	생각(바람) ("너의 바람은 ……이니?")	부탁 ("내가 ……해 주길 바라니?")

* 자신이 가진 역할 카드에 적힌 역할을 연기하고 모둠원 모두 다 하면 카드를 오른쪽으로 돌린다. 같은 방법으로 계속한다. 모두 다 끝나면 손뼉 치기.

* 활동 2. 역할극 발표하기 준비.

모둠 번호 ( )조		모둠 이름		모둠 구호 (두 글자로)	
역할 나누기	A(모둠장)	B(자기 공격)	C(상대 공격)	D(자기 공감)	E(상대 공감)
	( )번 ( )	( )번 ( )	( )번 ( )	( )번 ( )	( )번 ( )
설정 상황 (A가 설명)					
마음 아프게 하는 말하기(A가 연기)					
( ):					

맡은 역할	연기자			내용
	5명	4명	3명	
1. 자기 공격	B	B	B	
2. 상대 공격	C	C	C	
3. 자기 공감	D	D	B	
4. 상대 공감	E	B	C	

* 활동 3. 청중 평가단이 되어봅시다(자신의 모둠은 평가하지 않습니다).

우리 모둠이 생각하는 심사 기준			
모둠	모둠 이름(구호)	평가	심사평
1		/10	
2		/10	
3		/10	
4		/10	
5		/10	
6		/10	
1위 팀		2위 팀	3위 팀

내면 관찰 (메타 인지)	사실적 사고	추론적 사고	비판적, 창의적 사고
	느낌(정서) /행동 관찰	생각(인지) 파악 = 정서의 원인	변화 대책(필요시)
학습활동 중 파악한 자신의 기분 (느낌), 행동과 이유를 구체적으로	이번 수업을 하던 나의 느낌, 기분을 돌이켜 관찰해보니〔　　　〕 던(한) 것 같다. 이번 수업을 하던 나의 행동, 자세를 돌이켜 관찰해보니〔　　　〕 던(한) 것 같다.	그 이유는 〔 〕 때문인 것 같다.	이렇게 하면 될 것 같다.
알게 된 것			
자신에 대해 알게 된 것 (변화된 것)			
질문이나 더 알고 싶은 것			
학습활동 소감 (실천 계획, 의견, 건의 등)			

12. 분노 표현하기 — 분노의 놀라운 목적

공감 대화법의 기본 모델을 다 공부한 다음 구체적인 상황에 적용해보는 수업입니다. 먼저 분노 표현하기입니다. 분노 표현하기라고 하니까 마음껏 화를 내는 시간이라고 볼 수도 있겠지만 그건 아니겠죠. 굳이 수업 시간에 하지 않더라도 얼마든지 할 기회도 많고 이미 잘하고 있으니까요. 이번 수업에서는 분노를 표현하기라고 했지만 사실은 분노를 '살펴서' 표현하기라고 볼 수 있습니다. 분노를 살필 힘이 없으면 살아가는 데 어려운 일이 많이 생기고 건강에도 좋지 않으니까요. 이번 시간 수업의 바탕 원리는 지난 시간에 배운 '자극과 원인'의 구별과 관련이 있습니다.

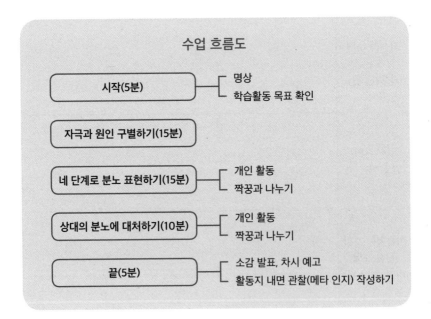

수업 흐름도

시작(5분) ─ 명상
        ─ 학습활동 목표 확인

자극과 원인 구별하기(15분)

네 단계로 분노 표현하기(15분) ─ 개인 활동
                          ─ 짝꿍과 나누기

상대의 분노에 대처하기(10분) ─ 개인 활동
                         ─ 짝꿍과 나누기

끝(5분) ─ 소감 발표, 차시 예고
       ─ 활동지 내면 관찰(메타 인지) 작성하기

1) 분노의 자극과 원인 구별하기

활동지를 나눠주고 예시 문제를 함께 풀어봅니다. "수업 시작 종이 쳤는데 그것도 모르고 계속 이야기하고 있는 사이에 선생님이 들어오셔서 나를 지목하시며 '야, 너, 안경, 조용히 못해?'라고 하시면 기분이 어떨까요?"라고 물어봅니다. "화나요" "짜증 나요"부터 시작해서 과격한 비속어까지 등장합니다. 그러면 일단 성공입니다. 분노가 세게 일어날 수 있는 예시를 들어야 합니다. 다음에는 무엇이 그렇게 화나게 만들었는지 생각해보게 합니다. 이름을 놔두고 안경이라고 불렀다든가 다른 애들도 떠들었는데 왜 나한테만 그러느냐 등이 나옵니다.

다음에는 자신을 화나게 만든 생각의 근거를 찾아봅니다. '내 이름을 모른다는 것은 관심이 없는 것이다, 무시한 것이다, 나만 지적한 것은 차별이다, 나민 잘못은 아니다' 등을 델 수 있겠죠. 그러면 이런 생각은 지난 시간에 공부했던 네 가지 선택법 '자기 공격,

상대 공격, 자기 공감, 상대 공감' 중 어디에 속할까요? 자기 분노의 원인을 상대에게서 찾고 있으니 남 탓, 즉 '상대 공격'이라고 봐야겠네요. 이것이 분노의 원인입니다. 로젠버그는 분노의 원인이 "내 머릿속에 있는 상대에 대한 나의 해석임을 깨달았다"라고 했습니다. 여기에 나온 '해석'의 구체적인 내용이 '상대 공격'이라고 볼수 있습니다. 그래서 자신을 돌아보길 권하면서 "'나는 그 사람들이 ……했기 때문에 화가 난다'를 '나는 ……이 필요/중요하기 때문에 화가 난다'로 의식적으로 바꿔야 한다고 제안합니다.[18]

분노의 원인은 자신이 어떤 선택을 했는가에 있고, 외부에서 들려오는 말은 원인이 아니라 자극입니다. 자극과 원인을 구별하면 분노를 조절할 수 있는 힘과 여유가 생깁니다. 말도 달라집니다.

그럼 자신의 바람은 무엇이었을까요? 분노는 이런 바람이 채워지지 않아서 일어난 거죠. 여기서는 관심, 존중, 배려 같은 것이 아닐까요? 주어진 문제와 자신의 사례를 가지고 더 연습해봅니다. 다 한 뒤에 짝꿍이나 모둠원과 이야기를 나눠봅니다.

2) 네 단계로 분노 표현하기

분노 표현하기를 네 단계로 실습합니다. 단계는 네 개지만 실습에서 나타나는 것은 첫 단계의 심호흡과 마지막 단계의 말하기입니다. 중간에 있는 둘째, 셋째 단계는 자신의 마음속에서 이뤄지는 것으로 활동지에만 정리하도록 합니다.

상황은 앞에 나왔던 것에서 두 가지를 골라도 좋고 새로운 소재로 해도 좋습니다. 개인 활동을 한 후에 친구에게 상황을 자세히 알려주면 짝꿍이 그 상황을 재연해줍니다. 그러면 우선 심호흡을 세 번 하고 마지막 단계의 말하기를 합니다. 그리고 자신이 마음을 어떻게 성찰하고 다스렸는지 짝꿍에게 말해줍니다. 듣는 친구는 친구의 분노를 그대로 반영해주고 그 말을 들은 자신의 느낌과 생각 (바람)을 말해줍니다. 역할을 바꿔서 한 번 더 합니다. 모둠별로 할 수도 있습니다. 오른쪽 옆 친구가 상대역을 맡아서 해주고 마음을 성찰한 과정은 모둠 전체에게 합니다. 나머지 모둠원들은 마음 듣기를 실천합니다.

3) 상대의 분노에 대처하기

다른 사람이 자신에게 심하게 화를 냈을 때는 어떻게 해야 할까요? 나에게 일어난 분노를 다루는 것이 자기의 내면을 바라보는 자기 공감이라면 상대의 분노에 대처하는 방법은 상대의 마음을 바라보는 상대 공감입니다.

활동지 양식에 따라 누군가 '나'에게 화냈던 상황과 그때의 말을 적고 자신의 느낌과 생각을 적은 후 상대방이 화낸 이유와 그 밑에 깔려 있는 바람을 찾아봅니다. 실제 그 사람의 생각과 상관없이 자신이 추측해봅니다. 자신이 추측한 상대의 화낸 이유가 네 가지 선택법 중 어디에 해당되는지 분석해봅니다. 대부분 '상대 공격' 일 것입니다. 상대의 분노가 '나'에 대한 지나친 편견과 오해에서 왔다는 것을 알면 상대방의 분노를 대처하는 데 마음의 여유를 갖게 됩니다. 그런 다음 상대에게 하고 싶은 말이나 부탁, 자신에게 하고 싶은 말이나 부탁, 다짐 등도 써봅니다. 어느새 분노가 사라져 버렸습니다. 다 쓰고 난 뒤에 짝꿍에게 자신이 쓴 것을 번갈아 이야기해줍니다.

4) 분노의 놀라운 목적

로젠버그가 쓴 작은 책의 제목이기도 한 '분노의 놀라운 목적' 은 무엇일까요? 분노도 감정의 하나이므로 좋다, 나쁘다라고 할 수 없는 자연스러운 현상입니다. 분노를 억눌러야 할 나쁜 것으로 보기 때문에 오히려 엉뚱한 방향으로 부정적으로 터져 나오게 됩니다. 분노는 우리 안의 충족되지 않은 바람을 드러내는 소중한 작용입니다. 이것으로 우리가 무엇을 바라는지 분명히 알 수 있게 됩니다. 그걸 해결하면 우리는 다시 평온을 되찾을 수 있습니다. 이것이 분노의 놀라운 목적입니다.

분노에 대한 로젠버그의 감동적 관점은 '의로운 분노'를 인정하지 않는 점입니다. '의로운 분노'가 가져올 또 다른 차별과 폭력을 걱정합니다. 정의와 불의를 구분 짓고 편 가르기보다는 '무엇을 원하는가, 충족되지 않은 욕구는 무엇인가'에 집중하기를 권합니다.[19] 진정한 비폭력은 이분법을 넘어서서 폭력과 비폭력마저도 나누려고 하지 않는 마음이 아닌가 하는 울림을 주는 대목입니다.

화가 날 때는 오늘 배운 대로 심호흡을 하고 공감 대화법으로 말하면 된다는 대처 방법을 알게 됐다. 그리고 내가 어떤 말에 화가 나는지도 알았다. 오늘 화가 난 상황에서의 분노 표출 같은 것들을 배우기 위해 화가 났던 상황을 다시 떠올렸는데 그때 생각 때문에 기분이 좀 나빴지만 대처 방법을 친구와 실습하면서 괜찮아졌다. (매천고 1-5 오은주)

화가 날 때도 좋게 이야기할 수 있다는 것을 알았다. 이번 시간에 배운 것이 일상생활에 많은 도움이 될 것 같다. 화를 낼 때는 항상 분위기가 좋지 않았는데 이렇게 네 단계로 말하면 서로를 이해할 수 있을 것 같다. (매천고 1-5 장서은)

📋 활동지(12)

학습활동명	분노 표현하기—분노의 놀라운 목적

학습활동 목표	목표 달성 정도 평가
1. 분노의 자극과 원인을 구분할 수 있다.	☆☆☆☆☆ %
2. 분노를 네 단계로 표현할 수 있다.	☆☆☆☆☆ %
3. 다른 사람이 나에게 분노를 표현할 때의 대처법을 알 수 있다.	☆☆☆☆☆ %
4. 나의 목표:	☆☆☆☆☆ %
* 다음 시간 수업 내용—거절 표현하기	□확인했어요!

지난주 공감 대화법을 얼마나 실천했나요?	□늘 □자주 □가끔 □별로 □전혀

'마음 듣기' '관찰로 말하기' '느낌과 생각(바람, 필요, 욕구)을 구별해 말하기'의 구체적 실천 사례와 효과(육하원칙으로)

'공감 대화법 모델로 말하기/듣기(묻기)'의 구체적 실천 사례와 효과(육하원칙으로)

* 활동 1. 분노의 자극과 원인 구별하기.

화났던 상황, 들었던 말 (구체적으로 자세히)	(오늘 아침 수업 시간 시작종 치고 아이들이 떠들고 있을 때) "야, 너, 거기 안경, 조용히 못해!"	너, 왜 그렇게 뚱뚱하고 못생겼냐?	폰 좀 그만 보고 공부 좀 해라!	
어떤 것이 화나게 만들었나? [=자극]	나를 '너 거기 안경'이라고 부른 것. 같이 이야기했는데 나만 지적한 것.			
그때 든 생각 (판단), 당위적 생각은? ("······해야 해.")	내 이름도 모르고 나를 무시했어. 모든 일은 공평하게 해야 해. 나만 잘못은 아냐.			
위의 생각은 다음 중 어떤 것? [=원인]	□자기 공격 □상대 공격 □자기 공감 □상대 공감	□자기 공격 □상대 공격 □자기 공감 □상대 공감	□자기 공격 □상대 공격 □자기 공감 □상대 공감	□자기 공격 □상대 공격 □자기 공감 □상대 공감
나의 진정한 바람	나를 존중해줬으면 좋겠다. 내가 친구에게 급하게 할 말이 있었음을 알아줬으면 좋겠다. 공평하게 대해줬으면 좋겠다.			

* 활동 2. 네 단계로 분노 표현하기 + 짝꿍과 나누기.

누구로부터		선생님	
분노를 느꼈던 상황이나 들었던 말 (구체적으로)		"야, 너, 거기 안경, 조용히 못해!"	
1단계	심호흡 세 번	□ 했음	□ 했음
2단계	깔린 생각 돌아보기	내 이름도 모르고 나를 무시했어. 모든 일은 공평하게 해야 해. 나는 잘못이 없어.	
3단계	진정한 바람 찾기	나를 존중해줬으면 좋겠다. 내가 친구에게 급하게 할 말이 있었음을 알아줬으면 좋겠다.	
4단계	분노 다루기 (마음 정리) 혹은 상대방에게 하고 싶은 말	(선생님이 급히 말하신 것을 무시했다고 평가할 필요는 없어. 모든 학생의 사정을 다 알고 공평하게 대하는 것도 현실적으로는 어려울 거야.) 선생님, 제가 짝꿍과 이야기하는 걸 보시고 화가 나셨나요? 제가 조용히 수업에 집중하길 바라시나요? 제가 앞으로 조심할게요.	

* 활동 3. 상대의 분노에 대처하기 + 짝꿍과 나누기.

누군가 나에게 화냈던 상황, 들었던 말(구체적으로 자세히)	
그때 자신의 느낌	
그때 어떤 말과 행동을 했나?	
그 사람이 화낸 이유는 무엇이었다고 생각하나?	□ 모른다 □ 안다
↑ 은 다음 중 어떤 것?(=원인)	□ 자기 공격 □ 상대 공격 □ 자기 공감 □ 상대 공감
상대방에게 하고 싶은 말(부탁)	
자신에게 하고 싶은 말(부탁)	

내면 관찰 (메타 인지)	사실적 사고	추론적 사고	비판적, 창의적 사고
	느낌(정서) /행동 관찰	생각(인지) 파악 = 정서의 원인	변화 대책(필요시)
학습활동 중 파악한 자신의 기분 (느낌), 행동과 이유를 구체적으로	이번 수업을 하던 나의 느낌, 기분을 돌이켜 관찰해보니 〔 〕던(한) 것 같다.	그 이유는 〔	이렇게 하면 될 것 같다.
	이번 수업을 하던 나의 행동, 자세를 돌이켜 관찰해보니 〔 〕던(한) 것 같다.	〕 때문인 것 같다.	
알게 된 것			
자신에 대해 알게 된 것 (변화된 것)			
질문이나 더 알고 싶은 것			
학습활동 소감 (실천 계획, 의견, 건의 등)			

13. 거절 표현하기 — 후회와 미안 사이

거절을 못해서 난감했던 적이 있으신가요? 거절이 쉽지 않죠? 거절을 못하면 후회하고 거절하면 미안하고. 거절만 잘해도 인생이 가벼워질 것 같습니다. 거절하는 방법을 알려달라는 학생도 많습니다. 방법에 집중하면 화법이 아닌 화술이 될 수 있습니다. 화술이 나쁜 건 아니지만 근본적인 해결에 이르려면 마음의 원리부터 살펴야 합니다. 이번 수업에서는 거절이 왜 어려운지, 왜 후회와 미안이 남는지 마음의 원리를 학생들 스스로 자신의 경험을 바탕으로 생각해보고 관계를 해치지 않는 거절 표현하기를 공부합니다.

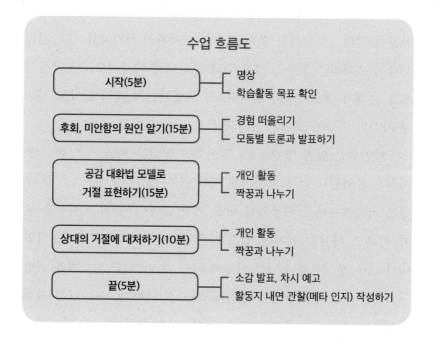

수업 흐름도

시작(5분)	명상 학습활동 목표 확인
후회, 미안함의 원인 알기(15분)	경험 떠올리기 모둠별 토론과 발표하기
공감 대화법 모델로 거절 표현하기(15분)	개인 활동 짝꿍과 나누기
상대의 거절에 대처하기(10분)	개인 활동 짝꿍과 나누기
끝(5분)	소감 발표, 차시 예고 활동지 내면 관찰(메타 인지) 작성하기

학습활동 목표

1. 거절하지 못해 후회했던 일이나 거절해서 미안했던 일을 떠올릴 수 있다.
2. 후회와 미안함의 원인을 알 수 있다.
3. 공감 대화법으로 거절 의사를 표현하고 상대의 거절에 대처할 수 있다.

1) 거절이 어려운 이유는

거절이 어려운 이유, 후회와 미안함이 남는 이유를 알기 위해 여러 사례를 각자의 경험에서 가져와서 그 이유를 추론해보는 활동을 합니다. 첫 순서는 후회 경험을 가져와서 생각해봅니다. 거절 못해서 후회하는 경우는 그로 인해 자신에게 시간적으로나 물질적으로 손해가 생겼기 때문입니다. 꼭 그렇게까지 하지 않아도 되는데 자신의 마음이 모질지 못해 힘들었을 때 후회가 생깁니다.

미안함은 언제 생길까요? 들어주지 않았을 때죠. 들어줘도 별 지장은 없었는데 너무 매정하게 대한 게 아닐까? 상대를 도와줄 수 있는 처지였는데도 매몰차게 내친 게 아닐까? 부탁하는 사람은 뭔가 딱하고 아쉬운 처지에 있기 마련입니다. '그런 걸 무시한다면 내가 너무 무정하거나 나쁜 사람이 되는 게 아닐까? 상대방을 실망시키거나 상대방의 감정을 상하게 하는 건 나쁜 일이야. 나쁜 일을 해서는 안 돼' 하는 죄책감 또는 '착한 아이 콤플렉스'가 미안함의 원인이 될 수 있습니다.

정혜신은 "자기 보호를 잘하는 사람이야말로 누군가를 도울 자격이 있다"[20]라고 말합니다. 자기 보호란 자신의 마음에 무한히 공감하는 것입니다. 부탁을 들은 자신의 느낌, 기분이 어떤지, 자신이 바라는 것은 무엇인지, 그럼에도 거절할 수밖에 없는 이유, 사정은 무엇인지를 정확히 파악하는 것입니다. 이것은 "이기적인 것도 아니고, 타인을 도울 자격이 없는 사람의 비겁한 행위도 아니"[21]고 오히려 자신의 내면을 분명히 알고 솔직하게 말함으로써 자신을 지키는 것입니다.

후회는 들어줄 필요가 없는데 받아들여서 생기고, 미안함은 들어줄 필요가 있는데 물리쳤을 때 생깁니다. 가깝지 않은 사이에서는 후회가 남고 가까운 사이에서는 미안함이 남을 가능성이 큽니다. 이 두 상황은 관계와 이미지라는 핵심어로 귀결될 수 있고 이기심이라는 공통점에서 만납니다. 즉, 자신이 손해 보지 않으면서 관계도 해치지 않고 좋은 사람 이미지도 보이고 싶기 때문에 거절이 어려운 것입니다. 너무 욕심이 과한 것 아닐까요?

이런 성찰에 이르면 해결 방법은 저절로 나옵니다. 이익만 보려는 마음, 관계를 좋게 유지하려는 마음, 좋은 사람 이미지만을 관리하려는 마음을 놓는 것입니다. 이왕 부탁을 들어주겠다고 허락했으면 성심껏 하는 것입니다. 자신의 일에 손해가 생기더라도. 그러면 후회가 없습니다. 그리고 거절을 했으면 그럴 수밖에 없었던 자신의 처지와 감정을 당당히 인정하고 그것으로 생기는 손해를 기꺼이 받아들이면 됩니다. 관계가 조금 나빠지고 이미지가 손상되더라도 말입니다. 자신의 진정성으로 회복하면 되니까요. 이걸 알고 거절 표현을 하면 자신의 마음과 연결된 화법이 되고, 원리를 모르고 방법만 알면 화술이 되는 거죠.

활동지에 있는 순서에 따라 모둠 활동을 하고 발표를 들어보면 이런 내용이 거의 학생들 입에서 나옵니다. 놀랍기도 하고 대단하기도 합니다. 해결책을 말해보라고 하는 항목에서도 위의 내용이 다 나옵니다. 그중 반가운 것은 '아무리 그래도 거절 표현을 잘해야 한다'라는 것입니다. 그래서 다음은 거절 표현하기 방법으로 넘어갑니다.

2) 거절 표현하기

짝꿍에게 부탁을 받고 거절 표현을 해보는 활동입니다. 자기 공감과 상대 공감을 함께하는 것이 핵심입니다. 이때도 공감 대화법 모델에 맞춰서 '관찰＋느낌＋생각(바람)＋부탁'으로 할 수 있습니다. 예를 들면 누가 돈을 꿔달라고 했을 때 "네가 돈을 꿔달라고 하는 걸 들으니(관찰) 네가 얼마나 다급해서 그럴까(상대 공감) 하고 안타까웠어(느낌). 그런데 나도 돈이 없어서 살 걸 못 사고 있어(이유, 사정). 미안하지만 꿔줄 수가 없는 사정인데 이해해줄 수 있겠니?(부탁)"라고 하면 됩니다. 두 사람이 번갈아 가며 한 번씩 연기하듯 말해봅니다.

3) 상대의 거절에 대처하기

충분히 들어줄 수 있는 부탁을 짝꿍에게 합니다. 예를 들면 "간식 한 입만 줘!"라고 했는데 짝꿍은 단호히 거절합니다. 그랬을 때 "네 말을 들으니 내 마음이 아파"라고 자신의 느낌을 말하고 "네가 배고파서 내게 줄 여유가 없어서 그러는 거니?"라고 상대방이 거절한 이유를 생각해보고 말합니다. 다음에는 상대방의 부탁을 묻습니다. "내가 참아주길 바라니?" 마지막으로 자신의 바람을 말합니다. "알았어. 다음엔 함께 간식을 먹고 싶어." 귀여운 상황입니다.

이렇게 상대의 거절에 대처하는 예시를 보여준 뒤 짝꿍에게 쉬운 부탁을 하고 짝꿍은 단호히 거절하고 나면 활동지를 작성합니다. 활동지 작성이 끝나면 다시 부탁과 거절을 하고 대처하는 말을 합니다. 역할을 바꿔서 거절했던 학생이 부탁을 하고 상대 학생이 거절하면 대처하는 말을 합니다. 모두 끝나면 활동지를 작성합니다.

4) 이해타산을 넘어서서

소감을 들어본 후 이렇게 마무리했습니다. "누군가 우리에게 부탁을 했다는 것은 믿음과 기대와 친분이 있다는 뜻입니다. 감사한 일입니다. 들어주든 그러지 않든 이익을 따지는 마음으로 하면 후회와 미안함이 남을 것입니다. 들어주든 거절하든 이해를 따지지 않는 마음으로 하면 다 잘될 것입니다."

거절당했을 때의 내 마음이 어떤지, 친구들의 마음이 어떤지도 알게 됐고 거절을 하지 못하는 아이들은 후회를 많이 하고 좋은 인상을 남기고 싶어 한다는 것을 알았다. 내가 거절당했거나 거절했을 때의 상황을 되돌아보며 내가 어떤 마음이었는지도 알 수 있었다.

오늘 수업의 핵심은 순수한 마음으로 거절하는 것이었다. 순수한 마음을 가지면 후회와 아쉬움이 없다. 거절할 일이 생기면 순수한 마음을 가져야겠다고 생각했다. (매천고 1-8 박지윤)

오늘 거절하는 방법을 배웠는데 거절을 못하는 이유가 마음속에 남아 있는 이기심 때문이라는 것을 알게 됐다. 이제부터 누군가의 부탁을 받았을 때는 이기심을 버리고 거절하거나 해야겠다. 또 거절했을 때 마음이 불편했던 이유는 나를 나쁘게 보지 않을까 하는 마음 때문이었다는 것도 알았다. 거절할 때는 이 사람에게 잘 보이지 않아도 상관없다는 생각을 하고 거절을 하지 않을 때는 내가 이 부탁을 들어주고 싶어서 들어준 거라고 생각해야겠다. (매천고 1-8 이효경)

💬 참관 후기

　오늘은 1학년 여학생 반 수업에 처음 들어와보았다. 나의 사랑 6반은 학사 일정 상 이번 수업을 할 시간이 없어 나와 선생님의 시간표를 대조해 맞는 시간으로 골라 들어온 반이 4반이다. 남학생 반에서 1년을 참관하다가 여학생 반 수업을 들어오니 다른 세상 같다. 수업 시작 전 짧은 쉬는 시간에도 아이들은 격의 없이 선생님에게 다가와 애정 어린 관심을 표현했다.

　수업에 앞서 선생님이 과정형 수행평가와 관련한 이야기를 잠시 꺼냈다.

　"지금 공책을 제출하고 있는데 활동지가 한두 장 없어도 괜찮아요. 여러분의 활동지는 검사할 때마다 기록을 해두었기 때문에 전혀 문제될 것 없습니다. 한두 장 잃어버렸다고 속상해하지 말고 없으면 없는 대로 내면 됩니다. 또 내일까지가 기한이지만 내일 만약 까먹고 안 가져오면 금요일까지 가져오면 됩니다. 괜히 점심시간이나 쉬는 시간에 힘들게 집에 가서 가져오지 않아도 돼요."

　나는 학습지나 공책을 검사할 때 저런 멘트를 한 적이 없다. 깜박하고 공책을 안 가져와서 점심시간에 집에 가지러 갔다 오겠다는 아이에게 '공정함' '형평성'이라는 단어를 운운하며 점수 감점은 안타깝지만 어쩔 수 없다 말했다. 정말 어쩔 수 없는걸까. 나는 내게 가장 편리한 방법으로 아이들을 대했던 건 아니었을지. 모든 것이 괜찮다는 선생님의 목소리를 들으면서 가슴 한편이 아렸다.

　오늘의 활동명은 '거절 표현하기'다. 거절하면 미안하고 거절하지 않으면 후회하는, 미안함과 후회 사이에서 아이들이 균형을 잘 잡을 수 있도록 돕는 수업이다.

　거절하지 못해서 후회했던 일과 거절하고 나서 미안했던 일을 구체적으로 떠올린 다음 그 이유를 상세히 써본다. 개별 활동이 끝나면 후회와 미안의 근본적인 이유를 모둠별 토의를 통해서 추론하고 이를 발표하는데, 아이들의 자발적 발표 의욕이 높아 놀랐다. 외적 보상이나 발표 점수 하나 없는데도 선생님의 꾸준한 인정과 섬세한 칭찬만으로 학기말에 이 정도 발표 태도를 보여주다니. 선생님이 오늘 발표를 안 하면 잠을 못 잘 것 같은 친구들만 손을 들라고 말했는데 두 명이 더 손을 들었다. 선생님은 웃으면서 남은 두 친구 발표까지 잘 듣고 꼼꼼히 피드백을 해준다.

　칭찬할 것은 발표 태도만이 아니었다. 발표 내용도 좋았다. 교사의 지도나 참고 자료 없이 5분 남짓한 모둠 토의만으로 정리해 발표한 내용이 아래와 같다.

- 거절하지 못하는 이유는 상대와의 관계가 나빠질까 두려워서이고 해결책으로는 우리가 배운 공감 대화법을 이용한다. 완곡하고 조심스럽게 부탁한다.
- 거절한 이유는 상대와의 친밀도가 낮거나 내게 이득이 되지 않기 때문이고 해결책으로는 상대와 친해지거나 이득이 되려는 마음을 버려야 한다.

아이들의 첫 번째 발표가 끝나자 선생님이 말했다.

"수업해야 할 내용을 여러분 스스로 모둠 토의에서 다 이끌어냈어요. 정말 잘했어요. 발표해준 친구들 모두 고맙습니다. 조금만 덧붙이면 선생님은 우리가 쉽게 들어줄 수 있는 부탁은 들어주면 어떨까 하는 생각을 해요. 생각해보면 우리는 내 것을 챙겨야 할 때, 내게 별 이득이 되지 않을 때 쉽게 거절합니다. 아까 발표하는 친구가 이기심이란 말을 했는데, 이기심이 결코 나쁜 것만은 아니에요. 하지만 그 부탁이 내 작은 수고로움으로 가능한 것이라면 거절하지 않고 들어주면 진정한 이기심을 챙길 수가 있습니다. 이때 기준점을 자신의 느낌에 두고 내 마음을 솔직하게 들여다보기를 권합니다. 마음에서 거절 의사가 생기면 이를 상대에게 잘 전해야 후회가 남지 않고 관계도 해치지 않습니다. 어떻게 전해야 할까요? 그렇죠. '말'을 잘해야 합니다"

선생님이 매시간마다 활동지 항목 하나하나를 꼼꼼히 살피며 답글을 달아주시는 것을 보고 물어본 적이 있다.

"선생님 이거 안 힘드세요?"

선생님이 웃으면서 말했다.

"아이들이 나를 살려요. 내가 아이들에게 받는 게 너무 많아."

선생님 곁에 선 아이들의 편안하고 정감 있는 모습이 억지로 만들어지는 것이 아님을 생각한다. 아이들의 자발적 참여와 결이 다른 발표 태도가 처음부터 그랬던 것이 아님을 생각한다. 활동지에 적힌 아이들의 진솔한 이야기들, 자기만의 인생 기록들이 그냥 토해내지는 것이 아님을 생각한다. 그렇게 나는 선생님의 오늘을 보며 나의 내일을 생각한다.

📋 활동지(13)

학습활동명	거절 표현하기—후회와 미안 사이

학습활동 목표	목표 달성 정도 평가
1. 거절하지 못해 후회했던 일이나 거절해서 미안했던 일을 떠올릴 수 있다.	☆☆☆☆☆　%
2. 후회와 미안함의 원인을 알 수 있다.	☆☆☆☆☆　%
3. 공감 대화법으로 거절 의사를 표현하고 상대의 거절에 대처할 수 있다.	☆☆☆☆☆　%
4. 나의 목표:	☆☆☆☆☆　%
* 다음 시간 수업 내용—내면 소통	☐확인했어요!

지난주 공감 대화법을 얼마나 실천했나요?	☐늘 ☐자주 ☐가끔 ☐별로 ☐전혀
'마음 듣기' '관찰로 말하기' '느낌과 생각(바람)을 구별해 말하기'의 구체적 실천 사례와 효과(육하원칙으로)	
'공감 대화법 모델로 말하기/듣기(묻기)' '네 가지 선택법'의 구체적 실천 사례와 효과(육하원칙으로)	

* 활동 1—1. 후회 경험 떠올려 이유 분석하기—각자 작성 후 짝꿍(모둠원)과 이야기해 보고 결과를 발표하기.

거절하지 못해 후회했던 일		후회의 정도	자신의 생각(바람)	거절 못했던 이유(사정)
누가	어떤 부탁?			
		/10		

—그 사람과의 친밀도는?
(☐아주 친한 ☐친한 ☐그냥 인사하는 정도 ☐얼굴만 아는 ☐전혀 모르는)
—길 가는 행인의 갑작스러운 부탁을 거절하지 못했을 때 어느 정도 후회될까? (　/10)
—후회의 근본적인 이유는 무엇일까?

* 활동 1—2. 미안한 경험 떠올려 이유 분석하기—각자 작성 후 짝꿍(모둠원)과 이야기 해보고 결과를 발표하기.

거절하고 나서 미안했던 일			미안함의 정도	자신의 생각 (바람)	거절 못했던 이유 (사정)
누가	어떤 부탁?	어떻게 거절?			
			/10		

—그 사람과의 친밀도는?
(□아주 친한 □친한 □그냥 인사하는 정도 □얼굴만 아는 □전혀 모르는)
—길 가는 행인의 갑작스러운 부탁을 거절했을 때는 어느 정도 미안할까? (　　/10)
—미안함의 근본적인 이유는 무엇일까?

* 활동 1—3. 모둠 발표—모둠 구호(두 글자) (　　　　!)

우리 모둠에서 이야기해본 결과, 거절이 힘든 이유, 후회하거나 미안해하는 이유는
(　　　　　　　　　　　　　　　　　　　　　　　　　　　　　　　　　　　　)

근거(사례)로는 (　　　　　　　　　　　　　　　　　　　　　　　　　　　　)

해결책은 (　　　　　　　　　　　　　　　　　　　　　　　)라고 생각해.

* 활동 2—1. 짝꿍에게 부탁하기—짝꿍의 활동지를 받아서 적은 후 짝꿍에게 넘겨주기.

짝꿍에게 부탁할 내용	(　　　)야,

* 활동 2-2. 거절 표현하기-작성하고 난 후에 역할극.

"(짝꿍의 부탁 내용)을 들으니"(관찰)	상대의 느낌과 생각(바람)을 읽어 말하기=상대 공감	자신의 느낌	자신의 생각 (바람)과 사정, 이유	상대에게 부탁하기
네가 (돈을 꿔달라고 하는 부탁)을 들으니	네가 얼마나 다급해서 그럴까 하고	안타까워.	그런데 나도 돈이 없어서 살 걸 못 사고 있어.	미안하지만, 꿔 줄 수 없는 내 사정을 이해해 줄 수 있겠니?
네가 ( )라고 하는 부탁을 들으니				

* 활동 3. 상대의 거절에 대처하기(= 상대 공감).

쉽게 들어줄 수 있는 부탁하기	짝꿍의 거절	이때 나의 느낌	자신이 생각한, 상대가 거절한 이유 묻기	상대의 부탁 묻기	나의 바람, 부탁
		"네 말을 들으니 ……해!"	"너에게 …… 이유(사정)가 있니?"	"내가 ……하면 되겠니?"	"나의 바람은 ……이야."

내면 관찰 (메타 인지)	사실적 사고	추론적 사고	비판적, 창의적 사고
	느낌(정서) /행동 관찰	생각(인지) 파악 = 정서의 원인	변화 대책(필요시)
학습활동 중 파악한 자신의 기분 (느낌), 행동과 이유를 구체적으로	이번 수업을 하던 나의 느낌, 기분을 돌이켜 관찰해보니 〔 〕 던(한) 것 같다.	그 이유는 〔	이렇게 하면 될 것 같다.
	이번 수업을 하던 나의 행동, 자세를 돌이켜 관찰해보니 〔 〕 던(한) 것 같다.	〕 때문인 것 같다.	
알게 된 것			
자신에 대해 알게 된 것 (변화된 것)			
질문이나 더 알고 싶은 것			
학습활동 소감 (실천 계획, 의견, 건의 등)			

14. 내면 소통 — 내 마음을 바꾸는 힘

다른 사람과의 공감 대화도 중요하지만 더욱 중요한 것은 자신과의 대화입니다. 자신과의 공감 대화로 내면 소통이 되어야 다른 사람과도 잘 소통할 수 있기 때문입니다. 내면 소통에도 공감 대화의 원리는 똑같이 적용됩니다. 이번 수업은 자신의 부정적인 경험을 내면으로 소통함으로써 행복과 자유에 이르는 시간입니다.

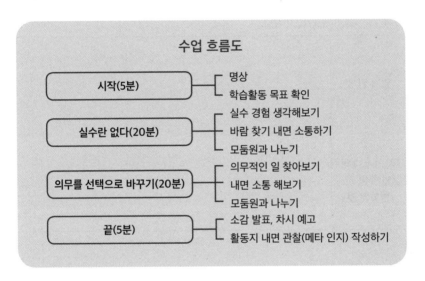

수업 흐름도

시작(5분)	⎡ 명상
	⎣ 학습활동 목표 확인
실수란 없다(20분)	⎡ 실수 경험 생각해보기
	├ 바람 찾기 내면 소통하기
	⎣ 모둠원과 나누기
의무를 선택으로 바꾸기(20분)	⎡ 의무적인 일 찾아보기
	├ 내면 소통 해보기
	⎣ 모둠원과 나누기
끝(5분)	⎡ 소감 발표, 차시 예고
	⎣ 활동지 내면 관찰(메타 인지) 작성하기

학습활동 목표

1. 실수로부터 자신의 생각(바람)을 찾아내 바꿀 수 있다.
2. 의무를 선택으로 바꿀 수 있다.

1) 실수란 없다

누구나 실수하거나 후회하는 일이 있습니다. 이럴 때 우리가 어떻게 생각하고 말하는지 돌이켜보고 그 말이나 느낌에 깔려 있는 생각(바람)을 찾아내 다뤄줌으로써 자책감과 죄책감, 수치심에 빠지지 않고 마음의 평안에 이르는 내면 대화법입니다.

먼저 실수했거나 후회되는 일을 기억해내게 합니다. 이때 꼭 실수나 후회로 잡지 않아도 됩니다. 평소와 달리 강한 감정적 반응이 일어났던 일을 잡아도 좋습니다. 긍정적인 것을 잡아서 즐거움에도 흔들리지 않는 마음의 평정을 찾는 것도 좋습니다.

사례를 쓴 다음 그 당시 자동적으로 처음 일어난 자신의 느낌이나 생각, 혼잣말을 씁니다. 느낌과 생각을 나눠 써야 하나 활동지 지면 사정으로 함께 쓰게 했습니다. 다음엔 이때 일어난 생각이나 혼잣말이 앞에서 공부한 네 가지 선택법에서 어디에 해당되는지 분석해봅니다. 아마 대부분은 자기 공격, 즉 자기 탓으로 여기고 있을 가능성이 큽니다.

다음에는 그때 자신의 진정한 바람은 무엇인지 찾아봅니다. 활동지에서 예를 든(295쪽 참조) '과제 마감을 깜빡 잊어서 감점을 받았다'의 사례에서는 당연히 '감점을 받고 싶지 않다'는 것이고 이는 '성취, 배움, 목표 달성, 자기 구현, 성장' 등의 바람을 바탕에 깔고 있을 것입니다. 이것이 자기 느낌의 원인이었습니다. 만약 이런 바람과 기대가 없었다면 과제 때문에 감점을 받았다고 우울해하거나 자책하지는 않을 것입니다. 부정적인 반응이 일어난다는 것은 그만큼 긍정적인 바람이나 의욕이 있기 때문이므로 나쁜 것이 아닙니다. 이런 감정을 자신의 성숙과 배움으로 이어지게 하는 것이 중요하겠죠.

그러려면 바람을 다뤄줘야 합니다. 바람을 다루는 방법은 두 가지입니다. 외부 조건을 바꿔서 바람을 충족하거나 내부 조건(마음)을 바꾸는 것입니다. 마음이 바뀌어 바람이 없어지면 충족 여부도 의미가 없어지겠죠. 앞의 예에서 보면 과제를 다시 제출해서 어느 정도 점수를 받는 방법으로 외부 조건을 바꿀 수도 있고 마음을 바꿔서 '다른 과제 때문에 제한된 시간을 맞출 수 없었다'라고 객관적인 상황을 이해해 바람을 내려놓거나 아니면 '이 일을 계기로 시간을 잘 활용해야 한다는 것을 알았으니 성장과 배움이 있었다'라고 생각해 '성장의 바람'이 충족됐다고 보고 바람을 없앨 수도 있습니다. 자기 합리화라고도 볼 수 있으나 그것도 자신의 마음을 다스리는 데는 도움이 되며, 이런 힘이 커간다면 합리화의 단계도 넘어설 것입니다.

바람을 다뤄주고 난 다음 느낌, 기분이 어떻게 달라졌는지 관찰해서 씁니다. 분명히 마음이 가벼워지고 편안해졌을 것입니다. 이런 마음으로 사람을 대하고 세상을 본다면 소통이 잘 이뤄질 것입니다.

한두 가지 사례로 연습을 해본 뒤에 짝꿍에게 혹은 모둠원들에게 자신의 사례와 내면 소통 과정을 이야기하고 서로 나눕니다.

다른 친구들의 사례를 통해 더욱 다양하고 자세한 내면 소통의 방법을 이해하고 실천하게 될 것입니다.

2) 의무를 선택으로 바꾸기

재미없지만 하는 수 없이 의무적으로 하는 일이 많습니다. 그러고 있는지도 모르고 반사적으로 스트레스를 받아가며 따르고 있습니다. 자기를 돌아볼 시간도 없는 거죠. 이번 활동에서는 그런 일들의 목록을 써보고 그 일을 왜 하고 있는지 분석한 다음 자신의 진정한 바람은 무엇인지 찾아봅니다. 그런 후에 바람을 충족하기 위해 마음을 바꿀 것인지 대안을 찾을 것인지 선택합니다. 이 과정으로 '해야 할 일'을 기꺼이 '선택한 일'로 바꿀 수 있습니다.

예를 들어 억지로 해야 할 일이 '영어 학원 다니는 것'이라면 왜 억지로 다녀야 하는지 써봅니다. 로젠버그는 행동의 동기로 여섯 가지를 제시했습니다.[22]

1) 돈을 위해서 2) 인정받기 위해서 3) 처벌을 피하기 위해서 4) 수치심을 피하기 위해서 5) 죄책감을 피하기 위해서 6) 의무감에서

여기서 어디에 해당하는지 체크해보고 없으면 '그 밖에'에 체

크하고 내용을 간단히 씁니다. 만약 '부모의 처벌을 피하기 위해서'
와 '죄책감을 피하기 위해서'를 택했다면 자신의 진정한 바람은 무
엇인지 써보게 합니다. '자율성, 선택권, 자아 성장' 등을 썼다고 하
면 이것들을 충족할 수 있는 최종 선택을 써보게 합니다. 이왕 다
닌다면 부모의 처벌과 죄책감을 피해서가 아니라 자아 성장을 위
해 자발적, 적극적으로 다녀야겠다고 마음을 바꿔 즐거운 마음으로
다니겠다고 결심할 수 있습니다. 그러면서 학원이 아닌 다른 대안
도 생각해볼 수 있습니다. 억지로 의무적으로 하는 것이 아니라 자
신이 결정하고 선택할 수 있게 됩니다. 자기 삶의 주인으로 성장하
게 되는 거죠.

활동지(14)

학습활동명	내면 소통—내 마음을 바꾸는 힘	
학습활동 목표		**목표 달성 정도 평가**
1. 실수로부터 자신의 생각(바람)을 찾아내 바꿀 수 있다.		☆☆☆☆☆ %
2. 의무를 선택으로 바꿀 수 있다.		☆☆☆☆☆ %
3. 나의 목표:		☆☆☆☆☆ %
* 다음 시간 수업 내용—감사 표현하기		□확인했어요!

지난주 공감 대화법을 얼마나 실천했나요?	□늘 □자주 □가끔 □별로 □전혀
'마음 듣기' '관찰로 말하기' '느낌과 생각(바람, 필요, 욕구)을 구별해 말하기'의 구체적 실천 사례와 효과(육하원칙으로)	
'공감 대화법 모델로 말하기/듣기(묻기)' '네 가지 선택법'의 구체적 실천 사례와 효과 (육하원칙으로)	

* 활동 1. 실수란 없다+짝꿍과 나누기.

실수, 후회 되는 언행/마음이 힘 들었던 일	그때의 느낌/생각이나 혼잣말은?	←이것에 대한 분석	그때 바람은 무엇이었나?	생각(바람)을 어떻게 바꾸거나 없앨까?	느낌의 변화는?
과제 마감을 깜빡 잊어서 감점을 받았다.	우울했다/역시 나는 안 돼. 나는 제대로 하는 게 없네.	□자기 공격 □상대 공격 □자기 공감 □상대 공감	좋은 성적을 받고 인정을 받는 것. 목표를 이루는 것. 내가 성장하는 것.	다른 과제를 하느라 바빴고 그 과제는 좋은 성적을 받았으니 자책할 필요는 없다. 그걸 통해 배운 점이 있으니 성장하려는 바람은 이뤄졌다.	자책감과 죄책감이 사라지고 마음이 홀가분해졌다.
		□자기 공격 □상대 공격 □자기 공감 □상대 공감			

2장 개인적 화법(공감 대화법) 수업

* 활동 2. 의무를 선택으로 바꾸기—"즐겁지 않은 일은 하지 마라!"

재미없는데도 의무적으로 계속하고 있는 일들	계속하고 있는 이유는?	진정으로 바라는 것은?	최종 선택—마음을 바꿔 기쁜 마음으로 계속할 것인가? 다른 방법을 찾을 것인가?
	□돈 □인정받음 □처벌을 피함 □수치심을 피함 □죄책감을 피함 □의무감 □그 밖에 ( )		□마음 바꿈 (내용:) □다른 방법 (내용:)
	□돈 □인정받음 □처벌을 피함 □수치심을 피함 □죄책감을 피함 □의무감 □그 밖에 ( )		□마음 바꿈 (내용:) □다른 방법 (내용:)
	□돈 □인정받음 □처벌을 피함 □수치심을 피함 □죄책감을 피함 □의무감 □그 밖에 ( )		□마음 바꿈 (내용:) □다른 방법 (내용:)
	□돈 □인정받음 □처벌을 피함 □수치심을 피함 □죄책감을 피함 □의무감 □그 밖에 ( )		□마음 바꿈 (내용:) □다른 방법 (내용:)

2부 화법 수업의 현장

내면 관찰 (메타 인지)	사실적 사고	추론적 사고	비판적, 창의적 사고
	느낌(정서) /행동 관찰	생각(인지) 파악 = 정서의 원인	변화 대책(필요시)
학습활동 중 파악한 자신의 기분 (느낌), 행동과 이유를 구체적으로	이번 수업을 하던 나의 느낌, 기분을 돌이켜 관찰해보니 ( ) 던(한) 것 같다.	그 이유는 ( ) 때문인 것 같다.	이렇게 하면 될 것 같다.
	이번 수업을 하던 나의 행동, 자세를 돌이켜 관찰해보니 ( ) 던(한) 것 같다.		
알게 된 것			
자신에 대해 알게 된 것 (변화된 것)			
질문이나 더 알고 싶은 것			
학습활동 소감 (실천 계획, 의견, 건의 등)			

15. 감사 표현하기—행복에 이르는 가장 빠른 길

감사 표현하기는 공감 대화법의 마무리 수업입니다. 사정으로 학기 중간에 수업이 한두 시간 빠지더라도 마지막 수업은 '감사 표현하기'로 마칩니다. 말하고 들어주는 역할을 해준 짝꿍과 모둠원이 있었기에 한 학기 수업에서 마음이 아름다워지고 대화가 따뜻해질 수 있었으니 서로에게 고마운 일입니다.

수업은 '고마운 분께, 자신에게, 친구들에게' 감사하기로 되어 있습니다. 학생들에게 상당히 치유가 일어나는 수업입니다.

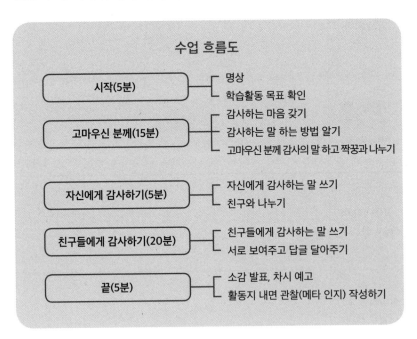

수업 흐름도

| 시작(5분) | ├ 명상 |
| | └ 학습활동 목표 확인 |

고마우신 분께(15분)	├ 감사하는 마음 갖기
	├ 감사하는 말 하는 방법 알기
	└ 고마우신 분께 감사의 말 하고 짝꿍과 나누기

| 자신에게 감사하기(5분) | ├ 자신에게 감사하는 말 쓰기 |
| | └ 친구와 나누기 |

| 친구들에게 감사하기(20분) | ├ 친구들에게 감사하는 말 쓰기 |
| | └ 서로 보여주고 답글 달아주기 |

| 끝(5분) | ├ 소감 발표, 차시 예고 |
| | └ 활동지 내면 관찰(메타 인지) 작성하기 |

1) 고마운 분께

활동지를 나눠주기 전에 짤막한 영상물이나 일화를 소개하면서 우리가 감사해야 할 것이 얼마나 많은지, 감사하는 마음을 갖는 것이 얼마나 소중한지를 생각해볼 기회를 줍니다.

다음으로는 공감 대화법 모델로 감사하는 말하기의 방법을 알려줍니다. 예를 들어 대학생이 뇌 과학 전공 교수님에게 강의를 들은 다음 감사의 말을 할 때 "교수님, 강의 잘 들었습니다. 감사합니다"라고 말하면 안 하는 것보다는 낫지만 감사의 마음을 담기에는 아쉬운 감이 있습니다. 이때 공감 대화법 모델을 응용해 다음과 같이 말하면 좋을 것 같습니다. "교수님께서 인공지능과 인간의 뇌를 비교해 말씀해주셨을 때(관찰) 정말 기뻤어요(느낌). 제가 늘 궁금했던 점을 자세히 알 수 있게 됐습니다(충족된 바람). 앞으로 제가 전공하는 공부를 해나갈 때 큰 도움이 될 것 같습니다. 제가 연락을 드려도 괜찮을까요? 감사합니다(부탁, 감사)."

여기까지 진행한 다음 활동지를 나눠주고 바로 눈을 감고 자신에게 고마운 분을 떠올리도록 시간을 줍니다. 구체적으로 어떤 일, 에피소드가 있었는지, 그때 충족됐던 혹은 도움이 됐던 자신의 바람과 기대는 무엇인지 그리고 그분께 어떤 감사의 말을 하고 싶은지 생각해보게 합니다. 2분 이상 시간을 충분히 주어 감사의 마음이 일어날 수 있도록 합니다. 만약 생각이 잘 안 떠오르면 자신이 살아가고 존재하기 위해 필요한 것을 생각해보라고 합니다. 숨을 쉬어야 하고 음식을 먹어야 하고 햇살이 있어야 하고 그러려면 지구도 태양도 온 우주도 다 필요하게 됩니다. 고마운 존재들이죠.

눈을 뜨고 활동지에 정리하고 난 뒤 짝꿍을 고마운 분이라고 가정하고 틀에 맞춰 감사의 말을 합니다. 들은 사람은 그 말에 나타난 상대의 느낌과 충족된 욕구를 반복해주고 난 뒤 자기 느낌과 충족된 바람 등을 이야기해줍니다. 역할을 바꿔 한 번 더 합니다. 만약 짝꿍 활동이 아니라 모둠 활동으로 진행할 때는 듣기 활동을 활동지 형식에 상관없이 자유롭게 해도 됩니다.

2) 자신에게 감사하기

자신에게 감사하고 싶은 것은 무엇인지 구체적인 사례를 생각해보고 그때의 느낌과 충족된 욕구는 무엇인지, 그것을 알고 난 뒤의 느낌과 생각은 어떠한지를 메타 인지적으로 써봅니다. 이 활동에서 막막해하는 학생이 있습니다. 그러면 자신의 장기를 생각해보라고 합니다. 눈, 코, 귀, 입, 머리, 심장, 위장…… 이런 것들이 없다면 어떻게 살아갈 수 있을까요? 내용을 작성한 다음에는 그걸 짝꿍에게 혹은 돌아가며 모둠 친구들에게 이야기하면 다른 친구들이 이야기를 듣고 피드백해줍니다.

3) 친구들에게 감사하기

다음에는 모둠에 있는 친구들에게 감사하는 순서입니다. 활동지 틀에 따라 작성해 모둠원들에게 보여주고 답글을 다는 형식으로 서로 감사의 마음을 나누는 시간입니다. 그리고 같은 모둠이 아닌 친구 중에 감사를 전하고 싶은 친구가 있으면 같은 방식으로 내용을 작성하고 그 친구에게 가서 답글을 받게 합니다. 남녀 분반인 경우에는 다른 반 친구는 안 되느냐고 농담으로 묻는 학생도 있습니다. 이 시간, 교실이 아름답게 빛납니다.

4) 감사했던 한 한기

한 학기 수업의 전체 마무리로 한 학기 수업 단원 중 가장 기억에 남는 수업, 느낀 점과 배운 점, 자신의 변화, 실천 사례, 그 밖의 소감 등을 종합적으로 쓰는 시간을 가지면 좋습니다.

감사할 줄 아는 사람이 가장 배울 점이 많은 사람이다. 이타적으로 남을 배려해 더불어 사는 삶을 추구할 줄 아는 사람이기 때문이다. 감사함을 표현할 때도 관찰, 느낌, 바람, 부탁을 이용할 수 있다는 것을 알았다. 말솜씨가 좋지 않더라도 표현을 긍정적으로 많이 하는 것이 좋다. 내가 누군가에게 던진 말이 큰 영향을 미친다는 것을 잊지 않고 말조심하고 고마움을 표현할 땐 자세히 말해야겠다. (매천고 1-8 박선주)

평소에 감사하기가 쉽지 않은데 오늘 수업을 통해서 내 생활 속에서 감사한 이들을 생각해볼 수 있는 시간이 됐다. 다른 친구들에게 감사하다는 편지를 쓰고 답을 받고 또 나에게 감사했던 일들을 들으니까 기분이 좋아졌고 그 친구에게 그렇게 했던 것이 보람이 있다고 느꼈다. 감사는 어려운 것이 아닌데 어렵게 생각한 것 같다. 그래서 배운 것을 실생활에서 실천하는 것도 중요하다는 점을 알 수 있었다. 앞으로 작은 것에도 감사하는 마음을 가질 수 있도록 해야겠다. '행복은 소유에 비례하지 않는다. 감사에 비례한다'라는 좌우명을 얻을 수 있었다. (매천고 1-9 신지원)

고등학교 1학년 2학기 '공감 대화법' 수업의 마지막 활동 제목은 '감사하기'다. 소통과 사랑을 위한 화법 수업의 마무리로 이만한 것이 있을까 싶은 탁월한 수업 흐름이다. 이 수업을 17차시 중 가장 마지막에 배치한 선생님의 의도를 나는 혼자 어림짐작하며 아이들을 기다렸다. 기말고사 직전, 연일 이어지는 자습으로 노곤해진 몸을 이끌고 아이들이 모둠 학습실로 왔다. 선생님은 아이들의 늦은 등장에도 피곤한 몸을 이끌고 이곳까지 와준 아이들에게 감사하다 말했다.

2학기에 배운 화법 수업을 언젠가 내 수업으로 펼쳐보고 싶다 생각한다. 그러나 가장 고민인 지점은 내 스스로가 수업 내용과 같은 삶을 살지 못한다는 데 있다. '평가로 보지 않고 관찰로 말하기, 느낌과 감정에 솔직하기, 충분히 생각하고 사려 깊게 말하기……' 나는 다 잘 못한다. 행동보다 말이 먼저이고 상대의 말을 듣기보다 내 말 하는 것이 더 좋다. 교육에 있어 교사의 숙련도, 즉 전문성이 중요하다면 나는 '화법' 수업 티칭 자격 미달이다.

반면 선생님은 필요한 말 외에는 잘 안 하신다. 상대의 이야기를 충분히 귀담아듣고 어떤 판단과 짐작도 섣부르게 하지 않는다. 이렇게 말하면 분명 손사레를 치실 게 분명하니 '그러기 위해 부단히 노력하며 산다'로 정정한다. 자신의 수업과 일치된 삶을 살고자 애쓰는 것. 내가 선생님을 존경하는 가장 큰 이유다.

오늘의 첫번째 활동은 자기 삶 속에서 감사한 마음이 드는 사람을 떠올리고 그 사람에게 하고 싶은 말을 쓰는 것으로 시작한다. 나는 엄마를 떠올렸다. 대상에게 감사한 이유를 적는 칸에 '나를 나로 낳아줘서'라고 적고서는 스스로 좀 놀랐다. 나는 평소에 뭐든 조금씩 모자란 인간으로 이 세상에 나를 태어나게 한 엄마에 대한 불만이 많았기 때문이다. 원하는 모습은 높고 자존감은 낮아 늘 모자란 채로 인생이 채워지지 않았다. 나는 왜 있는 그대로 느끼고 받아들이지 못했을까. 모든 화살을 엄마에게 돌리고 웅크리고만 있었던 지난날이 미안해졌다.

두번째 활동은 자기 자신에게 감사하는 면을 찾아 그것이 감사한 까닭과 바람, 느낌을 적는다. 아이들은 "잘생긴 것, 공부 잘하는 것, 다리가 긴 것" 하며 쑥스러운 목소리로 자신의 장점을 이리저리 꼽아본다. 주로 외모와 능력에 관한 평가가 많다. 나는 내 활동지에 '따뜻하고 말랑한 마음, 배움을 소중히 여기는 자세'라고 썼다. 아, 이걸 스스로가 적는 것은 꽤 쑥스러운 일이구나. 그런데 또 한편으로는 기분이 참 좋아지는구나. 멋쩍기도 하지만 기쁜 그것. 스스로를 긍정하고 아끼는 마음에 있다.

세번째 활동은 친구들에게 감사하기다. 서로에게 감사한 마음을 자기 방식대로 표현한다. 아이들의 활동을 살피며 선생님은 '감사하다'라는 말을 할 때도 '관찰 → 느낌 → 바람 → 부탁의 흐름'으로 '구체적'으로 말하면 좋다고 설명했다. 그런데 선생님의 친절한 안내에도 어떤 아이들은 'ㄱㅅ'라고 적는다. 길게 두 줄로 말하든지 ㄱㅅ라는 자음의 나열이든지 마음이 전해지면 됐지. 그것 또한 아이들의 표현 스타일일 뿐이라고 생각하면 마음이 편안하다. 마지막 수업이 되니 아이들을 향한 교사의 높은 기대(바람)를 스스로 조절하는 법도 알게 됐다.

타인의 감사 표현을 행복하게 받고 다른 이에게 돌려주는 행위는 삶을 너무나도 아름답게 만들어준다. 지난주 수업 공동체 보고회에 참석하면서 만난 J선생님이 건넨 마카롱에 담긴 수줍고 어여쁜 마음, 수능과 면접이 끝난 아이들이 나 몰래 올려둔 핫팩과 사탕에 담긴 따뜻하고 달콤한 마음, 후배 교사에게 자신의 수업을 열어 모든 것을 공개하고 나누는 선생님의 넉넉한 마음. 글로 다 담지 못할 만큼 무한한 너비의 사랑 속에 우리는 살아가고 있다. 1년의 끝자락에서 아이들이 자기 앞의 생을 누구보다 행복하고 소중하게 꾸려가길 바라는 선생님의 마음이 고스란히 담긴 수업.

아이들은 이런 선생님의 배려 깊은 사랑을 잘 알고 있었다. 활동지에 선생님에게 고마움을 표현하는 아이들이 많다. 마지막이라는 말에 선생님의 옷자락을 붙잡고서 서운함을 이기지 못하고 우는 아이들이 있다. 받은 것을 소중히 여기고 글로 말로 표현할 줄 아는 아이들. 너무 잘 배웠네. 그렇게 마지막 수업은 눈부시게 따뜻하고 아름다웠다.

📋 활동지(15)

학습활동명	감사 표현하기—행복에 이르는 가장 빠른 길	
학습활동 목표		**목표 달성 정도 평가**
1. 자신을 돌아보고 감사하는 마음을 가질 수 있다.		☆☆☆☆☆ %
2. 공감 대화법 모델로 감사하는 말을 할 수 있다.		☆☆☆☆☆ %
3. 나의 목표:		☆☆☆☆☆ %
* 다음 시간 수업 내용—연설하기		□확인했어요!

지난주 공감 대화법을 얼마나 실천했나요?	□늘 □자주 □가끔 □별로 □전혀
'마음 듣기' '관찰로 말하기' '느낌과 생각(바람, 필요, 욕구)을 구별해 말하기'의 구체적 실천 사례와 효과(육하원칙으로)	
'공감 대화법 모델로 말하기/듣기'의 구체적 실천 사례와 효과(육하원칙으로)	

* 활동 1. 조용히 자신의 삶 속에서 감사한 마음이 드는 사람을 마음에 떠올립니다. 그 사람이 한 일과 그때 자신의 느낌과 충족된 바람이 무엇이었는지 회상해봅시다. 작성 후 짝꿍에게 말해줍시다. (짝꿍 활동)

누구에게	감사함을 느끼게 한 일, 에피소드(관찰)	느낌	충족된 나의 바람, 기대(욕구)	하고 싶은 말이나 간단한 편지

1. 짝꿍의 말을 듣고 짝꿍의 느낌과 충족된 바람을 그대로 반복해줍니다.
2. 그 말을 듣고 자신에게 어떤 느낌이 일어나는지 어떤 생각, 바람, 기대가 충족됐는지 말해줍니다.

느낌	이유(바람, 기대)
네 말을 들으니 내 느낌이 ( )!	왜냐하면 ( ) 하고 싶은 나의 바람, 기대가 충족됐기 때문이야.

* 활동 2. 자기 자신에게 감사하기+모둠원과 나누기.

자신의 어떤 면에 대해 감사하고 싶은가?	구체적 사례, 에피소드는? (기억나는 대로, 최대한 자세히)	그 이유는?	이때 충족된 자신의 바람, 기대는 구체적으로 어떤 것일까?	이런 감사의 내용을 스스로 알고 난 뒤의 느낌은?

*활동 3. 모둠 친구들에게 감사하기.

친구 이름	고마움을 느꼈던 구체적 사례, 에피소드	그때의 느낌과 충족된 바람과 기대	친구에게 하고 싶은 말, 편지	친구 활동지의 감사글을 읽은 느낌과 충족된 바람, 기대는?
오른쪽① ( ) 에게		느낌: 충족된 바람, 기대:		읽은 느낌: 충족된 바람, 기대:
오른쪽② ( ) 에게		느낌: 충족된 바람, 기대:		읽은 느낌: 충족된 바람, 기대:
오른쪽③ ( ) 에게		느낌: 충족된 바람, 기대:		읽은 느낌: 충족된 바람, 기대:
우리 모둠 아닌 친구 ( ) 에게		느낌: 충족된 바람, 기대:		읽은 느낌: 충족된 바람, 기대:

내면 관찰 (메타 인지)	사실적 사고	추론적 사고	비판적, 창의적 사고
	느낌(정서) /행동 관찰	생각(인지) 파악 = 정서의 원인	변화 대책(필요시)
학습활동 중 파악한 자신의 기분 (느낌), 행동과 이유를 구체적으로	이번 수업을 하던 나의 느낌, 기분을 돌이켜 관찰해보니〔 〕 던(한) 것 같다.	그 이유는 〔 〕	이렇게 하면 될 것 같다.
	이번 수업을 하던 나의 행동, 자세를 돌이켜 관찰해보니〔 〕 던(한) 것 같다.	때문인 것 같다.	
알게 된 것			
자신에 대해 알게 된 것 (변화된 것)			
질문이나 더 알고 싶은 것			
학습활동 소감 (실천 계획, 의견, 건의 등)			

주

1. 정혜신.『당신이 옳다』. 해냄. 2018. 90쪽.

2. 이민규.『끌리는 사람은 1%가 다르다』. 더난출판사. 2005. 106쪽.

3. 이재호.『듣기만 잘했을 뿐인데』. 미다스북스. 2017 참조.

4. 현각.『오직 모를 뿐』. 물병자리. 2000. 이 책의 제목에서 가져옴.

5. 정혜신. 위의 책. 104쪽 참조.

6. 김종명.『절대 설득하지 마라』. 에디터. 2015. 112쪽.

7. 마틴 셀리그만.『마틴 셀리그만의 긍정심리학』. 김인자, 우문식 옮김. 물푸레.
   2014. 23쪽.

8. 캐서린 한.『비폭력 대화 1』. 한국NVC센터. 2016. 105~106쪽 참조.

9. 마셜 로젠버그.『비폭력 대화』. 한국NVC센터. 2011. 157~158쪽 참조.

10. 같은 책. 93쪽.

11. 장하석.『장하석의 과학, 철학을 만나다』. 지식플러스. 2015. 91~92쪽 참조.

12. 정혜신. 위의 책. 89쪽.

13. 에이브러햄 매슬로.『매슬로의 동기이론』. 소슬기 옮김. 유엑스리뷰. 2018. 22쪽.

14. 캐서린 한. 위의 책. 11쪽 참조.

15. 정혜신. 위의 책. 45쪽.

16.「유자식 상팔자 61회: 부모라면 공감하는 대답 없는 그대 '사춘기 자녀'」. JTBC.
    2014. 8. 5.

17. 윤가현 외.『심리학의 이해』. 학지사. 2019. 26~28쪽 참조.

18. 마셜 로젠버그. 위의 책. 236~237쪽 참조.

19. 같은 책. 235쪽 참조.

20. 정혜신. 위의 책. 187쪽.

21. 같은 곳.

22. 마셜 로젠버그. 위의 책. 224~227쪽 참조.

3장

공식적 화법 수업

공식적 화법 수업 안내

공식적 화법은 연설, 발표, 면접처럼 한 사람이 여러 사람 앞에서 말하거나 토의, 협상, 토론처럼 여러 사람끼리 말하는 화법으로, 형식을 갖춰서 공개적으로 이뤄집니다. 형식이 있으니 거기에 맞춰야 하는 측면과 상황과 목적에 맞는 내용을 생성하는 측면이 있습니다.

공식적 화법 수업은 크게 '내용 생성, 원고 작성, 실습'의 세 단계로 짰습니다. 내용 생성 단계에서는 스토리텔링이나 브레인스토밍 활동 등으로 생각거리를 풍부하게 떠올립니다. 자신도 잘 몰랐던 내면을 모두 깨워서 끄집어내는 거죠. 그것들은 발표에 직접 쓰이지 않을 수도 있으나 발표를 계기로 자신에 대해 세밀하면서도 풍부하게 알아보는 것을 목표로 합니다. 원고 작성 단계에서는 이것을 바탕으로 해당 주제에 대한 자신의 자율적인 관점을 정하고 주제를 명확히 하며 설득력을 높이기 위해 내용을 구성합니다. 이런 과정 없이 다른 곳에서 들은 것이나 남의 글로는 진정성과 열정을 실을 수 없습니다. 실습 단계에서는 형식적인 측면으로 발표 유형과 방식, 순서를 익히는 것과 자세, 시선, 목소리 등의 스피치 능력을 키우는 것이 중점입니다.

각 분야에 최소 두 시간의 준비 시간(내용 생성과 원고 작성)을 주도록 했습니다. 실습에 걸리는 시간은 학생 수에 따라 달라집니다. 요즘은 학생 수가 적기 때문에 시간 압박은 덜 받을 것 같습니다.

질의, 응답을 꼭 넣도록 합니다. 질문을 처음 시작하는 것이 어려우므로 첫 질문은 지정 토론자 혹은 지정 질문자를 정해 먼저 말문을 트면 다음에는 쉽게 이어질 수 있습니다. 동료 평가와 교사 평가도 중요한 요소입니다. 평가하면서도 배우기 때문입니다. 교사의 강평은 직접적인 피드백을 줄 수 있어 좋습니다.

1. 스토리텔링 연설 수업

연설은 "공식적 상황에서 청중에게 자신의 견해를 말로 전달하는 의도적이며 목표 지향적인 의사소통 방법"[1]입니다. 공식적 상황이란 공공이나 민간단체에서 격식을 갖춘 상황을 말하며, 구체적으로 정치적, 상업적, 법률적인 상황 등을 들 수 있습니다. 의도와 목표란 설명, 주장, 설득, 축하, 감사 등이 될 수 있습니다. 연설자한 사람과 다수의 청중 간에 이뤄지는 의사소통으로 내용의 일방적 영향력이 크므로 말하는 사람은 그 내용에 책임감을 가져야 합니다. 그리스 로마 시대의 웅변이나 에이브러햄 링컨, 마틴 루터 킹 목사, 스티브 잡스 등의 명연설이 많은 사람의 입에 오르내리는 것은 연설의 영향력을 잘 보여주는 사례입니다.

연설은 대표성이 있는 자리에 있지 않는 한 자주 하는 말하기 형식은 아닙니다. 학생의 경우는 더욱 그렇습니다. 학급회나 학생회에서 임원으로 소견 발표를 하거나 당선 인사를 하는 정도가 고작일 것 같습니다. 그러므로 수업 상황에서는 스토리텔링 방법과 연결해 진행해봤습니다. 규모와 정도의 차이는 있을지 모르나 모든 연설은 주인공에게 가장 보람 있고 감격적인 순간에 발표되는 글입니다. 그러므로 자신의 미래를 구체적으로 설계해보고 스토리를 만들어 연설하게 될 상황을 가상으로 만들어보는 것입니다. 연설 경험뿐만 아니라 자신의 진로에 대한 구체적 관심과 흥미를 갖게 될 것입니다.

차시 구성

최소 3차시 이상 진행합니다. 첫 차시에서 연설문의 중요성, 정의, 특징, 쓰는 법을 간단히 확인합니다. 유명 연설의 영상물을 보는 것도 좋습니다. 다음으로 연설문 쓰기를 위한 스토리텔링 시간을 갖습니다. 시간을 넉넉히 줄 수 있으면 좋겠죠. 스토리텔링이 완성되면 그것을 바탕으로 연설문 원고 작성에 들어갑니다. 다음 시간부터는 연설하기 실습으로 들어갑니다. 다른 학생들은 청중 평가단이 되어 평가하고 나중에 간단한 시상을 해도 좋을 것 같습니다.

차시	교수―학습활동
1	연설 영상물 시청, 연설문에 대해+스토리텔링
2	연설문 원고 작성하기
3 ~	연설하기와 평가하기, 시상식

1) 1차시—연설문 스토리텔링

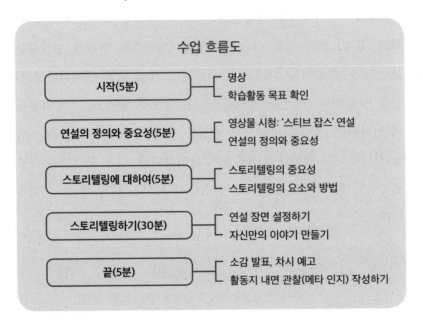

수업 흐름도

시작(5분) ─┌ 명상
          └ 학습활동 목표 확인

연설의 정의와 중요성(5분) ─┌ 영상물 시청: '스티브 잡스' 연설
                         └ 연설의 정의와 중요성

스토리텔링에 대하여(5분) ─┌ 스토리텔링의 중요성
                        └ 스토리텔링의 요소와 방법

스토리텔링하기(30분) ─┌ 연설 장면 설정하기
                     └ 자신만의 이야기 만들기

끝(5분) ─┌ 소감 발표, 차시 예고
         └ 활동지 내면 관찰(메타 인지) 작성하기

학습 활동 목표

1. 연설의 정의와 중요성을 알 수 있다.
2. 스토리텔링의 중요성과 방법을 알 수 있다.
3. 나의 미래를 스토리텔링할 수 있다.

연설문에 대해

연설의 정의와 성격 등은 앞의 내용으로 간단히 정리해도 될 것 같습니다. 이론은 짧고 강하게 하고 실제 연설 영상을 보면서 정리하는 것이 좋습니다. 저는 스티브 잡스의 스탠퍼드 대학교 졸업식 축사 영상을 썼습니다. 대학을 중도에 그만둔 자신의 인생 이야기부터 시작해 다른 사람의 삶을 살기 위해 인생을 낭비하지 말라는 당부와 유명한 'Stay Hungry, Stay Foolish'로 끝나는 명연설입니다. '성공적인 연설을 위해 이성적·감성적·인성적 설득 전략'[2]을 잘 활용한 사례로 제시하며 설명하면 좋을 것 같습니다. 연설만 15분 정도 됩니다. 일시 정지를 해가며 설명을 덧붙이면 시간이 꽤 걸립니다. 수업 시간 사정에 따라 발췌, 편집해서 써도 좋을 것입니다. 연설문 원고도 인쇄해주면 좋겠죠.

스토리텔링하기

이제 이런 멋진 연설을 위한 스토리텔링으로 넘어갑니다. 간단한 상황만을 제시해서는 감동적인 연설문을 쓰기 어렵습니다. 구체적인 맥락과 글쓴이의 진한 느낌이 들어가지 않기 때문입니다. 아무리 작은 사건 한 가지라도 그것이 이뤄지기까지에는 많은 이야기들이 있기 마련입니다. 그것부터 시작해야 체온이 느껴지는 감동적인 연설문을 쓸 수 있습니다.

이 활동의 제목은 '내 인생 최고의 날'입니다. 자신이 주인공이 되어 많은 사람들의 축하를 받는 자리에서 그들을 향해 연설하는 장면을 상상해서 씁니다. 먼저 어떤 행사인지를 정하고 시간적, 공간적 배경을 구체적으로 생각해보게 합니다. 가장 중요한 대목은 자신이 그 자리에 오기까지의 과정을 쓰는 부분입니다. 이 부분에서는 반드시 갈등과 역경을 이겨내는 이야기를 넣도록 합니다. 어떤 성취든 역경이 없을 수 없으며 그런 과정들이 다른 사람에게도 감동을 주는 법입니다.

이를 위해 스토리텔링(이야기 만들기) 활동이 필요합니다. 이야기 만들기를 통해 구체적인 맥락이 형성되고 감정이 이입되면서 살아 있는 말들을 만들어낼 수 있습니다. 스토리텔링이란 '이야기' 입니다. 그렇다고 해서 그냥 단순한 '이야기'가 아니라 뭔가를 전달하고자 하는 목적을 갖고 다른 사람들에게 깊은 인상을 심어주기 위해 만들어진 이야기입니다.

스토리를 만드는 데는 네 가지 핵심 요소가 있습니다. 메시지, 갈등, 등장인물, 플롯입니다. 이 중에서도 중요한 요소는 '갈등'입니다. 갈등은 좋은 스토리를 이끌어내는 동력입니다. 갈등이 없다면 스토리는 존재하지 않습니다. 인간은 문제, 즉 갈등과 마주하면 본능적으로 해결책을 찾으려고 합니다. 갈등이 행동을 만들어내고 플롯을 이어가는 것입니다.[3]

연설문을 쓰기 위해 스토리텔링이 왜 필요한지와 스토리텔링에서 갈등이 중요하다는 점을 설명한 뒤에는 활동지의 내용을 함께 보며 각 항목들을 간략히 확인합니다. 그리고 개인 활동 시간을 최대한 많이 줘야 하는데 만약 시간적 여유가 있다면 전반적인 진행을 여유 있게 하고 스토리텔링만으로 한 시간을 주면 더욱 좋습니다.

활동지(1)

학습활동명	연설문 스토리텔링(이야기 만들기)

학습활동 목표	목표 달성 정도 평가
1. 연설의 정의와 중요성을 알 수 있다.	☆☆☆☆☆ %
2. 스토리텔링의 중요성과 방법을 알 수 있다.	☆☆☆☆☆ %
3. 나의 미래를 스토리텔링할 수 있다.	☆☆☆☆☆ %
4. 나의 목표:	☆☆☆☆☆ %
* 다음 시간 수업 내용─연설문 원고 쓰기	□확인했어요!

이야기 만들기(스토리텔링)

〔이야기의 끝〕─나는 지금 어떤 행사의 주인공으로 모든 사람의 시선을 한눈에 받는 가운데 높은 자리에 있다. (미래의 어느 시점을 잡아 상상해 마음껏 쓰기 바랍니다.)

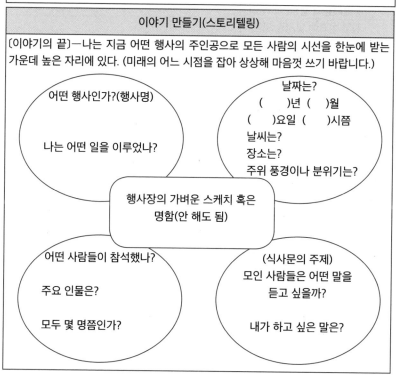

이야기 만들기(스토리텔링)		
단계	유의점	나의 이야기(간단한 사건의 인과적 연결)
처음	* 주인공 설정―'나' * 삶의 소중한 가치, 미래의 구체적 **목표, 동기**, 상황 설정 * 구체적 실천과 순조로운 진행	
중간	* **장애물의 등장**('나'의 의지와 목표에 맞서는 모든 세력, '나'의 육체적, 정신적 능력을 시험하는 도전. 강력할수록 흡인력이 큼) * 극복을 위한 구체적 **노력과 반전, 해결**(자세하고 그럴듯해야 반전의 감동이 큼. 도와주는 사람이 나타나기도 함) * 변화와 성장(얻게 된 지혜, 깨달음)	
끝	목표의 달성, 하고 싶은 말, **여운, 감동**이 있는 마지막	

내면 관찰 (메타 인지)	사실적 사고	추론적 사고	비판적, 창의적 사고
	느낌(정서) /행동 관찰	생각(인지) 파악 = 정서의 원인	변화 대책(필요시)
학습활동 중 파악한 자신의 기분 (느낌), 행동과 이유를 구체적으로	이번 수업을 하던 나의 느낌, 기분을 돌이켜 관찰해보니〔 〕 던(한) 것 같다.	그 이유는 〔	이렇게 하면 될 것 같다.
	이번 수업을 하던 나의 행동, 자세를 돌이켜 관찰해보니〔 〕 던(한) 것 같다.	〕 때문인 것 같다.	
알게 된 것			
자신에 대해 알게 된 것 (변화된 것)			
질문이나 더 알고 싶은 것			
학습활동 소감 (실천 계획, 의견, 건의 등)			

2) 2차시—연설문 원고 작성하기

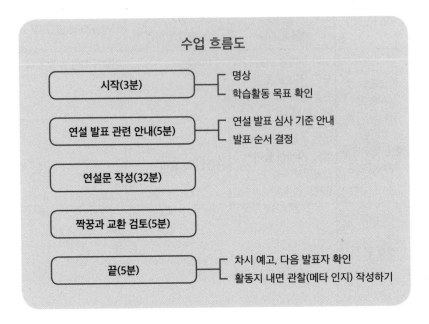

수업 흐름도

시작(3분) ─── ┌ 명상
            └ 학습활동 목표 확인

연설 발표 관련 안내(5분) ─── ┌ 연설 발표 심사 기준 안내
                        └ 발표 순서 결정

연설문 작성(32분)

짝꿍과 교환 검토(5분)

끝(5분) ─── ┌ 차시 예고, 다음 발표자 확인
          └ 활동지 내면 관찰(메타 인지) 작성하기

학습활동 목표

1. 연설 발표의 평가 기준을 알고 연설문을 작성할 수 있다.
2. 짝꿍의 연설문을 성실히 검토할 수 있다.
3. 짝꿍의 검토를 반영해 연설문을 고쳐 쓸 수 있다.

전 시간에 했던 스토리텔링을 바탕으로 행사 연설문 원고를 작성하는 시간입니다. 스토리텔링의 내용이 모두 연설문에 담길 필요는 없겠죠. 청중의 특성을 고려해 청중에게 감동과 깨달음을 줄 수 있는 내용, 자신이 하고 싶은 메시지를 스토리텔링의 내용을 활용해 생생하게 표현해봅니다.

원고 작성에 들어가기 전에 심사 기준을 알려줍니다. 심사 기준은 발표력, 스토리텔링, 짜임새로 되어 있습니다. 연설 실습 때 사용하게 될 평가지(329쪽) 양식을 보여주며 설명합니다. 원고 작성과 발표 준비에 도움을 줄 수 있습니다. 그리고 발표 순서를 정합니다. 그래야 다음 시간부터 바로 연설하기 실습을 할 수 있습니다. 발표 순서는 해당 프로그램을 이용해 랜덤으로 빨리 짜는 게 좋습니다.

원고의 기본 틀만 안내하고 개인적으로 작성할 시간을 최대한 많이 줍니다. 수업이 끝나기 10분 전쯤 다 못 썼어도 일단 마무리를 하게 하고 짝꿍과 서로 바꿔서 검토해주도록 합니다. 검토 기준에 따라 도움이 될 만한 점을 알려주게 하고 종합 의견에는 원고의 좋은 점 위주로 적어주게 합니다. 돌려받은 다음에는 검토 의견을 참고해 고쳐 쓰기를 하고 메타 인지 활동을 하고 끝냅니다. 수업 시간 중에 다 마치기가 빠듯합니다. 과제로 낼 수밖에 없는데 만약 여유가 있다면 한 시간 더 시간을 주고 짝꿍의 피드백을 더 자세히 받고 고칠 수 있게 하면 좋습니다.

이 활동으로 구체적이고 창의적인 상상력을 키우고 자신이 꿈꾸는 미래에 대한 강한 동기와 의욕을 가지게 됩니다. 이 활동을 한 대부분의 학생이 꿈에 대한 성취 욕구가 크게 증가합니다.

뭔가 색다른 상상을 할 수 있어 좋았고, 꼭 이뤄질 것만 같은 기분도 들었다. 솔직히 약간은 비현실적인 부분도 있고 지어내기 어려운 감도 있었지만 재밌었다. 그리고 진짜 지금 억만장자인 사람들은 어떤 삶을 보냈을지 궁금해지기도 했다. 내가 남에게 줄 교훈에 대해 생각하면서 나도 이 교훈대로의 삶을 살아야겠다고 생각했다. (경북여고 1-4 최영선)

식사문을 쓰면서 기분이 묘하기도 했고 신나기도 했고 고민에 빠지기도 했다. 쓰는 내내 정말 어디 단상 위에 올라가 글을 읽어야 할 듯한 기분이 들었었다. 허구라고 했지만 나와 직접적인 관련이 있는 것 같아 더욱 정성을 들이게 됐다. 다 쓰고 나니 기분도 뿌듯했고 보람 있었다. 느낀 점도 많았고 뭔가 내 글에서 교훈을 얻은 것만 같았다. 혹시 커서 정말 이런 식사문을 쓰게 될지도 모르는 일이니 잘 간직해야겠다. 꼭 쓰는 날이 그리고 읽을 날이 올 것이다. (경북여고 1-4 김경민)

📋 활동지(2)

학습활동명	연설문 원고 작성하기

연설문 원고 쓰기 (분량: 3분 연설＝1,200자 정도, 40자 X 30줄)

행사명:

대상(청중):

주제(연설의 목적, 하고 싶은 말):

짜임새: 인사말 → 본문(스토리텔링 이용) → 맺음말

5

10

15

	20
	25
	30

	검토 기준	평점	의견
짝꿍 검토	행사의 목적, 성격에 맞는가?(이성적 요소)	( )/5	
	처음, 중간, 끝의 짜임새가 잘 갖춰졌는가?(이성적 요소)	( )/5	
	듣는 사람이 공감하고 감동할 수 있는 내용인가?(감성적 요소)	( )/5	
	어려움을 이겨내는 스토리가 있는가?(감성적 요소)	( )/5	
	듣는 사람을 배려하고 예의 바르며 품위 있게 표현했는가?(인성적 요소)	( )/5	
	종합 의견 (좋은 점)		

내면 관찰 (메타 인지)	사실적 사고	추론적 사고	비판적, 창의적 사고
	느낌(정서) /행동 관찰	생각(인지) 파악 = 정서의 원인	변화 대책(필요시)
학습활동 중 파악한 자신의 기분 (느낌), 행동과 이유를 구체적으로	이번 수업을 하던 나의 느낌, 기분을 돌이켜 관찰해보니〔 〕던(한) 것 같다.	그 이유는 〔 〕 때문인 것 같다.	이렇게 하면 될 것 같다.
	이번 수업을 하던 나의 행동, 자세를 돌이켜 관찰해보니〔 〕던(한) 것 같다.		
알게 된 것			
자신에 대해 알게 된 것 (변화된 것)			
질문이나 더 알고 싶은 것			
학습활동 소감 (실천 계획, 의견, 건의 등)			

3) 3차시 이후─연설하기

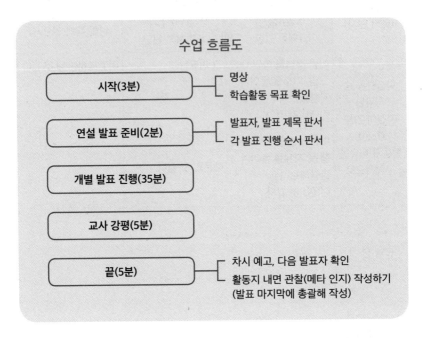

수업 흐름도

시작(3분) ─┌ 명상
             └ 학습활동 목표 확인

연설 발표 준비(2분) ─┌ 발표자, 발표 제목 판서
                        └ 각 발표 진행 순서 판서

개별 발표 진행(35분)

교사 강평(5분)

끝(5분) ─┌ 차시 예고, 다음 발표자 확인
            └ 활동지 내면 관찰(메타 인지) 작성하기
             (발표 마지막에 총괄해 작성)

학습활동 목표

1. 자신의 순서에 준비된 연설문을 바탕으로 연설할 수 있다.
2. 친구의 연설을 기준에 따라 심사할 수 있다.

연설문은 공개적, 공식적 발표를 목적으로 하는 글이므로 반드시 모두 실습해야 합니다. 행사장과 같은 분위기가 나도록 풍선이나 현수막 등으로 장식하고 장난감 마이크나 아니면 실제 마이크를 사용하는 것도 좋습니다.

발표하는 학생은 교실 앞으로 나와서 단정하고 바른 자세와 분명한 목소리로 3분간 실제로 연설하는 것처럼 합니다. 3분 연설이 끝나면 2분간 지정 질문자와 질의응답을 하고 이어서 자유롭게 질의응답을 합니다. 이것은 실제 연설에는 거의 없지만 발표자에게 관심을 보여주면서 발표 내용에 집중하게 하는 효과를 가져올 수 있습니다. 다음과 같은 안내문을 앞의 교탁에 비치해 발표 학생이 참고하게 하고 칠판에는 순서만 적어놓으면 좋습니다.

연설 발표하기—내 인생 최고의 날

순서	말하는 내용과 방법
1. 첫 인사와 자기소개	"안녕하세요. 저는 ( )번 ( )입니다."
2. 행사명, 청중 소개하기	"저는 ( ) 행사에 참석한 청중 ( )을/를 대상으로 연설하겠습니다."
3. 연설하기(3분)	원고를 참고로 연설한다. 원고를 보고 읽지 않도록 한다.
4. 질의응답하기(2분)	지정 질문자와 자유 질문자의 질문을 받고 답해준다.
5. 끝인사	"이것으로 제 연설 발표를 마치겠습니다. 감사합니다."

듣는 학생들은 평가 활동을 합니다. 평가 기준은 활동지 양식에 있는 기준에 따라 행사 내용과 주제와의 적합성, 발표력과 스토리텔링의 내용과 짜임새 등을 다섯 단계로 평가합니다. 뛰어난 학생에게는 가산점을 줄 수 있게 합니다. 매시간 발표자에 대한 강평을 교사가 한꺼번에 합니다. 학급의 모든 학생이 끝나면 잘한 학생 세 명을 추천하게 합니다. 시상은 평가지를 모아서 집계를 내어 다

음 시간에 합니다. 이때 시상 기준과 발표자의 장점을 말해준 뒤
수상자의 소감도 들어보면 좋습니다.

2부 화법 수업의 현장

📋 **활동지(3)**

학습활동명	청중 평가단 활동―연설 평가하기	
학습활동 목표		**목표 달성 정도 평가**
1. 청중으로서 마음 듣기를 잘하고 예절을 잘 지킬 수 있다.		☆☆☆☆☆ %
2. 친구들의 연설을 기준에 따라 평가할 수 있다.		☆☆☆☆☆ %
3. 나의 목표:		☆☆☆☆☆ %
* 다음 시간 수업 내용―세미나 발표 수업		□확인했어요!

연설하기												
번호	이름	행사명	청중 (직업)	주제 (행사와 적합?)	발표력			스토리텔링			짜임새	가산점
					성량 속도	발음	시선 자세	동기 목표	시련 극복	재미 감동		

연설하기												
번호	이름	행사명	청중 (직업)	주제 (행사와 적합?)	발표력			스토리텔링			짜임새	가산점
					성량 속도	발음	시선 자세	동기 목표	시련 극복	재미 감동		

＊ 평가 단계는 5단계(1~5점)나 3단계(1~3점, 상·중·하)로 평가.
＊ 잘했으면—○/보통이면—△/미흡하면—× 등 자신이 정해서 평가하기 바랍니다.
＊ 자신의 연설이 끝나면 활동지 1, 2를 제출해주세요.

청중 평가단 여러분 우리 반 '불후의 명연설' 세 명을 뽑아주세요! (순위 상관없음)	
추천 친구 이름	이유
번	
번	
번	

내면 관찰 (메타 인지)	사실적 사고	추론적 사고	비판적, 창의적 사고
	느낌(정서) /행동 관찰	생각(인지) 파악 = 정서의 원인	변화 대책(필요시)
학습활동 중 파악한 자신의 기분 (느낌), 행동과 이유를 구체적으로	이번 수업을 하던 나의 느낌, 기분을 돌이켜 관찰해보니〔 〕던(한) 것 같다.	그 이유는 〔	이렇게 하면 될 것 같다.
	이번 수업을 하던 나의 행동, 자세를 돌이켜 관찰해보니〔 〕던(한) 것 같다.	〕 때문인 것 같다.	
알게 된 것			
자신에 대해 알게 된 것 (변화된 것)			
질문이나 더 알고 싶은 것			
학습활동 소감 (실천 계획, 의견, 건의 등)			

2. 발표(세미나)

　　연설 수업이 주관적인 스토리텔링 위주라면 세미나 발표 수업은 객관적인 탐구 활동 위주입니다. 주제와 제재의 제한은 없습니다. 자신만의 주제를 정해서 그 분야에 대한 소개 및 설명과 자신의 의견을 덧붙이는 형식으로 하면 됩니다. 방법의 제한도 없습니다. 발표 형식이나 매체, 자료 등을 자신이 하고 싶은 대로 마음껏 창의적으로 할 수 있습니다. 다양한 디지털 자료를 이용한 프레젠테이션을 적극 권장하지만 어떤 내용을, 어떤 방법으로 하든지 존중합니다. 그래야 무한한 가능성과 창의력이 마음껏 살아나게 됩니다. 좋아하는 학생도 있고 막연해하고 답답해하는 학생도 있고 귀찮아하는 학생도 있습니다.

　　다양한 주제를 하다 보면 과목의 정체성이 모호해지는 수가 있습니다. 영화, 스포츠, 음악, 춤, 인터넷 1인 방송까지 다양한 주제가 나옵니다. 그러나 국어 과목은 도구 과목의 성격이 강하기 때문에 내용을 언어적으로 구상하고 작성해 발표하는 능력을 키워주는 것으로 정체성은 충분히 세울 수 있다고 생각합니다. 국어적 역량을 바탕으로 각자 좋아하는 내용을 자유롭게 창의적으로 싣는 것이 오히려 융합적으로 사고할 수 있는 좋은 수업이라고 생각합니다. 다른 과목에서도 이런 식으로 단원을 연구, 발표하게 하면 종합적 사고력을 키울 수 있는 좋은 수업이 될 것입니다.

차시 구성

이 수업은 적어도 처음 두 시간은 컴퓨터실로 가서 진행해야 합니다. 차시 구성은 다음과 같이 합니다.

차시	교수―학습활동
1	세미나 발표 기획서 쓰기
2	세미나 발표 자료 작성하기
3 ~	세미나 발표 및 평가

문제는 시간입니다. 한 학생당 최소 10분으로 7분 발표에 3분 질의응답하도록 하는데, 이렇게 하면 한 시간에 4~5명 정도가 최대입니다. 한 반 학생 수가 25명이 넘어가면 짧게 잡아도 여섯 시간 이상이 걸립니다. 시간을 좀 줄여서 발표 5분에 질의응답 2분으로 해 6~7명을 한 시간에 하면 한두 시간을 줄일 수는 있을 것 같습니다.

1) 1차시―세미나 발표 기획서 쓰기

학생들에게 미리 알려서 소재나 주제를 생각해두도록 하면 좋습니다. 그리고 컴퓨터실로 가기 전에 개인 아이디를 만들고 카페에도 가입하라고 일찌감치 안내합니다. 물론 그래도 그냥 오는 학생이 있습니다. 컴퓨터 작업에 들어가기 전에 세미나 수업의 목적을 분명히 알려서 동기 유발이 되게 하는 것이 중요합니다. 요즘은 학생들도 매우 바쁩니다. 자신의 진로나 진학에 도움이 되는지 안 되는지를 따지는 경우가 많습니다. 학생들의 잘못은 아니지만 좀 씁쓸한 대목이긴 합니다.

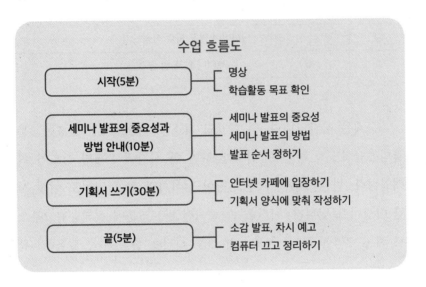

수업 흐름도

시작(5분)	┌ 명상 └ 학습활동 목표 확인
세미나 발표의 중요성과 방법 안내(10분)	┌ 세미나 발표의 중요성 │ 세미나 발표의 방법 └ 발표 순서 정하기
기획서 쓰기(30분)	┌ 인터넷 카페에 입장하기 └ 기획서 양식에 맞춰 작성하기
끝(5분)	┌ 소감 발표, 차시 예고 └ 컴퓨터 끄고 정리하기

학습활동 목표

1. 세미나 발표 수업의 중요성을 알 수 있다.
2. 세미나 발표를 위한 기획서를 쓸 수 있다.

2부 화법 수업의 현장

세미나 발표 수업은 왜 하나

세미나 발표 수업의 목표 중 하나는 자신이 발표하고 싶은 내용을 자유롭게 발표함으로써 자율성을 높이는 것입니다. 반드시 발표해야 한다는 것과 시간제한을 지키는 것 이외의 제한이나 강제는 거의 없습니다. 그러니까 나에게 도움이 되는 내용을 내가 선택해서 발표하면 되기 때문에 나에게 쓸데없는 것, 내가 하기 싫은 것을 할 이유가 없습니다.

다음에는 기획력과 탐구력, 창의성을 키울 수 있고 발표력도 기를 수 있습니다. 최소한 5~7분 정도의 발표를 하려면 상당히 많은 정보와 생각을 짜임새 있게 배열하고 언어로 표현해 발표해야 합니다. 이런 능력은 대학 입시에서도 도움이 되고 대학이나 사회에 나가서도 실질적인 도움이 됩니다.

그리고 지식과 지혜의 공유로 모두에게 유익한 시간이 됩니다. 자신은 한 가지만 발표하지만 한 반 학생들의 발표를 모두 들으면 적어도 스무 가지 이상의 다양하고 유익한 정보를 알 수 있습니다. 교사에게도 큰 도움이 됩니다. 학생들 개인의 관심사도 알 수 있고 교사도 배우는 것이 많습니다.

기획서 쓰기

주제와 제재의 제한은 없지만 너무 제한이 없으면 막막해서 선택이 어려울 수 있으니 예시를 들어줘도 좋을 것 같습니다. 자신이 감명 깊게 본 작품들, 시, 소설, 수필, 드라마, 영화, 애니메이션,

연극, 뮤지컬, 오페라, 발레, 음악, 그림 등을 작가와 함께 소개하고 느낌을 이야기해도 좋고, 관심 있는 분야에 대한 소개와 안내, 예를 들면 역사, 사회, 정치, 교육, 과학, 정보 기술, 스포츠, 여행 등에 대해 탐구해서 발표해도 된다고 말해줍니다. 그러면 눈이 반짝이는 학생들이 나타나기 시작합니다.

컴퓨터를 켜서 개인 작업에 들어가기 전에 발표 순서를 정합니다. 자발적인 지원자를 받아본 뒤에 연설하기에서 했던 것처럼 프로그램을 이용해 랜덤으로 정합니다. 자신의 발표 날짜를 확인하고 컴퓨터를 켜 인터넷 카페에 들어갑니다. 카페 공지 게시판에 미리 작성해서 올려놓은 기획서 양식을 복사해서 자신의 글에 붙여넣고 내용을 작성해서 저장하기를 누르도록 안내합니다. 그 뒤에는 학생 스스로 하면 됩니다.

세미나 발표 기획서

* 발표 제목 및 부제:
* 발표 제재 및 장르:
* 발표 의도 및 목적:
* 발표 내용 구상: 처음
                중간
                마무리
* 기대 효과(발표의 강점과 매력):
* 자신에게 일어날 성장과 변화:
* 참고 자료:

---

2) 2차시―세미나 발표 자료 작성하기

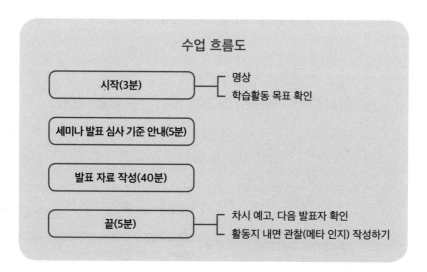

수업 흐름도

시작(3분) ─┬ 명상
          └ 학습활동 목표 확인

세미나 발표 심사 기준 안내(5분)

발표 자료 작성(40분)

끝(5분) ─┬ 차시 예고, 다음 발표자 확인
         └ 활동지 내면 관찰(메타 인지) 작성하기

학습활동 목표

1. 세미나 발표 심사 기준을 참고해 자신의 발표 자료를 작성할 수 있다.

발표 준비를 한 시간에 다 할 수는 없지만 그래도 한 시간 정도는 컴퓨터실에서 작업하게 합니다. 덜 하면 할 수 없이 과제로 해 오도록 합니다. 자료 작성에 들어가기 전 심사 기준을 알려줍니다. 심사 기준은 발표력, 내용, 짜임새로 되어 있습니다. 다음 시간에 사용될 세미나 발표 평가지(341쪽) 양식을 보여주며 설명합니다. 그리고 자료 작성 시 사진이나 자료 등을 인용할 때 저작권에 유의하여 출처를 꼭 밝히도록 강조합니다.

다음 시간부터 바로 발표를 진행해야 하므로 이번 시간이 끝날 때 다음 시간에 발표할 사람을 확인해줍니다.

3) 3차시 이후─세미나 발표하기─( )반 학술 세미나

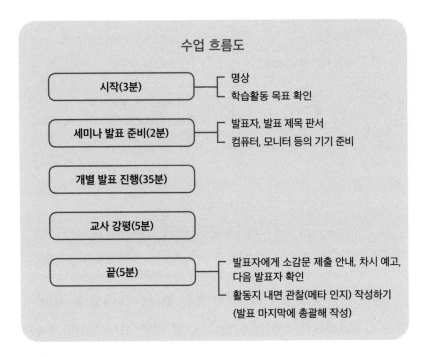

수업 흐름도

시작(3분) ── 명상
                학습활동 목표 확인

세미나 발표 준비(2분) ── 발표자, 발표 제목 판서
                        컴퓨터, 모니터 등의 기기 준비

개별 발표 진행(35분)

교사 강평(5분)

끝(5분) ── 발표자에게 소감문 제출 안내, 차시 예고,
            다음 발표자 확인
          활동지 내면 관찰(메타 인지) 작성하기
            (발표 마지막에 총괄해 작성)

학습활동 목표

1. 자신의 순서에 준비된 세미나 자료를 발표할 수 있다.
2. 청중으로서 마음 듣기를 잘하고 발표 내용을 이해할 수 있다.
3. 친구들의 세미나 발표를 기준에 따라 평가할 수 있다.

발표 진행 방법

발표 진행 방법은 앞의 연설하기 수업과 거의 같습니다. 발표에 앞서 교사는 카페에 올린 기획서의 내용을 보고 그날 발표할 학생의 이름과 제목, 부제, 지정 토론자를 칠판 왼쪽에 적어놓습니다. 칠판 가운데 부분은 학생이 이용할 수 있도록 비워둡니다. 기획서와 내용이 바뀌어도 상관은 없으나 발표 전에 교사에게 알려주도록 안내합니다. 발표자는 정해진 시간을 지키는 것 이외에는 마음대로 진행합니다. 끝나기 1분 전에 안내 카드를 보여주거나 예비 종을 울려서 남은 시간을 알려줍니다.

발표 후 마무리

발표하고 난 뒤 1주일 이내에 발표 결과 자료 및 소감문을 카페에 올리도록 합니다. 소감문을 올리는 양식은 역시 공지 사항 게시판에 미리 올려놓습니다.

세미나 발표 소감문

* 발표 제목 및 부제:
* 발표 제재 및 장르:
* 발표 의도 및 목적:
* 발표 내용의 대강:
* 발표의 좋았던 점:
* 발표의 아쉬운 점:
* 자신에게 일어난 성장과 변화:
* 발표 후기:

평가

청중과 교사는 활동지의 평가 항목을 기준으로 평가합니다. 스스로 생각해낸 것, 자신의 내면 성장을 중시해 평가하고 스스로 설정한 목표가 잘 달성됐는지도 중요하게 평가합니다.

📋 세미나 발표 평가지

학습활동명	청중평가단 활동—세미나 발표 평가하기	
학습활동 목표		**목표 달성 정도 평가**
1. 청중으로서 마음 듣기를 잘하고 발표 내용을 이해할 수 있다.		☆☆☆☆☆ %
2. 친구들의 세미나 발표를 기준에 따라 평가할 수 있다.		☆☆☆☆☆ %
3. 나의 목표:		☆☆☆☆☆ %
*. 다음 시간 수업 내용—면접 실습		□확인했어요!

학술 세미나

번호	이름	제목	분야	발표력			내용			짜임새	가산점
				성량 속도	발음	시선 자세	시각 자료	충실성 (유익성)	창의성		

				발표력			내용			짜임새	가산점
번호	이름	제목	분야	성량 속도	발음	시선 자세	시각 자료	충실성 (유익성)	창의성		

학술 세미나

번호	이름	제목	분야	발표력			내용			짜임새	가산점
				성량 속도	발음	시선 자세	시각 자료	충실성 (유익성)	창의성		

＊ 평가 단계는 5단계(1~5점)나 3단계(1~3점, 상·중·하)로 평가.
＊ 잘했으면―○/보통이면―△/미흡하면―× 등 자신이 정해서 평가하기 바랍니다.
＊ 발표가 끝나면 1주일 이내에 인터넷 카페에 후기를 올려주세요.

청중 평가단 여러분 우리 반 '감동 세미나' 세 명을 뽑아주세요! (순위 상관없음)

이름	이유
번	
번	
번	

    2부 화법 수업의 현장

내면 관찰 (메타 인지)	사실적 사고	추론적 사고	비판적, 창의적 사고
	느낌(정서) /행동 관찰	생각(인지) 파악 = 정서의 원인	변화 대책(필요시)
학습활동 중 파악한 자신의 기분 (느낌), 행동과 이유를 구체적으로	이번 수업을 하던 나의 느낌, 기분을 돌이켜 관찰해보니〔　　　〕던(한) 것 같다. 이번 수업을 하던 나의 행동, 자세를 돌이켜 관찰해보니〔　　　〕던(한) 것 같다.	그 이유는 〔 　　　　　　　　〕 때문인 것 같다.	이렇게 하면 될 것 같다.
알게 된 것			
자신에 대해 알게 된 것 (변화된 것)			
질문이나 더 알고 싶은 것			
학습활동 소감 (실천 계획, 의견, 건의 등)			

3. 면접 실습

면접은 특수한 상황에서 일어나는 화법입니다. 면접은 대체로 여러 명의 낯선 면접관 앞에 공개적으로 혼자 앉아서 대답해야 하는 고립된 환경에서 이뤄집니다. 대답 하나하나가 바로 평가되어 당락을 좌우하는 냉엄하고 절박한 상황입니다. 면접관의 질문이 무엇일지 정확히 알 수 없는 불확실하고 수세적인 상황에다가 시간이 제한되어 있고 한 번으로 끝나기 때문에 높은 순발력이 요구되는 긴장된 상황입니다. 누구라도 상당한 두려움과 불안을 느낄 수밖에 없습니다. 이런 학생들을 생각하면 무방비 상태로 적진에 홀로 떨어진 '라이언 일병'이 떠오릅니다.

그래서 미리 준비하는 것이 중요합니다. 말하는 내용이나 태도뿐만 아니라 자신의 불안, 걱정을 다스리는 방법도 꾸준히 연습해야 할 것입니다. 3학년에 올라가서는 시간도, 마음도 여유가 없어서 충분한 대비가 어려울 수 있으므로 저학년의 화법 시간에 집중적으로 대비하고 연습해볼 필요가 있습니다. 물론 3학년 때라도 미리 해보는 것이 꼭 필요합니다.

면접은 대입에만 필요한 것이 아니라 취업에도 중요합니다. 여기서는 대입 면접을 가정해서 수업을 만들었습니다. 면접 방식이 어느 정도 정해져 있기 때문입니다. 취업 면접 상황은 학생 상황에 따라 이 내용을 적절히 변형해 적용하면 될 것 같습니다.

대입 면접은 기본적으로 자소서와 생기부 내용을 바탕으로 질문하는 경우가 많습니다. 그러면 자소서의 공통 양식을 봅시다. 유의 사항으로 가장 먼저 나오는 내용입니다.

> 1. 자기소개서는 지원자 본인이 작성해야 하고, 사실에 입각해 정직하게 지원자 자신의 능력이나 특성, 경험 등을 기술해야 합니다.

형식적 조건은 '본인이 직접' '사실대로 정직하게,' 두 가지입니다. 이것도 제대로 지켜지지 않는 자소서도 많이 있다는 기사를 접할 수 있습니다. 참 안타깝고 한심한 일입니다. 다음으로 내용적 조건은 '지원자 자신의 능력, 특성, 경험 등'을 기술하는 것입니다. 유의 사항의 다른 항목을 더 읽어 내려가보면 단적으로 "자기소개서는 지원자 본인의 강점을 부각시키기 위해 작성하는 것"이라고 돼 있습니다. 이것을 구체화한 공통적인 문항이 세 개이고 학교에 따라 자율 문항이 한 개 더 들어가는 경우도 있습니다.

> 1. 고등학교 재학 기간 중 학업에 기울인 노력과 학습경험을 통해 배우고 느낀 점을 중심으로 기술해주시기 바랍니다.
> 2. 고등학교 재학 기간 중 본인이 의미를 두고 노력했던 교내 활동(세 개 이내)을 통해 배우고 느낀 점을 중심으로 기술해주시기 바랍니다. 단, 교외 활동 중 학교장의 허락을 받고 참여한 활동은 포함됩니다.
> 3. 학교생활 중 배려, 나눔, 협력, 갈등 관리 등을 실천한 사례를 들고 그 과정을 통해 배우고 느낀 점을 기술해주시기 바랍니다.

세 문항을 이른바 '1. 자기주도학습 2. 전공적합성 3. 인성'으로 개념화한다면 다음과 같이 정리할 수 있습니다.

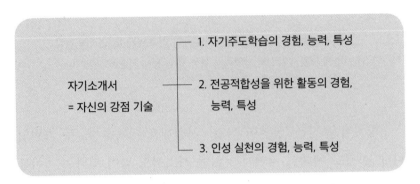

자기소개서
= 자신의 강점 기술

— 1. 자기주도학습의 경험, 능력, 특성

— 2. 전공적합성을 위한 활동의 경험, 능력, 특성

— 3. 인성 실천의 경험, 능력, 특성

여기서 경험은 사례를, 능력은 배운 것을, 특성은 느낀 점을 중심으로 쓰면 됩니다.

면접의 핵심은 자신의 정체성과 강점을 분명히 드러내는 것입니다. 경험 사례는 그것에 대한 근거가 됩니다. 그러므로 면접 준비는 자신의 정체성을 분명히 정립하고 구체적 사실로 증명하는 것입니다. 이것이 확실하면 면접관의 정해진 질문은 물론 돌발적인 질문에도 나름의 기준을 가지고 당당히 대답할 수 있을 것입니다.

"각본을 짠 듯한, 정답을 배우고 온 것 같은 이야기를 한다면 면접관들은 좋은 점수를 주지 않습니다…… 변하지 않는 것은 기본적인 '평가 기준'이 있다는 것입니다. 그 평가 기준은 다른 사람들과 구별되는 답변으로 '진정한 자신을 드러냈느냐' 하는 것입니다."[4]

화법 수업에서 면접 실습은 모의 면접 형식으로 진행하기 어렵습니다. 특히 고3이 아닌 저학년인 경우에는 대학이나 전공을 확실히 정하지 못한 학생도 많을 것입니다. 정했다고 하더라도 대학이나 전공에 따라 면접 방식과 내용이 다를 수 있는데 그것까지 일반 수업에서 반영하기는 현실적으로 어렵고 비효율적일 수도 있습니다. 그러므로 구체적인 '전략' 수준의 팁을 제공하는 수업은 고3 때 지원 학교별, 전공별, 업체별로 따로 하는 것이 좋을 것입니다.

화법 수업의 면접 실습은 내용 면에서는 자신의 정체성을 확립해 자기소개 내용에 진정성을 느낄 수 있게 하고 형식 면에서는 표현력과 발표력을 기르는 것에 집중하면 좋습니다. 발표력에는 첫인상을 좌우할 수 있는 표정, 몸동작, 말투 등도 중요합니다. 덧붙여 이미 많이 알려진 일반적 예상 질문에 답해보는 순서를 갖는 것도 좋습니다. 이때는 질문자의 의도를 정확히 파악하는 것이 중요합니다. 시간이 정해져 있으므로 제한된 시간에 핵심적인 내용을 말할 수 있는 순간적 판단력도 필요합니다.

차시 구성

면접 실습수업의 차시 구성은 다음과 같이 하면 됩니다.

차시	교수─학습활동
1	면접 실습 준비서 작성하기
2	면접 실습 원고 작성하기
3 ~	면접 실습

1) 1차시―면접 실습 준비서 작성하기

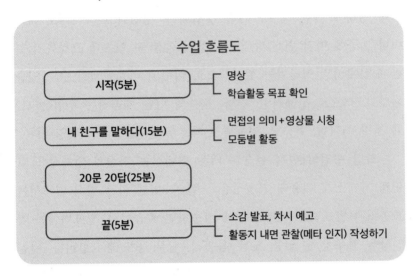

수업 흐름도

시작(5분) ─┌ 명상
           └ 학습활동 목표 확인

내 친구를 말하다(15분) ─┌ 면접의 의미 + 영상물 시청
                         └ 모둠별 활동

20문 20답(25분)

끝(5분) ─┌ 소감 발표, 차시 예고
          └ 활동지 내면 관찰(메타 인지) 작성하기

학습활동 목표

1. 면접의 의미와 중요성을 알 수 있다.
2. 모둠 친구의 정체성과 강점에 대한 의견을 적어줄 수 있다.
3. 자신의 정체성과 강점을 찾아서 정리할 수 있다.

내 친구를 말하다

첫 차시는 면접 실습을 대비한 준비서를 작성하는 시간입니다. 면접에 대한 안내, 최근의 동향이나 실제 면접 동영상으로 주의를 집중시키고 동기를 유발하면 좋습니다.

친밀감을 높이고 생각을 열기 위해 모둠원끼리 돌아가며 강점

2부 화법 수업의 현장

과 긍정적인 면을 써주는 활동을 합니다. 다른 사람의 의견을 들어보면 자신의 생각을 정리하는 데 도움이 될 것이고 자신의 어떤 면은 다른 사람이 더 잘 알 수도 있을 것 같습니다. 이 활동 후에 친구 사이의 정이 더욱 돈독해지기도 합니다.

자신의 이름을 먼저 쓰고 이어서 오른쪽 옆 첫째부터 셋째 모둠원의 이름을 모두 쓴 뒤 오른쪽으로 돌려서 각 3분 정도 시간을 주어 작성하고 또 오른쪽으로 돌려서 자신의 활동지가 자신에게 돌아오면 됩니다.

20문 20답

남과 다르게 나만이 가지고 있는, 인생과 사회와 세상에 대한 생각이 무엇인지, 강점이나 미래상은 무엇인지를 정리하는 것은 쉽지 않은 일입니다. 그것을 돕기 위해 스무 개의 질문을 준비했습니다. 여기에 답해보면서 자신의 자율성과 정체성을 찾아가도록 안내합니다. 면접 실습에서는 이를 바탕으로 3분 정도 말하게 될 것입니다.

이 활동은 단순한 설문 조사가 아니라 자신만의 정체성을 정립해야 하는 것이므로 주어지는 시간이 상당히 길어야 합니다. 어떤 질문은 평생을 두고 생각해야 할 것도 있습니다. 이를 통해 다음 시간에 면접 실습 원고 작성에 쓰일 기초 자료를 최대한 풍부하게 작성하게 합니다.

📋 활동지(4)

학습활동명	면접 실습 준비서 작성	
학습활동 목표		**목표 달성 정도 평가**
1. 면접의 의미와 중요성을 알 수 있다.		☆☆☆☆☆ %
2. 모둠 친구의 정체성과 강점에 대한 의견을 적어줄 수 있다.		☆☆☆☆☆ %
3. 자신의 정체성과 강점을 찾아서 정리할 수 있다.		☆☆☆☆☆ %
4. 나의 목표:		☆☆☆☆☆ %4
* 다음 시간 수업 내용—면접 실습 원고 작성		□확인했어요!

＊ 활동 1. 내 친구를 말하다!

내 친구( )	오른쪽①( )	오른쪽②( )	오른쪽③( )
한마디로 말한다면? 이유는?			
강점은 무엇이며 그걸 느꼈던 사례는?			
본받고 싶었던 점과 구체적 사례는?			

＊ 활동 2. 20문 20답—남과 다른 자신만의 생각과 특성, 강점을 찾아봅시다.

1. 인생을 이끌어주는 원칙이나 좌우명은? 이루고 싶은 인생 목표는? 이유는?	
2. 나를 잘 나타내는 말은 무엇인가? 나를 한마디로 말한다면 나는 어떤 사람이라고 말할 수 있나?	
3. 내가 이루고 싶은 미래의 모습은 어떤 것인가?	

4. 내가 자신 있게 잘할 수 있는 일은? 남과 다른 나만의 강점은?	
5. 내가 고쳐야 할 점과 이유는?	
6. 주된 관심 분야와 원하는 직업은? 이유는?	
7. 내가 원하는 미래를 위한 자신의 계획은?	
8. 지금 생각해봐도 스스로 자랑스럽게 여겨지는 일은?	
9. 내가 스스로 아이디어를 내고 준비해서 해냈던 일은?	
10. 낯설고 어려웠지만 도전해서 해냈던 일은?	
11. 이득이 생기지 않아도 열심히 했던 일은?	
12. 감명 깊게 읽은 책, 영화는? 그 이유는?	
13. 부모님 및 가족과의 친밀도는?	
14. 부모님이나 가족으로부터 받았던 인상 깊었던 가르침은?	
15. 부모가 기대하는 자신의 모습과 그것에 대한 자신의 생각은?	
16. 가장 존경하는 인물은? 이유는? 살아오면서 나에게 가장 큰 영향을 미쳤던 사람은?	
17. 어려울 때 믿고 이야기할 수 있는 인물은? 이유는?	
18. 내가 많이 들었던 칭찬은? 다른 사람으로부터 가장 많이 들었던 말은?	
19. 내 주변의 일이나 사회에 대해 어떻게 생각하나?	
20. 나에게 능력이 있다면 어떤 사회, 국가, 세계를 만들고 싶은가?	

내면 관찰 (메타 인지)	사실적 사고	추론적 사고	비판적, 창의적 사고
	느낌(정서) /행동 관찰	생각(인지) 파악 = 정서의 원인	변화 대책(필요시)
학습활동 중 파악한 자신의 기분 (느낌), 행동과 이유를 구체적으로	이번 수업을 하던 나의 느낌, 기분을 돌이켜 관찰해보니 〔 〕 던(한) 것 같다.	그 이유는 〔	이렇게 하면 될 것 같다.
	이번 수업을 하던 나의 행동, 자세를 돌이켜 관찰해보니 〔 〕 던(한) 것 같다.	〕 때문인 것 같다.	
알게 된 것			
자신에 대해 알게 된 것 (변화된 것)			
질문이나 더 알고 싶은 것			
학습활동 소감 (실천 계획, 의견, 건의 등)			

2) 2차시—면접 실습 원고 작성하기

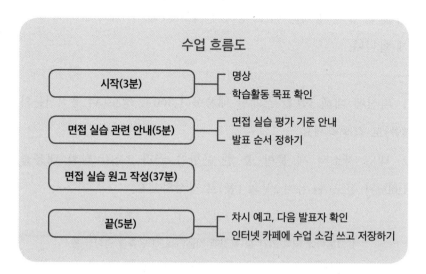

수업 흐름도

시작(3분) ── 명상 / 학습활동 목표 확인

면접 실습 관련 안내(5분) ── 면접 실습 평가 기준 안내 / 발표 순서 정하기

면접 실습 원고 작성(37분)

끝(5분) ── 차시 예고, 다음 발표자 확인 / 인터넷 카페에 수업 소감 쓰고 저장하기

학습 활동 목표

1. 면접 실습의 평가 기준을 알고 원고를 작성할 수 있다.

이 시간은 컴퓨터실을 이용하는 것이 좋습니다. 원고 수정을 많이 해야 하기 때문입니다. 원고 작성에 들어가기 전에 면접 실습의 평가 기준을 알려줍니다. 다음 시간에 사용할 평가지 양식(359쪽)을 보여주면서 설명하면 됩니다. 그리고 발표 순서를 정합니다. 역시 랜덤으로 하는 것이 좋습니다.

지난 세미나 수업 때 했던 인터넷 카페에 면접 실습 원고를 올리는 게시판을 미리 만들어 거기에 올리도록 합니다. 다 못하는 경우 숙제로 해서 자신이 발표하기 전에 카페에 올려야 합니다. 카페에 올린 글의 양식은 따로 정하지 않고 아래 두 항목에 대해 써보게 합니다.

1. 자신에 대해 3분간 소개할 내용을 1,500자 정도(A4 용지 4분의 3쯤)로 작성하세요.
2. 대입 자소서 세 문항 중 한 문항을 골라 2분간 말할 내용을 1,000자 정도(A4 용지 2분의 1쯤)로 작성하세요.

1. 고등학교 재학 기간 중 학업에 기울인 노력과 학습 경험을 통해 배우고 느낀 점을 중심으로 기술해주시기 바랍니다.
2. 고등학교 재학 기간 중 본인이 의미를 두고 노력했던 교내 활동(세 개 이내)을 통해 배우고 느낀 점을 중심으로 기술해주시기 바랍니다. 단, 교외 활동 중 학교장의 허락을 받고 참여한 활동은 포함됩니다.
3. 학교생활 중 배려, 나눔, 협력, 갈등 관리 등을 실천한 사례를 들고 그 과정을 통해 배우고 느낀 점을 기술해주시기 바랍니다.

이 내용에 대해 다음 시간 실습 때 발표하게 됩니다. 맨 끝에 수업 후기를 쓰고 카페에 저장합니다.

3) 3차시 이후―면접 실습

실습 준비

1) 교사: 교실 내 자리 배치, 실습 평가지 나눠주기. 칠판 왼쪽 위에 오늘 발표자와 면접관의 이름을 써놓기.

2) 발표자(피면접자, 응시자): 준비된 질문지 모음에서 세 개를 뽑아서 뒷문으로 나가 복도에 대기하면서 답변을 머릿속에 정리(3분 간). 교사의 안내로 문을 열고 들어와서 인사하고 정해진 자리로 가서 자신의 번호 이름을 말하기.

3) 면접관: 피면접자 앞에 세 명이 나란히 앉기. 자신이 맡은 일을 확인하기.

4) 자리 배치: 입시 면접장과 같게 할 수도 있지만 교실 수업에서는 피면접자가 교실 앞의 교탁에 서서 전체 학생이 바라보는 가운데 발표하는 형식으로 해도 됨. 만약 교탁을 옮길 수 있다면 중앙에 피면접자가 앉는 자리를 마련하고 면접관 세 명이 앞에 앉고 뒤에 학생들이 참관하는 형태로 해도 좋음.

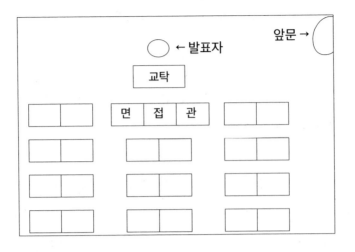

5) 휴대폰 거치대 설치: 자신의 면접 발표 및 답변 모습을 촬영해 분석하는 것이 좋음. 이를 위해 교사는 휴대폰 거치대(삼각대)만 준비하고 해당 학생의 휴대폰으로 촬영해 본인만 볼 수 있게 함.

실습 진행 시나리오

발표자: (앞문을 열고 인사를 하고 들어와 질문지를 면접관에게 주고 정해진 자리를 잡은 뒤 자신의 번호 이름을 말한다.) 안녕하세요. 저는 (수험)번호 (   )번 (   )입니다.

첫째 면접관: 예, 안녕하세요. 자신에 대해 2분간 소개해주세요.

발표자: (2분간 발표한다.)

둘째 면접관: 잘 들었습니다. 대입 자소서 세 항목 중 준비해온 것을 말씀해주시기 바랍니다.

발표자: (2분간 발표한다.)

셋째 면접관: 잘 들었습니다. 첫째 질문입니다. (면접관은 발표자가 미리 뽑은 첫째 질문지의 내용을 질문하고 발표자는 답한다.)

첫째 면접관: 잘 들었습니다. 둘째 질문입니다. (면접관은 발표자가 미리 뽑은 첫째 질문지의 내용을 질문하고 발표자는 답한다.)

둘째 면접관: 잘 들었습니다. 셋째 질문입니다. (면접관은 발표자가 미리 뽑은 첫째 질문지의 내용을 질문하고 발표자는 답한다.)

셋째 면접관: 마지막으로 하고 싶은 말이 있으면 해주세요. (질문자가 답하고 나면) 수고 많았습니다. 돌아가도 좋습니다.

(상황에 따라 청중 질문을 넣어도 좋다. 한 사람 발표가 끝나면 면접관도 바꾼다. 이때 청중들도 함께 평가한다.)

교사: (첫 발표자 진행 중에 끝나기 3분 전쯤 주의를 흩뜨리지 않게 다음 발표자가 질문지를 세 개 뽑게 하고 복도로 내보내서 준비하도록 한다. 발표가 끝나면) 다음 면접관들 앞으로 나와 자신의 자리에 앉기 바랍니다.

발표 요령과 평가 기준은 평가지에 있는 것을 따릅니다. 한 사람 앞에 최대 10분으로 한다면 한 시간에 최대 네 명을 할 수 있습니다. 학급 인원에 따라 다음 수업 시간 수를 조정합니다.

마무리

각 발표자의 첫째 면접관이 면접 소감을 발표합니다. 빠진 내용이 있으면 교사가 강평을 덧붙입니다. 세미나 발표 때처럼 발표하고 난 뒤 1주일 이내에 실습 소감문을 카페에 올리도록 합니다. 소감문 양식은 역시 카페의 공지 사항 게시판에 미리 올려놓습니다.

면접 실습 소감문

* 발표 내용의 개요: 1. 자기소개 —
              2. 자소서 내용 중 ( )번
              3. 자유 질문 1)
                         2)
                         3)

* 발표로 배우게 된 점:

* 발표의 좋았던(잘한) 점:

* 발표의 아쉬운 점:

* 자신에게 일어난 성장과 변화:

* 발표 후기:

실습 평가서는 무기명으로(면접관만 밝힘) 모든 학생이 자신을 제외한 모든 발표 학생에 대해 작성하고 실습이 끝나면 바로 발표자에게 전해줍니다.

📋 면접 실습 평가지

발표자(피면접자)	학년 　 반 　 번			
자신의 역할	□1 면접관　　□2 면접관　　□3 면접관　　□청중			
영역	평가 항목			평점
첫인상 (비언어적 표현)	1. 옷차림새가 단정하며 바른 자세를 유지했나요?			(　)/5
	2. 표정이 밝고, 손동작이나 움직임은 자연스러웠나요?			(　)/5
	3. 시선이 안정되게 면접관과 청중을 향했나요?			(　)/5
자기소개	4. 자신의 정체성과 강점을 분명히 말했나요?			(　)/5
	5. 설득력 있는 충실하고 구체적인 근거 사례를 제시했나요?			(　)/5
	6. 충분히 정립(성숙)된 생각에서 우러나오는 자신만의 진실성을 느낄 수 있었나요?			(　)/5
자소서 항목	7. 질문에서 요구하는 핵심을 분명히 답변했나요?			(　)/5
	8. 경험을 구체적으로 실감 나게 제시했나요?			(　)/5
	9. 배운 점과 느낀 점을 모두 명확히 말했나요?			(　)/5
답변1	10. 질문에서 요구하는 핵심을 분명히 답변했나요?			(　)/5
	11. 충실하고 구체적인 근거 사례를 제시했나요?			(　)/5
답변2	12. 질문에서 요구하는 핵심을 분명히 답변했나요?			(　)/5
	13. 충실하고 구체적인 근거 사례를 제시했나요?			(　)/5
답변3	14. 질문에서 요구하는 핵심을 분명히 답변했나요?			(　)/5
	15. 충실하고 구체적인 근거 사례를 제시했나요?			(　)/5
발표력 (언어적 표현)	16. 창의적이며 재치 있는 표현이 있었나요?			(　)/5
	17. 말투는 공손하며 낱말의 사용 및 어법이 바르게 지켜졌나요?			(　)/5
	18. 발음은 정확하며 목소리의 크기와 말하는 속도가 적절했나요?			(　)/5
	19. 발표 내용을 모두 외웠나요?			(　)/5
	20. 순발력 있게 답변하며 발표 시간을 잘 지켰나요?			(　)/5
종합 의견			총점	(　)/100

주

1. 교육부.『개정 교육과정 별책 5 국어과 교육과정』. 2015. 80쪽.

2. 교육부.『교육과정 국어』. 2015. 81쪽.

3. 클라우스 포그·크리스티안 부츠·바리스 야카보루.『스토리텔링의 기술』. 황신웅 옮김. 멘토르. 2008. 44쪽.

4. 권소라·심규승·권영준.『대입 면접 10분 드라마, 합격을 부른다』. 행복한미래. 2015. 6쪽.